# 欧盟社会政策研究

石晨霞　著

WUHAN UNIVERSITY PRESS
武汉大学出版社

图书在版编目(CIP)数据

欧盟社会政策研究/石晨霞著.—武汉:武汉大学出版社,2016.5
ISBN 978-7-307-17679-9

Ⅰ.欧…　Ⅱ.石…　Ⅲ.欧洲国家联盟—社会政策—研究
Ⅳ.D814.1

中国版本图书馆 CIP 数据核字(2016)第 050905 号

封面图片为上海富昱特授权使用( ⓒ IMAGEMORE Co., Ltd. )

责任编辑:陈　帆　　责任校对:李孟潇　　整体设计:马　佳

出版发行:**武汉大学出版社**　(430072　武昌　珞珈山)
(电子邮件:cbs22@whu.edu.cn　网址:www.wdp.com.cn)
印刷:湖北恒泰印务有限公司
开本:720×1000　1/16　印张:14.25　字数:205 千字　插页:2
版次:2016 年 5 月第 1 版　　2016 年 5 月第 1 次印刷
ISBN 978-7-307-17679-9　　定价:45.00 元

## 作者简介

　　**石晨霞**，女，国际关系专业博士，上海国际问题研究院欧洲研究中心助理研究员。2012年毕业于武汉大学，获法学（国际关系）博士学位。2012—2014年，在复旦大学政治学流动站从事博士后研究。主要研究方向为气候变化与全球治理、欧洲一体化、联合国研究。曾在学术期刊发表论文10余篇；主持中国博士后科学基金项目"联合国框架下的全球气候变化治理模式转型研究"；参与教育部科普读物项目"中国与联合国"、教育部项目"联合国发展报告"研究。

# 目　　录

# 导　论

## 一、问题的提出

欧洲一体化不仅是一个经济整合的过程，更是一个社会整合的过程。经过 60 多年的发展，欧洲一体化水平在经济方面取得了举世瞩目的成就，无论在深度上，抑或在广度上都达到了空前的高度。但是在社会领域，欧洲一体化的进程却非常滞后，这一方面因为一体化最初是从经济领域开始的，社会领域的合作只是经济联合的附属，是经济一体化的"溢出"效应；另一方面是因为人们普遍认为社会政策属于主权国家的内政，因此导致一体化在社会政策领域的合作与协调迟迟未能快速推进。与此相对，学术界也把大量的研究力量投注到经济一体化中，研究成果可谓汗牛充栋，而对于欧盟社会政策的关注则要少得多，国内有价值的成果可谓凤毛麟角，本书试图在借鉴前人研究成果的基础上，对该问题作出力所能及的分析与研究。

从现实的角度来看，欧洲一体化目前也遭遇到了种种挫折。从 20 世纪 90 年代开始，欧洲经济增长乏力，通货膨胀率、失业率居高不下，福利国家危机愈演愈烈，社会问题丛生，这些无不困扰着欧洲一体化的顺利推进。进入 21 世纪以来，欧盟又在自身整体发展状况欠佳的情况下吸纳中东欧 10 多个国家入盟，造成巨大的财政负担，地区发展差距拉大，由此带来的一系列相关问题给欧洲一体化的发展增加了难度。2005 年，酝酿已久的《欧盟宪法条约》遭到法国、荷兰民众的否决，这无疑是上述多种问题长时间积累的爆发，欧洲一体化进程在巨大的打击之下陷入所谓的"中年危机"。此后，经过两年多的调整，欧盟终于在 2007 年年底通过了简化版的《里斯本条约》，一体化进程逐步走出危机。但是紧接着，从 2008 年开始，金融危机波及欧洲多数国家，一些国家深陷主权债务危机，一体化又一次遭受严重的冲击。近两年，难民危机、恐怖主义袭击等问题对欧洲一体化产生了重要影响。这些遭遇使我们不得不思考一个问题，即欧洲一体化到底出了什么问题，是不是可以换一种非常规的角度去审视它，于是，欧盟社会政策①进入了笔者的思考范围。

## 二、文献综述

### （一）国内研究现状

国内对欧盟社会政策的研究始于 20 世纪 80 年代中后期，起步较晚。经过 30 多年的发展，研究虽然有待深入，但也取得了一定成果。总体来看，国内对欧盟社会政策的研究经历了三个发展阶段。

第一阶段从 20 世纪 80 年代中期到 90 年代中期，为研究的起步阶段。这一阶段的研究带有明显介绍西欧国家社会政策的特点。这期间有几部代表性的著作诞生，主要包括：戴炳然、伍贻康、周建平、蒋三铭等人翻译英国学者阿格拉的《欧洲共同体经济学》②、李琼主编的《西欧社会保障制度》③、余开祥、洪文达、伍贻康主编的《欧洲共同体：体制·政策·趋势》④，等等。《欧洲共同体经济学》是国内较早介绍欧盟社会政策发展情况的作品，主要对 20 世纪 70 年代以前的欧共体社会政策的发展情况作了介绍；《西欧社会保障制度》主要介绍了西欧国家的社会保障制度；

---

①　为了方便论述，除特别说明，本书中的"欧盟社会政策"泛指 1951 年煤钢共同体建立以来的共同体、欧共体和欧盟几个阶段的社会政策。

②　［英］阿格拉编著，戴炳然、伍贻康、周建平等译：《欧洲共同体经济学》，上海译文出版社 1985 年版。

③　李琼：《西欧社会保障制度》，中国社会科学出版社 1989 年版。

④　余开祥、洪文达、伍贻康主编：《欧洲共同体：体制·政策·趋势》，复旦大学出版社 1989 年版。

《欧洲共同体：体制·政策·趋势》则重点介绍了欧洲共同体在 20
世纪 60—80 年代的工人政策、社会基金使用、社会政策等存在的
问题，是较早的专门对共同体社会政策进行分析的研究成果。另
外，进入 20 世纪 90 年代后，杨逢珉、李宗植、张永安编著的《欧
洲共同体经济教程》① 主要分析了欧共体于 20 世纪 80 年代末发布
的一份报告，并提出了五个优先发展的社会政策领域，还详细列出
了 1961 年至 1987 年欧洲社会基金的具体金额。除此之外，1990
年，《国外社会科学》杂志还发表了钱小平的一篇题为《1992 年欧
洲共同体社会政策展望》的文章，它是这一领域的重要文献之一。
不过此后一直到 20 世纪 90 年代中期，欧盟社会政策领域的研究几
乎没有什么新的进展。

　　总体来看，这一阶段对欧盟社会政策的研究成果数量较少，介
绍性强于分析性，而且主要是泛论欧盟社会政策的发展情况，研究
程度有待深入。

　　第二阶段是从 20 世纪 90 年代中期到 21 世纪初。这个阶段研
究欧盟社会政策的成果主要有以下几点进展：第一，数量大幅度增
加，尤其是论文数量显著增加。第二，研究内容趋于广泛，角度也
趋于多元化，② 其中对就业问题的研究成果比较丰富③。第三，研
究方法也有很大的突破，一些学者开始用比较研究的方法，如裘元
伦、罗红波的《中国与欧洲联盟就业政策比较》④对中国与欧盟的
就业政策进行了比较研究，也将欧盟的有益经验借鉴于我国的就业

---

　　①　杨逢珉、李宗植、张永安编著：《欧洲共同体经济教程》，兰州大学
出版社 1993 年版。

　　②　周弘：《国内欧盟社会政策研究之我见》，《欧洲研究》2003 年第 1
期。

　　③　这些成果主要包括：公峰涛、王乃会：《德国失业保障及其对我国的
借鉴》，《国际经贸研究》1996 年第 4 期；楚建忠：《瑞典的失业保障制度及
其对我国的启示》，《国际经贸研究》1996 年第 4 期；宣海林等：《欧元区长
期高失业率的症结及出路》，《欧洲一体化研究》2000 年第 5 期。

　　④　裘元伦、罗红波：《中国与欧洲联盟就业政策比较》，中国经济出版
社 1998 年版。

发展。还有梁淑玲、胡昭玲的《丹麦、挪威失业保障制度及借鉴意义》①，主要对北欧高福利国家的失业保障制度进行了比较分析。第四，研究水平提升很快。

这一阶段具有代表性的研究成果主要包括：杨逢珉教授的《欧盟推行社会政策的实践与障碍》②、关信平教授的《欧洲联盟社会政策的历史发展——兼析欧盟社会政策的目标、性质与原则》③、田德文的《论欧洲联盟的社会政策》④ 等。在《欧盟推行社会政策的实践与障碍》一文中，作者在介绍欧盟社会政策发展概况的基础上，重点分析了欧盟社会政策在实践中取得的成果以及推行社会政策的障碍，包括经济长期增长乏力、成员国经济发展不均衡、社会基金的规模有限、欧洲一体化发展的消极影响等因素。文章全面、深刻、多角度地揭示了欧盟社会政策的发展障碍。另外，关信平教授把欧盟社会政策的发展划分为四个阶段，对它的目标、性质、原则及有关影响因素进行了深入的分析，并创造性地将其目标分为经济和社会两个方面。同时，文章将欧盟社会政策的原则概括为协调性原则、一致性原则和辅助性原则三个方面，最后还对欧盟社会政策与成员国社会政策的关系进行了分析，这在国内的研究中处于领先地位。其中不足的是，上述各个方面的论述略显简略，还有深化、细化的空间。田德文从法律基础、实际进展和基本性质三个方面对欧盟阶段的社会政策发展进行了阐述，并提出它的性质并没有替代主权国家相互协调的特点，加之辅助性原则的限制，这些均决定了欧盟社会政策未来的发展方向。此外，罗桂芬的

①　梁淑玲、胡昭玲：《丹麦、挪威失业保障制度及借鉴意义》，《国际经贸研究》1996 年第 4 期。

②　杨逢珉：《欧盟推行社会政策的实践与障碍》，《世界经济与政治》1997 年第 2 期。

③　关信平：《欧洲联盟社会政策的历史发展——兼析欧盟社会政策的目标、性质与原则》，《南开学报》（哲学社会科学版）2000 年第 2 期。

④　田德文：《论欧洲联盟的社会政策》，《欧洲》2000 年第 4 期。

《欧盟社会政策与社会保障体系变革趋势》①对欧盟社会保障体系
进行具体研究，分析了欧洲一体化对各个成员国社会保障体系的影
响，以及欧盟社会保障体系面临的问题和挑战等。夏建中的《欧
盟社会政策的历史发展及其启示》②一文也对欧盟社会政策的历史
发展进行了介绍，将其按时间分为四个阶段，随后对其发展过程进
行了总结，认为欧盟最初并未重视社会政策的发展，只是随着社会
政策重要性的凸显，人们才逐渐认识到要重视对社会政策的发展。
文章对历史进程的介绍较为细致，但分析与评论相对薄弱。除此之
外，其他相关学术论文③也从不同角度介绍了欧盟社会政策。

　　这一阶段除了大量的学术论文之外，一些学位论文也聚焦于欧
盟社会政策的发展，包括田德文的《论欧洲联盟的社会政策》④
和申红果的《欧洲联盟社会政策发展初探》⑤。另外，一些著作中
的某些章节也关注了欧盟社会政策，如张荐华的《欧洲一体化与
欧盟的经济社会政策》⑥，就对欧盟的社会政策进行了专门论述。
作者在回顾欧盟社会政策历史的基础上，重点阐述了 20 世纪 80 年
代以来的发展状况，具体介绍了欧盟社会政策的 8 个政策领域的发
展情况，并对欧洲社会基金及其运作、欧盟文化政策和社会宪章进

---

　　①　罗桂芬：《欧盟社会政策与社会保障体系变革趋势》，《社会学研究》
2001 年第 3 期。

　　②　夏建中：《欧盟社会政策的历史发展及其启示》，《南通师范学院学
报》（哲学社会科学版）2002 年第 2 期。

　　③　这些学术论文主要包括：周弘：《福利国家向何处去》，《中国社会
科学》2001 年第 3 期；罗桂芬：《欧盟一体化框架下北欧社会政策及福利模
式的重新定向》，《国外社会科学》2001 年第 6 期；李明甫：《就业中的男女
平等：欧盟的状况和做法》，《劳动保障通讯》2004 年第 3 期。

　　④　田德文：《论欧洲联盟的社会政策》，中国社会科学院硕士学位论文，
2001 年。

　　⑤　申红果：《欧洲联盟社会政策发展初探》，华中师范大学硕士学位论
文，2002 年。

　　⑥　张荐华：《欧洲一体化与欧盟的经济社会政策》，商务印书馆 2001 年
版。

行了论述。陈志强、关信平主编的《欧洲联盟的政治与社会研究》① 论文集中的一些文章也对欧盟的社会问题作了分析。

第三阶段是从 2005 年至今。这一阶段的研究更加深入，研究内容也更加细化，对欧盟东扩对欧盟社会政策的影响、欧洲社会模式、"开放式协调"等具体问题进行了分析。这些研究进展都标志着欧盟社会政策研究水平在不断提高。

这一阶段的研究成果主要有关信平、郑飞北的《〈社会政策议程〉、欧盟扩大与欧盟社会政策》②，该文对《社会政策议程》中对欧盟社会政策提出的目标进行了阐述，核心是要"实现欧洲社会模式的现代化"。虽然东扩后，新老成员国在经济、社会发展模式等多方面存在较大差距，但是欧盟通过入盟前的准备、调整结构基金帮助新成员国消除贫困和社会排斥、促进社会融合等手段来应对东扩后产生的问题，该文比较深入地分析了东扩对欧盟社会政策的影响及欧盟的应对，是这个阶段的研究中比较有价值的一篇成果。

这一阶段对欧洲社会模式（European Social Model）的研究也有新的进展。吴志成、龚苗子翻译德国学者韦尔夫·维尔纳的《德国视角下的欧洲社会模式》③，较为客观全面地分析了欧洲社会模式面临的挑战，并在此基础上得出"多速欧洲"不可避免的结论。余南平博士④也在这方面作了深入的研究，他以欧洲住房市场和住房政策为视角，对欧洲社会模式作了探讨。另外，毛禹权的文章⑤则介绍与分析了一位法国学者的文章《未来不确定的欧洲社

---

① 陈志强、关信平：《欧洲联盟的政治与社会研究》，天津人民出版社 2002 年版。

② 关信平、郑飞北：《〈社会政策议程〉、欧盟扩大与欧盟社会政策》，《南开学报》（哲学社会科学版）2005 年第 1 期。

③ 韦尔夫·维尔纳著，吴志成、龚苗子译：《德国视角下的欧洲社会模式》，《经济社会体制比较》2006 年第 3 期。

④ 余南平：《欧洲社会模式：以欧洲住房市场和住房政策为视角》，华东师范大学博士学位论文，2008 年。

⑤ 毛禹权：《欧洲社会模式面临严峻挑战》，《国外理论动态》2006 年第 5 期。

会模式》，认为新自由主义削弱了欧洲社会模式，同时欧盟东扩也给欧洲社会模式带来了巨大挑战，文章对国外学者研究成果的介绍有助于我们更深刻地理解欧洲社会模式。

关于"开放式协调方法"（Open Method of Coordination，OMC），近年来的研究成果也逐渐增加，张浚的《开放式协调方法和欧盟推进全球治理的方式：以援助政策为例》① 就对开放式协调方法的内涵作了界定。由于开放式协调方法是欧盟内部治理的一种有效方式，欧盟也试图将其推广到全球问题的治理。尤其是在对外援助问题上，开放式协调方法在此过程中虽然起到了积极的作用，但仍然存在许多局限，因而作者认为开放式协调方法在国际关系中的应用有一定的潜力，但也存在局限。另外，郑春荣也对开放式协调方法进行了分析。面对欧盟社会政策目前所面临的困境，作者认为开放式协调方法这一新型治理模式虽然保护了成员国的自主权，但这种柔性的方法未能有效实现成员国社会政策的趋同以及平衡经济一体化与社会一体化之间的不协调性。②

第三阶段的研究在欧盟社会政策的具体政策领域方面实现了细化和突破的同时，数量上也大幅增加。就就业问题和就业战略问题而言，张素青的论文对 1951 年到 2005 年期间的欧盟共同就业政策③进行了探讨。刘艳花的论文则重点论述了欧盟就业战略的内容。④ 张然的论文《欧盟灵活保障就业政策研究》⑤，也对欧盟就业政策的发展作了较深入的研究。另外，社会排斥领域的研究也有

---

① 张浚：《开放式协调方法和欧盟推进全球治理的方式》，《欧洲研究》2010 年第 2 期。

② 郑春荣：《论欧盟社会政策的困境与出路》，《社会主义研究》2010年第 3 期。

③ 张素青：《欧洲一体化进程中的共同就业政策研究》，上海师范大学硕士学位论文，2007 年。

④ 刘艳花：《欧盟就业战略研究》，山东大学硕士学位论文，2008 年。

⑤ 张然：《欧盟灵活保障就业政策研究》，华东师范大学博士学位论文，2008 年。

了丰富的成果。① 对单个国家进行研究的成果也较多，研究也比较深入细致。除此之外，在欧洲老龄化、教育、培训、工作安全、社会保障等各个领域都有很多研究成果出现。

专门论述欧盟社会政策的著作主要包括：马晓强、雷钰等著的《欧洲一体化与欧盟国家社会政策》②，王立伟的博士学位论文《社会政策与欧洲一体化》③，刘晓平博士的论文《欧洲社会一体化——政策、实践与现状研究（1945—2006）》④，等等。《欧洲一体化与欧盟国家社会政策》以总分式的结构对欧盟社会政策的形成、组织与实施、内容与改革进行了较深入的分析，还分别介绍了英国模式、德国模式、瑞典模式等欧盟国家社会福利的主要模式，并具体分析了欧盟及其成员国社会政策的主要政策领域的发展情况，包括欧盟就业、劳工与移民政策、医疗保障政策、社会保护政策等内容。该著作对欧盟及其成员国社会政策的具体领域进行了较翔实的介绍，阐述了欧盟在社会政策领域的发展对我国在相应问题上的启示，但是对欧盟层面的社会政策的论述较薄弱。同样，王立伟博士也对欧盟社会政策的发展进行了细致的研究。刘晓平博士的论文则先对欧洲的历史发展以及二战后欧洲一体化的历程进行了梳理，然后分析了欧洲社会一体化的必要性和动力问题，并对欧盟社会政策与欧洲社会一体化的关系作了一些研究，还对东扩对欧洲社会一体化的影响进行了分析。该文最有特色的地方是作者运用国

---

① 这些成果主要包括：彭华民：《社会排斥与社会融合——一个欧盟社会政策的分析路径》，《南开学报》（哲学社会科学版）2005 年第 1 期；彭华民、黄叶青：《欧盟反社会排斥的社会政策发展研究——以劳动力市场问题为例》，《社会工作》2006 年第 7 期；林闽钢、董琳：《欧盟反社会排斥政策探讨》，《公共管理高层论坛》2006 年第 1 期；盛文沁：《试析欧盟的反社会排斥政策：缘起、措施与绩效》，《社会科学》2009 年第 11 期。

② 马晓强、雷钰等：《欧洲一体化与欧盟国家社会政策》，中国社会科学出版社 2008 年版。

③ 王立伟：《社会政策与欧洲一体化》，山东大学博士学位论文，2010 年。

④ 刘晓平：《欧洲社会一体化——政策、实践与现状研究（1945—2006）》，云南大学博士学位论文，2008 年。

外学者的理论，通过选取一些具体的政策领域为案例，来检测欧盟成员国在社会领域的关联性和凝聚力，从而可以使读者直观了解欧盟社会一体化的发展程度。

在第三阶段最突出的成果当属田德文的《欧盟社会政策与欧洲一体化》① 一书。作者经过多年的研究，在该领域取得了很大突破，该著作也是国内研究欧盟社会政策最有价值的参考文献。著作分5大部分共18章。在实证研究部分，作者对欧共体和欧盟阶段的社会政策发展历程进行了评述，在此基础上介绍了欧盟的劳工政策和社会保护政策的发展状况。在第二部分制度研究中，作者重点介绍了欧盟社会政策的制定、实施以及共同体再分配制度的发展历程，并对社会基金的作用作了系统介绍。第三部分是个案研究，作者主要通过欧盟就业战略、英国与欧盟社会政策的关系、欧盟社会政策与欧盟扩大三个个案阐释了"多层治理"与"有限治理"在欧盟社会政策发展中的体现。在第四部分理论探讨中，作者通过不同的理论解释了欧盟社会政策的发展动力问题和未来前景。第五部分则是背景分析，作者着重介绍了全球化对欧洲福利国家的挑战，欧盟的积极回应并提出欧洲社会模式。最后，作者将分析的落脚点放在欧盟社会政策与欧洲一体化的关系上。整部著作几乎囊括了与欧盟社会政策发展有关的所有方面，但作者对欧盟社会政策的具体内容介绍相对较少，除了劳工政策和社会保护政策外，未对其他领域进行分析，不利于读者全面地了解社会政策。

除此之外，与欧盟社会政策研究有关的论著还有很多，② 由于篇幅所限，此处不再一一列出。综观国内对于欧盟社会政策的研

---

①　田德文：《欧盟社会政策与欧洲一体化》，社会科学文献出版社2005年版。

②　这些文献包括：郑春荣：《欧洲社会一体化进程述评》，《德国研究》2003年第2期；刘文秀：《欧洲联盟的政策领域分类与政策性质》，《欧洲》2000年第6期；纪光欣、朱德勇：《欧洲社会政策的演进及启示》，《中国石油大学学报》（社会科学版）2008年第2期；许洁明：《欧洲社会一体化研究》，《云南民族大学学报》（哲学社会科学版）2005年第6期；吕亚军、刘欣：《欧洲社会一体化的国内政治视角分析——以亲职假指令的移植为例》，《哈尔滨工业大学学报》（社会科学版）2009年第2期。

究，总体来看，从最初笼统介绍西方国家福利制度、社会政策的内需导向①研究，到经过一个阶段的发展之后，研究内容逐渐细化、深入，相关因素之间关系逐渐厘清，研究成果数量不断增长，研究水平逐渐提高，研究取得了很大进展。但是在一些领域，如欧盟社会政策在欧洲认同的建构方面的分析仍然较少，② 而且，将欧洲一体化的政治、经济和社会方面统筹起来进行分析的作品更少。这需要更多的研究者将研究精力投入社会政策领域，也需要既有的研究者深化已有的研究，当然，更需要从国外的研究中汲取有价值的研究成果。

**（二）国外研究现状**

国外学者研究欧盟社会政策起步较早，从 20 世纪 70 年代开始就有一些有价值的著作诞生。经过 40 多年的发展，该领域的研究也获得了很大的进步。在研究内容上全面而丰富、深入而细致；在研究方法上也不断创新，研究视角新颖；研究成果在数量上较多，质量也较高。总体来看，国外学者对欧盟社会政策的研究主要包括以下几个方面：

1. 关于欧盟社会政策总体发展的研究

这方面的研究主要是将欧盟社会政策作为一个整体进行分析，虽然也涉及对具体政策内容的介绍，但还是以政策的总体发展为主线。就笔者收集到的资料来看，这方面的研究数量相对较多，有价值的著作也很多。斯蒂芬·雷布福里德（Stephan Leibfrid）和保罗·皮尔森（Paul Pierson）合编的《欧盟社会政策：在碎片化与一体化之间》③ 就是一部非常经典的研究欧盟社会政策的论文集，

---

① 周弘：《欧盟社会政策研究之我见》，《欧洲》2003 年第 1 期。

② 这方面的论著主要是：田德文：《论社会层面上的欧洲认同建构》，《欧洲研究》2008 年第 1 期；刘晓平：《欧洲社会一体化——政策、实践与现状研究（1945—2006）》，云南大学博士学位论文，2008 年。

③ Stephan Leibfried and Paul Pierson（eds.），*European Social Policy*： *Between Fragmentation and Integration*，Washington，D. C.：The Brookings Institution，1995.

也是研究该问题的必读作品。论文集分三大部分，分别介绍了社会
欧洲的发展过程、北美的社会政策一体化、社会欧洲的发展前景。
在第一部分中，作者从劳资关系、结构基金、性别平等、移民问题
等角度分别介绍了欧盟社会政策的发展；第二部分主要对加拿大和
美国的社会政策一体化进行了分析；第三部分则首先评估了德洛尔
时代的欧盟社会政策，继而对欧盟社会政策与一体化的政治、经济
方面之间的关系进行了分析；最后，作者还专门分析了欧洲社会一
体化的动力问题。该论文集深刻、全面、系统地分析了欧盟社会政
策的发展以及与此相关的关键问题，可以算作 20 世纪 90 年代在欧
盟社会政策研究领域的里程碑之作。但是对于欧盟社会政策的发展
前景而言，它低估了社会政策对政治一体化的影响，欧盟社会政策
的发展将取决于欧盟政治机制的发展。

　　罗伯特·盖耶（Robert R. Geyer）的《探讨欧盟社会政策》①
一书也是全面研究欧盟社会政策的具有较高参考价值的著作。该书
的特点是作者从纵向和横向两个维度对欧盟社会政策的发展作了深
入的探讨。首先，从纵向来看，作者将欧盟社会政策的发展分为两
大阶段：从 1950 年到 1969 年为第一阶段，从 1970 年到 1999 年为
第二阶段。在第一阶段，作者重点对此期间社会政策的发展状况作
了介绍和理论分析；由于第二阶段的社会政策发展取得了较多的成
果，作者则运用理论与实践相结合的方式，先介绍每个阶段的发展
情况，之后对此进行了理论分析，结构非常清晰。其次，从横向来
看，作者对欧盟社会政策中的几个主要政策内容均作了介绍，包
括：劳工政策的核心领域——自由流动和健康与安全、劳工政策的
延伸领域——就业权和工作条件、工人参与、社会对话、性别平等
政策、结构基金和欧洲社会基金的安排、反贫困政策、反歧视政
策、公共健康政策、老人政策、残疾人政策、青年政策等。最后，
作者对欧盟社会政策未来的发展进行了分析，勾勒出了一个欧盟社
会政策的"地图"。该研究基本囊括了欧盟社会政策的主要内容，

---

　　① Robert R. Geyer, *Exploring European Social Policy*, Cambridge：Polity Press, 2000.

对其作了立体而细致的分析，是一部难得的集发展历史与政策内容于一身的经典著作。

　　琳达·汉雷斯（Linda Hantrais）的《欧洲联盟的社会政策》①一书也是欧盟社会政策研究的经典之作，该著作自 1995 年出版以来，已经再版两次。作者首先对欧盟社会政策的发展进行评述，并重新定义欧盟社会政策。其次，作者分析了民族国家在社会政策领域中的一致性与多样性，并将巩固欧洲的社会模式作为增强一致性的有效方式。再次，作者将欧盟社会政策的主要内容，如教育、培训、就业、改善工作和生活条件、家庭政策、性别政策、老人和残疾人政策、社会排斥和社会融合、工人自由流动政策等分为 7 个章节进行了细致的介绍。最后，作者评估了欧盟社会政策 50 多年的发展，认为虽然欧盟社会政策已经发展 50 多年，但是它之前的发展更多是作为经济一体化的附属而出现，欧盟社会政策仍然是一个正在兴起的概念。另外，欧盟社会政策与经济一体化的关系也有所改变，两者之间的平等互动更加频繁。与此同时，欧洲公民权也有所强化，主权国家和欧盟委员会在该领域的角色也发生了细微变化，委员会成为欧盟社会政策的协调者。作者还对欧洲社会模式的发展前景发表了自己的看法。

　　艾弗·罗伯特（Ivor Robert）和贝弗利·斯普林格（Beverly Springer）合著的《欧洲联盟的社会政策：和谐与国家统一》② 是一部在研究方法和主题方面均不同于其他作品的著作。该著作对包括 20 世纪末的欧盟社会政策和欧盟指令作了研究。作者的研究为读者指明了一个总体的政策发展趋势和政策地位的评估，进而提供了洞察塑造欧盟社会政策动力的独特视角。在研究方法上，作者以跨学科的理念为基础，综合跟踪政策从酝酿到完成的整个过程，同

---

　　①　Linda Hantrais, *Social Policy in the European Union*, London：Macmillan Press Ltd. , 2000.

　　②　Ivor Robert and Beverly Springer, *Social Policy in the European Union：Between Harmonization and National Autonomy*, London：Lynne Rienner Publishers Inc. , 2001.

时着力于国家间商业和劳资关系的研究。除此之外，该书聚焦于欧洲工人理事会指令（European Workers Council Derective，EWCD），并将其作为分析与欧盟社会政策相关问题的手段，它被认为是 20 世纪 90 年代欧盟社会政策最重要的指令，促进了成员国工人法律咨询与劳资关系的发展。另外，作者还运用多层治理理论分析了成员国在欧盟社会政策发展中的作用，重点考察了工会联盟的作用。

马克·克雷曼（Mark Kleinman）从欧洲福利国家的危机与变革谈起，认为欧盟社会政策的发展是欧洲国家应对福利危机的有效手段。在探讨了四种欧洲福利国家类型，并对欧洲是否存在"欧洲社会模式"提出自己的见解之后，作者认为：虽然欧盟福利国家有所发展，但是仍未发生实质性的变化，因此"欧洲社会模式"尚未完全确立。除此之外，作者还分析了全球化对福利国家的影响，驳斥了那些认为全球化的发展摧毁了福利国家的观点，提出主权国家政府仍然是对其国民负责的主要机构，只是它的政策运作方式受到了全球化的影响。作者还对欧盟社会政策的制定、目前的状况和未来的前景都进行了深入的探讨，同时对社会政策和欧元的关系也作了分析，对失业和社会排斥等具体政策领域作了介绍。另外，作者对欧洲社会公民认同也进行了深入的讨论。该著作比较细致、全面地分析了欧盟社会政策的来龙去脉。①

这些作品都是研究欧盟社会政策的力作，都具有很高的参考价值。此外，还有很多研究成果在此不一一列举。

2. 关于欧盟社会政策具体政策内容的研究

这方面的研究是以欧盟社会政策的具体政策内容为研究对象，其中主要包括就业政策、社会排斥、移民政策、妇女权利等政策领域。这些具体而细致的研究也是国外研究的优势所在。

欧盟社会政策中的就业政策是欧盟社会政策研究的核心内容，国外的研究成果也非常多。就笔者搜集的资料看，代表性的文献有：珍·简森（Jane Jenson）和菲利普·波切特（Philippe Pochet）

---

① Mark Kleinman, *A European Welfare State? European Union Social Policy in Context*, New York：Palgrave, 2002.

13

的研究报告《自马斯特里赫特以来的就业和社会政策：基于欧洲
货币联盟的角度》①，该研究报告对欧元和欧盟就业政策之间的联
系作了深入的分析，一方面，作者分析了欧洲货币联盟（European
Monetary Union，EMU）的建立给欧盟社会政策带来的挑战；另一
方面，作者从欧盟层面探究了就业政策发展的动力问题。最后，作
者还考察了欧盟就业战略、社会保护的两个部门、薪酬协调机制的
设定。戴蒙德·阿舍伯（Diamond Ashiagbor）也对欧洲货币联盟与
就业战略之间的互动关系进行了研究②，不同的是，该文认为
EMU 的建立对欧盟就业政策的发展起了积极的推动作用，而且欧
盟机制更乐意接受 EMU。同时，作者认为，劳动力市场的不规范
和机制的不成熟才是导致失业问题的主要原因，而增加劳动力市场
的灵活性、宏观经济的稳定、紧缩的财政政策、薪酬限制等才是解
决问题的关键。随着欧盟就业战略的成熟，作者更加强调就业政策
在欧盟社会政策中的作用，这种变化也对 EMU 产生了重要影响。

　　另外，还有一些专门研究欧盟就业战略的文献，如珍妮·格奇
（Janine Goetschy）对欧盟就业战略的起源与发展作了专门的研
究③，作者按时间顺序首先对欧共体 20 世纪 70 年代和 80 年代的
就业政策作了梳理，认为随后出台的德洛尔白皮书是欧盟就业战略
的起源；1994 年的埃森峰会则从五个方面提出要应对失业问题，
从而对欧盟就业战略起到了推动作用；后又经过《阿姆斯特丹条
约》之后的欧盟就业战略、卢森堡工作峰会与 1998 年就业指南、
维也纳峰会与 1999 年就业指南三个阶段的发展，欧盟就业战略逐

---

①　Jane Jenson and Philippe Pochet, "Employment and Social Policy since
Maastricht: Standing up to the European Monetary Union", in *The Year of Euro*,
Nanovic Institute for European Studies, University of Notre-Dame, December 2002.

②　Diamond Ashiagbor, "EMU and the Shift in the European Labour Law
Agenda : From 'Social Policy' to 'Employment Policy'", *European Law Journal*,
Vol. 7, No. 3, 2001, pp. 311-330.

③　Janine Goetschy, "The European Employment Strategy: Genesis and
Development", *European Journal of Industrial Relations*, Vol. 5, No. 2, 1999,
pp. 117-137.

步成熟起来；最后对欧盟就业战略的整体发展作了评价。还有詹姆斯·莫舍（James S. Mosher）和大卫·楚贝克（David M. Trubek）也对欧盟就业战略进行了研究①，但是研究角度有所不同，他们是从欧盟就业战略的角度分析欧盟治理模式的转变，并对欧盟就业战略的发展及其影响进行了细致的分析。

在其他政策方面，马丁·奥布莱恩（Martin O'Brienl）和苏·彭纳（Sue Penna）的文章《欧洲的社会排斥：一些观念问题》②，从辩证的角度分析了欧盟的社会排斥问题。一方面，社会排斥是一体化在某些方面失败的结果，这是因为一体化未能在社会领域取得实质性进展，从而导致社会排斥的出现。另一方面，社会排斥也是欧洲一体化不断推进的必然结果，因为一体化的发展强化了欧盟内部的竞争，而相应的社会保障却尚未成型，因此一体化必然会导致社会排斥问题的出现。另外，罗伯特·迈尔斯（Robert Miles）等人主编的论文集《移民和欧洲一体化：排斥和融合的动力》③，这是一本主要研究移民问题的论文集。移民问题是欧盟社会政策的重要内容之一，该论文集中关于欧洲公民权、公民身份与移民的关系阐述深刻，富有见解。雷切尔·齐科斯基（Rachel A. Cichowski）则对欧盟妇女权利的增进作了研究。④ 探讨了欧洲的超国家机制对维护与增进妇女权利的作用，尤其是欧洲法院与成员国政府的互动在法律一体化方面的作用，而这种作用在法律上更加促进了

---

①　James S. Mosher and David M. Trubek, "Alternative Approaches to Governance in the EU: EU Social Policy and the European Employment Strategy", *Journal of Common Market Studies*, Vol. 41, No. 1, 2003, pp. 63-88.

②　Martin O'Brienl and Sue Penna, "Social Exclusion in Europe: Some Conceptual Issues", *International Journal of Social Welfare*, Vol. 17, 2008, pp. 84-92.

③　Robert Miles, Dietrich Thränhard (eds.), *Migration and European Integration: The Dynamics of Inclusion and Exclusion*, London: Pinter Publishers Ltd., 1995.

④　Rachel A. Cichowski, "Women's Rights, the European Court, and Supranational Constitutionalism", *Law and Society Review*, Vol. 38, No. 3, 2004, pp. 489-512.

性别平等。

欧盟社会政策包含的内容非常丰富，除上述政策领域之外，还包括劳工政策，老人、残疾人政策，教育与培训政策，工人健康和安全政策，消费者保护政策等方方面面，但是由于篇幅所限，在此不一一赘述。

3. 关于欧盟社会政策与欧洲公民权关系的研究

汉斯·范·尤伊克（Hans van Ewijk）的著作《欧盟社会政策和社会工作：基于公民权的社会工作》①，主要探讨了欧洲国家转变为所谓的"激活福利国家"之后对社会工作的影响。"激活福利国家"是一种生产、参与、融合和知识的平衡，它促使公民权、国内社会和市场处于由国际、国家和地区或当地政府设置的一种有效的监管框架之内，而社会工作应该适应这种变化过程。通过重新定义它的概念和战略，重新审视它的方式和途径，作者认为这种重新定向是基于公民权的社会工作，是社会行动、社会理论和社会工作研究的共同领域。公民权将公民置于首要地位，将公民看作居民、用户、政治成员来定义社会问题，从而更好地应对福利国家面临的挑战。

莫里斯·罗氏（Maurice Roche）和里克·范·伯克尔（Rik van Berkel）合编的论文集《欧洲公民权和社会排斥》②，对社会排斥和欧洲公民权之间的关系作了分析。论文集分为四大部分。第一部分从总体上介绍欧盟公民权的发展与重塑。第二部分分析经济排斥和公民权，具体从工作、收入和就业等角度来阐释。通过一些国家，如德国的案例分析了经济因素对欧洲公民权形成的积极和消极作用。第三部分则从社会、经济排斥和公民权的关系展开，认为联系它们之间的纽带就是欧盟社会政策，同时分别研究了灵活就业和消除社会排斥与不公平在维护社会权利中的作用、

---

① Hans van Ewijk, *European Social Policy and Social Work：Citizenship Based Social Work*, London：Routledge, 2010.

② Maurice Roche and Rik van Berkel, *European Citizenship and Social Exclusion*, Farnhan and Burlington：Ashgate, 1997.

城乡一体化对公民权的影响等。第四部分则从社会文化排斥与公民权的角度分析欧洲公民身份的形成，指出其面临的挑战。另外，文章还分析了移民问题给公民权的塑造增加的困难等。该论文集主要论述欧洲公民权的重塑，其中经济、社会排斥在此过程中是主要的障碍。

还有一些研究则分析了欧洲社会身份的建构问题。① 从超越传统的从文化和种族的角度来研究欧洲身份的思路，利用社会身份理论进行分析，认为即使不具备共同的文化、共同的历史甚至共同的传统、价值和志向，社会身份也能在短期内建构起来。另外，斯廷恩·史密斯曼（Stijn Smismans）的文章②分析了欧洲公民社会的发展，重点阐述了欧盟委员会和欧洲经社委员会的机制利益与关于推动欧洲公民社会话语权之间的关系。作者分析了怎样以及在何种条件下在上述两个机构中出现话语权，最后得出结论是机构利益促使该机构出现了关于欧洲公民社会的讨论，并推动公民社会的发展。除此之外，哈佛大学安德鲁·穆拉维斯克（Andrew Moravcsik）的文章③分别从经济、管理、程序、财政、法律和政治等方面受局限的角度出发，系统分析了"民主赤字"的原因，最后提出了防御"民主赤字"的具体措施。这些文献对于研究欧盟社会政策与欧洲认同方面均有很好的参考价值。

4. 关于开放式协调方法的研究

这是欧盟社会政策研究中对具体问题的研究，也是近些年来学者们比较关注的一个问题，主要代表论著包括：米莱娜·布克斯

---

① Hakan Ovunc Ongur, "Towards a Social Identity for Europe? A Social Psychological Approach to European Identity Studies", *Review of European Studies*, Vol. 2, No. 2, 2010, pp. 134-143.

② Stijn Smismans, "European Civil Society: Shaped by Discourses and Institutional Interests", *European Law Journal*, Vol. 9, No. 4, 2003, pp. 482-504.

③ Andrew Moravcsik, "In Defence of the 'Democratic Deficit': Reassessing Legitimacy in the European Union", *Journal of Common Market Studies*, Vol. 40, No. 4, 2002, pp. 603-624.

（Milena Büchs）的《欧盟社会政策的新治理：开放式协调方法》①，这是一部将欧盟社会政策中的开放式协调方法作为研究对象的专著。开放式协调方法是欧盟社会政策的一种新型治理方式，它是对陷于困境的社会政策的一种积极应对。著作分为三大部分，第一部分主要阐述了开放式协调方法的基本内涵、政策内容、影响与效果，并将其看作欧盟社会政策的"第三条道路"，对其性质进行了界定。第二部分从机制和行为体两个方面展开，分别从政治系统和行为体、社会伙伴和非政府组织、国家行动计划（National Action Plan，NAP）的产生、与欧盟的关系等方面阐释了成员国的反应，另外还介绍了欧盟就业战略在德国和英国的实施情况。第三部分主要是评论，对开放式协调方法的工作框架、实施效果、合法性进行了评论，对社会欧洲与开放式协调方法之间的关系进行评述，指出开放式协调方法存在的问题并指明其未来的改革方向。这部著作系统地分析了开放式协调方法的有关问题，是理解该问题的一部力作。

另外，大卫·楚贝克（David M. Trubek）和路易丝·楚贝克（Louise G. Trubek）的文章将开放式协调方法作为一种"软法"在社会欧洲的建构中的作用②进行了分析，并指出"软法"在欧盟社会政策中有效应用的原因，探讨了"软法"、"硬法"相结合的可能。还有一些学者则研究了开放式协调方法在社会政策、就业政策欧洲化过程中的影响③，认为开放式协调方法在欧盟社会政策和就业政策中的应用有利于应对欧洲化面临的问题，以一种更加灵活的方式促进其发展。德莫特·霍德森（Dermot Hodson）和伊梅尔

①　Milena Büchs, *New Governance in European Social Policy : The Open Method of Coordination*, London：Palgrave Macmillan, 2007.

②　David M. Trubek and Louise G. Trubek, "Hard and Soft Law in the Construction of Social Europe：The Role of the Open Method of Coordination", *European Law Journal*, Vol. 11, No. 3, 2005, pp. 343-364.

③　Martin Heidenreich and Gabriele Bischoff, "The Open Method of Coordination：A Way to the Europeanization of Social and Employment Policies?", *Journal of Common Market Studies*, Vol. 46. No. 3, 2008, pp. 497-532.

达·马赫（Imelda Maher）的文章对开放式协调方法在经济领域的作用作了研究，他们从两个角度探讨了开放式协调是否是一种新的治理方式：第一，开放式协调方法以什么方式适用于经济政策以外的政策领域；第二，它是否会导致政策转变到欧盟层面，从而转变为一种传统的治理方式。

5. 关于欧盟社会政策的比较研究

西方学者在欧盟社会政策的研究中非常注重比较研究，其中既包括国别或地区比较，也包括政策比较。比较研究提供了一个深入理解欧盟社会政策的视角，也将不同的社会政策置于同一层面，有利于拓宽研究视野。在这方面的代表文献有论文集《比较社会政策：概念、理论和方法》①。该论文集分为三个部分：第一部分是福利国家和比较社会政策，总体概括了福利国家的发展和趋势，介绍了比较社会政策研究的理论和方法。第二部分是将欧盟社会政策的主要政策领域进行比较分析，包括住房政策比较研究、家庭政策比较研究、社会救助、对老年人照顾的比较研究、失业补偿和其他劳动力市场政策的比较研究等。第三部分主要分析了比较社会政策研究中的主题问题，涉及从比较视角看单亲母亲的问题、移民问题以及老年人问题。比较研究是国外学者经常运用的一种研究方法，它为理解社会政策提供了一个全新的视角，虽然它一般只涉及几个国家或地区，在比较数量上有所限制，但是这种研究方法能将比较对象之间的细微差别和共同特点加以归纳，对于研究的推进非常有利。该论文集就是如此，它将欧盟社会政策的内容进行比较分析，从而加深对欧盟推动社会政策趋同的优势与劣势的认识。

另外，迈克尔·梅兰德（Mikkel Mailand）的《欧盟就业战略对成员国就业政策的非对称影响：比较分析的视角》②对波兰、西

①　Jochen Clasen (ed.), *Comparative Social Policy：Concept, Theories and Methods*, London：Blackwell Publishiers, 1999.

②　Mikkel Mailand, "The Uneven Impact of the European Employment Strategy on Member States' Employment Policies：A Comparative Analysis", *Journal of European Social Policy*, Vol. 18, No. 4, 2008, pp. 353-365.

班牙、丹麦和英国四个国家的比较研究发现，欧盟就业战略
（European Employment Strategy, EES）对这些国家的影响程度不一，
对波兰和西班牙的就业政策影响较大，而对丹麦和英国的影响较
小，并分析了影响因素，包括：与欧盟就业战略出台之前的预想不
匹配、相对疲软的劳动力市场表现、劳动力市场中主要行为体之间
缺乏共识、欧洲化以及对欧盟在经济和政治上的依赖等。作者认
为，欧盟在 2003 年和 2005 年对 EES 的修改并没有提升它的影响
力，相反还降低了它的影响力。

卡琳·舒尔茨·比肖夫（Karin Schulze Buschoff）和克劳迪
娅·施密特（Claudia Schmidt）的文章①则对英国、德国和荷兰的
适用劳工法和社会安全方面的情况进行了比较，分析了自主就业对
三国的不同影响，并指出了导致这种情况出现的原因，同时提出要
通过调整立法来适应这些变化。最后作者认为，虽然上述三个国家
均面临同样的问题，但是由于路径依赖的不同，国家立法者采取不
同的战略去调整劳工法和社会安全规范。除此之外，还有一些研究
则是从社会福利制度方面对 23 个经合组织国家进行了比较分析，
并通过 1994 年、1998 年和 2003 年三个时间点的对比分析，得出
大多数福利国家在经历着福利模型从保护型向生产型的转变，但也
有一些国家试图将这两种模式融合。② 另一些研究则对老年工人
的态度和行为进行了比较，调研了希腊、西班牙、荷兰和英国四
国对待老年工人问题的态度，大多数国家没有认识到老年工人的
价值，也没有采取任何有效措施提高老年工人的工作价值，只有
英国认识到了老年工人在劳动力供给方面的价值并采取了相应的

---

① Karin Schulze Buschoff and Claudia Schmidt, "Adapting Labour Law and Social Security to the Needs of the 'New Self-employed' —Comparing the UK, Germany and the Netherlands", *Journal of European Social Policy*, Vol. 19, No. 2, 2009, pp. 147-159.

② John Hudson and Stefan Kühner, "Towards Productive Welfare? A Comparative Analysis of 23 OECD Countries", *Journal of European Social Policy*, Vol. 19, No. 1, 2009, pp. 34-46.

措施。① 除了国别比较之外，一些研究也在地区方面进行了比较，如蒂莫西·史密斯（Timothy B. Smith）比较了欧盟和北美社会政策的发展历史。② 史蒂芬·雷布福里德还对加拿大学习欧盟社会政策进行了介绍③，这也属于一种比较研究。

6. 关于其他相关问题的研究

首先，关于欧盟东扩与欧盟社会政策发展的研究。尼古拉斯·巴尔（Nicholas Barr）主编的《中东欧的劳动力市场和社会政策：过渡和超越》④ 是一本专门介绍中东欧国家社会政策和劳工市场的著作。该著作分别从中东欧国家从苏联继承的政策模式、改革的动力和阻力等方面对中东欧国家的经济政治改革进行分析，重点从政策设计和实施来介绍中东欧国家的社会政策和劳工政策。社会政策主要包括社会保险、家庭救助、减少贫困、教育和培训、医疗等方面；劳工政策分别从工人的工资、就业、失业等方面进行介绍。文章最后谈到了推动改革的政治和政府因素，认为社会政策和劳工政策的改革有助于强化政治稳定。该论文集对中东欧国家社会政策的研究以及对欧盟社会政策研究具有重要意义。随着欧盟东扩，中东欧国家的社会政策如何融入欧盟是很多学者的关注点，这部著作提供了很多可供借鉴的视角和方法。

凯瑟琳·琼斯（Catherine Jones）主编的论文集《欧洲福利国

---

① Hendrik P. Van Dalen, Kène Henkens, and Joop Schippers, "Dealing with Older Workers in Europe: A Comparative Survey of Employers' Attitudes and Actions", *Journal of European Social Policy*, Vol. 19, No. 1, 2009, pp. 47-60.

② Timothy B. Smith, "The History of European and North American Social Policy", *Radical History Review*, Vol. 69, 1997, pp. 226-242.

③ Stephan Leibfried, "Spins of (Dis)Integration: What Might 'Reformers' in Canada Learn from the 'Social Dimension' of the European Union?", *Social Policy and Administration*, Vol. 32, No. 4, 1998, pp. 365-388.

④ Nicholas Barr (ed.), *Labor Markets and Social Policy in Central and Eastern Europe: The Transition and Beyond*, Oxford: Oxford University Press, 1994.

家的新视角》①的一些章节中，对欧盟社会政策的发展进行了探讨，如对后现代世界社会政策进行了分析。另外，该论文集还对社会安全政策的发展状况作了探讨。史蒂芬·雷布福里德（Stephan Leibfrid）在该论文集的一篇文章《走向一个欧盟福利国家？》②中对欧洲国家是否能发展成为一个欧盟福利国家表示怀疑，并指出欧洲国家可能的发展路径。鲍勃·迪肯（Bob Deacon）则分析了东欧社会政策的发展。他对东欧剧变之前东欧各国社会政策的发展特点进行了总结并分析了其存在的问题，对东欧剧变之后这些国家社会政策的变化趋势进行了分析，最后将东欧国家社会政策的发展模式与西欧国家进行对比并提出了一个问题：东欧国家的社会政策只是简单复制了西欧模式，抑或是形成了独特的后共产主义社会发展模式。作者对这两者之间的一致性与区别作了分析。

　　其次，关于欧盟社会政策趋同的研究。彼得·泰勒-顾拜（Peter Taylor-Gooby）主编的论文集③主要分析了欧盟福利国家形成的条件、可能、方式等多个方面。该论文集首先介绍了开放市场和福利公民这两种相冲突的方式对欧盟社会政策趋同的影响，对后工业社会福利国家的压力的增大或减小进行了讨论，认为后工业时代福利国家面临的压力的性质发生了变化，但并不代表压力在增加，只是需要采取不同于以往的应对方式。而且，该论文集以德国和芬兰的养老金为例分析了政策系统的小范围变化，还对欧盟医疗系统的重构、残疾人政策等领域作了分析。另外，论文集还分析了英国和法国对劳工市场的适应情况，希腊、意大利等南欧国家的反贫困政策以及中东欧后共产主义福利国家的发展情况。最后论文集

----

　　①　Catherine Jones, *New Perspectives on the Welfare State in Europe*, London：Routledge, 1993.

　　②　Stephan Leibfrid, "Towards a European Welfare State？" in Catherine Jones, *New Perspectives on the Welfare State in Europe*, London：Routledge, 1993, pp. 120-143.

　　③　Peter Taylor-Gooby （ ed. ）, *Making a European Welfare State？ Convergences and Conflicts over European Social Policy*, London：Blackwell Publishing, 2004.

对欧洲社会福利系统的趋同情况作了整体评述。该论文集是以一种讨论的形式论述了欧洲福利系统的趋同问题，同时对其面对的问题也作了分析，是一本很有价值的文献。

本特·格雷夫（Bent Greve）则探讨了欧盟社会政策能够在多大范围内、以什么方式推进政策趋同的发展。① 文章首先在对福利国家和福利国家的类型进行评述的基础上，讨论了欧盟社会一体化的不同理论模型、欧盟超国家机制的发展状况等，还用一些数据验证了欧盟社会政策趋同，通过对社会保护的支出、劳动力市场的"积极"与"消极"支出等经验数据证明欧洲的福利国家并未结束，但是社会政策的趋同形式已经出现。

在这一领域，还有一篇文章比较有代表性，即科恩·卡米纳达（Koen Caminada）等人合著的《欧盟福利国家指标模式：是否趋同？》②。该研究用各种社会保护指标的最新数据，如社会支出、宏观和项目层面、失业替代率、社会帮助收益、贫穷指标等作了一些趋同测试，这些指标提供了一个全面展现社会保护发展历程的视角。最后得出结论：在过去一段时间里，欧盟国家在社会支出方面表现出趋同的趋势，但是这种趋势近些年却停滞不前。失业替代率收益达到了更高的水平，而社会帮助收益则没有提高。贫困率和贫富差距从20世纪80年代中期就相互影响，但是这两个指标的发展方向相左。

再次，关于欧洲社会模式的研究。朱莉娅·奥康纳（Julia S. O'Connor）的《政策协调、社会指标和欧盟社会政策议程》③ 则从权利的确认，到《罗马条约》中的男女同工同酬，到1997年在

---

① Bent Greve, "Indications of Social Policy Convergence in the Europe", *Social Policy and Administration*, Vol. 30, No. 4, 1996, pp. 348-367.

② Koen Caminada, Kees Goudswaard, and Olaf van Vliet, "Patterns of Welfare State Indicators in the EU: Is There Convergence?", *Journal of Common Market Studies*, Vol. 48, No. 3, 2010, pp. 529-556.

③ Julia S. O'Connor, "Policy Coordination, Social Indicators and the Social-Policy Agenda in the European Union", *Journal of European Social Policy*, Vol. 15, No. 4, 2005, pp. 345-361.

就业领域首先采纳 OMC，再到 2000 年《社会政策议程》的签订、2000 年的社会融合和 2002 年的养老金等多方面的问题，对欧洲社会模式的发展进行了细致的分析。文章不仅考察了相关社会指标的工作框架，如基于多领域基础之上的反贫困和社会排斥政策等，同时也分析了从指令向 OMC 转变的原因。作者指出：经济政策和社会政策是欧洲化的重要方面，而社会政策在欧盟成员国之间存在很大差别，而且福利国家之间在社会再分配能力方面的差别也限制了开放式协调方法在社会融合方面作用的发挥，因而实现它的潜能依赖于国家政策遗产、政治背景和大范围的国家行为体介入国家行动计划的制订和监管。

此外，还有一些与欧盟社会政策相关的文献。沃尔夫冈·贝克（Wolfgang Beck）的论文集《社会质量：欧洲的视角》① 从一个全新的视角——社会质量，来考察欧洲社会的发展。该论文集首先对社会质量的概念和内涵作了界定，还将社会质量所包含的组成部分和内容作了介绍，同时把社会质量与福利国家联系起来考察，提出社会质量是福利国家摆脱危机的关键步骤。作者还对社会质量进行了理论和经验分析，将它与城市社会变革、公共事务、社会市场等进行了比较分析。最后，作者将欧盟和美国的社会质量进行比较研究，提出社会质量的提高是社会现代化的重要方面。安德鲁·穆拉维斯克主编的论文集②，其中收录了保罗·皮尔森的一篇文章《社会政策与欧洲一体化》。作者对欧盟社会政策与欧洲一体化的关系作了深入的分析，认为社会政策的发展将在很长一段时间内仍然倚重主权国家的政策制度。其重要特点已经显现，就是欧盟色彩越来越浓，受欧盟的影响也愈来愈大，且它们两者之间相互依赖的趋势也将越来越明显，这是一篇分析社会政策与欧洲一体化关系的重要

---

① 　Wolfgang Beck, *Social Quality*: *A Version for European*, London and New York: Kulwer Law International, 2001.

② 　Andrew Moravcsik, *Centralization or Fragmentation*?: *Europe Facing the Challenge of Deepening*, *Diversity*, *and Democracy*, A Council on Foreign Relations Book, 1998.

文章，对于本书第五部分的写作有很大帮助。

　　还有一些研究对建立"社会欧洲"的指导原则也作了深入细致的分析，分别从建立和管理、社会价值基础、社会目标、联盟的权能、开放式协调方法、社会和经济政策的协调等六大方面阐述了"社会欧洲"建立的条件及相应的问题。① 作者认为，思想理念方面的差异是制约"社会欧洲"形成的关键因素，而这一问题的存在又影响到社会目标、经济和社会政策的协调、欧盟权能的统一和相应机构作用的发挥等，因此决定了"社会欧洲"的建立仍需很长一段时间的努力。

　　史蒂芬·雷布福里德的文章《民族福利国家，欧洲一体化和全球化：下个世纪的视角》② 则重点探讨了欧洲一体化、经济全球化对民族国家社会政策的影响。文章分别从政策进程的类型、四大基本自由的运行、全球市场的相互依赖以及福利国家的应对等角度进行了分析，认为虽然在欧盟层面的社会政策仍未能替代民族国家层面的作用，但是，随着一体化的发展和全球化的影响，欧盟在该领域的权能和作用将逐步加强。

　　理论方面的文章主要有沃尔夫冈·斯特里克（Wolfgang Streek）的《新志愿主义：一个新的欧盟社会政策机制?》③。该文首先概括了欧盟经过数十年发展所形成的核心机构性质，并在此基础上，分析了欧盟社会政策的形成是超国家层面和国家层面同时作用的结果，且还将在这两者的复杂互动中被塑造。之后，文章从超国家和国家层面，考察了社会政策的制定，并分析了制度性工作框架对它的限制和影响。

--------

① Andreas Follesdal, Liana Giorgi, and Richard Heuberger, "Envisioning European Solidarity Between Welfare Ideologies and the European Social Agenda", *Innovation*, Vol. 20, No. 1, 2007, pp. 75-92.

② Stephan Leibfried, "National Welfare States, European Integration and Globalization: A Perspective for the Next Century", *Social Policy and Administration*, Vol. 34, No. 1, 2000, pp. 44-63.

③ Wolfgang Streek, "Neo-Voluntarism: A New European Social Policy Regime?", *European Law Journal*, Vol. 1, No. 1, 1995, pp. 31-59.

综上所述，国外对欧盟社会政策的研究取得了很多成果。但是，在一些问题上的探讨还略显薄弱，相关的研究成果也很少，比如欧盟社会政策与欧洲政治一体化的关系问题，还有关于欧盟社会政策在欧洲认同建构中的作用等问题。同时，国外的研究方法存在"重演绎、轻归纳"的特点，因此研究显得细致到位但概括分析略显不足。

### （三）研究的创新点及研究方法

在对国内外主要研究成果进行综合分析、评述的基础上，我们发现了一些前人研究相对薄弱的内容和环节，这也是本书试图有所突破的地方：

第一，从现有的研究状况来看，虽然有少量文献对欧盟社会政策的发展特点进行了探讨，但很少有专门将其作为一个独立的问题来进行研究。因此，在对欧盟社会政策的发展历程进行细致梳理和阶段划分的基础上，笔者归纳了欧盟社会政策的几个发展特点，如附属性向独立性的转变、手段性向目的性的转变、生存型向发展型的转变、分散向系统的转变、认识上的转变等。这些发展特点既反映了欧盟社会政策独特的发展路径，也显示出其动态的变化过程，对于更好地理解其整个发展演变具有较好的参考价值。

第二，在对欧盟社会政策的基本发展情况、特点、动力、取得的成就与面临的挑战进行分析的基础上，笔者重点探讨了欧盟社会政策与经济一体化的关系问题，分别从它们之间关系的发展演变、相互作用和影响等角度展开。欧盟社会政策与经济一体化都是欧洲一体化的重要组成部分，欧洲一体化的发展也是欧盟社会政策与经济一体化之间相互影响、相互制约的互动过程，分析两者之间的相互关系，对于全面把握一体化发展非常有益。

第三，从更深层的角度看，欧洲一体化的顺利推进需要得到普通民众的支持，也需要维护并增强欧洲一体化的合法性基础，缺少这些的一体化是没有根基和张力的一体化。因此，笔者也分析了欧盟社会政策在建构欧洲公民认同中的独特作用以及社会政策影响欧洲认同的方式和路径等。笔者认为欧洲认同感一旦建构起来就具有持久而稳定的特点，这将为欧洲一体化的发展提供除利益因素之外源源不断的动力。

当然，研究的顺利推进也面临着诸多难题。首先，从文献资料的收集上看，由于国内在该领域的研究相对较少，成果也少，因此，研究必须倚重大量的外文资料，这对资料的收集、整理、分析等，提出了更高的要求。其次，从研究内容上看，由于欧洲认同本身属于意识范畴，对于欧盟社会政策对建构欧洲认同的作用问题的把握自然不像对非意识范畴的问题那么容易，这也是研究难以深入进行的关键难题之一。最后，欧盟社会政策属于社会学与政治学领域的交叉问题，在研究过程中也需要阅读一些相关的社会学文献，这也在一定程度上增加了研究的难度。

## 三、本书的章节安排

对于欧盟社会政策的研究，本书基本是按照欧盟社会政策的基本发展历程、发展特点、发展动力、主要政策内容、取得的成就与面临的问题、与经济一体化的互动关系以及它在欧洲认同建构中的作用，这样一个逻辑顺序展开的。

第一章主要介绍欧盟社会政策的发展阶段与发展特点。本书将欧盟社会政策60多年的发展历程划分为六个阶段，分别是产生和起步阶段（1951—1973）、缓慢推进阶段（1974—1985）、小步发展阶段（1986—1991）、新突破阶段（1992—1996）、系统化发展阶段（1997—2008）、调整阶段（2009年以后）。通过这种划分，使读者能够基本了解欧盟社会政策的发展概况。在此基础上，本书分析并总结了欧盟社会政策整体发展过程中反映出的特点，如从附属性向独立性、手段性向目标性、生存型向发展型、分散向系统、认识上的边缘向中心的五大转变。对于这些发展特点的归纳，有助于了解欧盟社会政策的动态发展过程。

第二章主要分析欧盟社会政策的发展动因问题。本书分别从经济一体化、多重政治力量、现实的挑战、认识上的转变等主客观多方面因素进行分析，力图全面、深入地阐释欧盟社会政策的发展动力问题。

第三章主要介绍欧盟社会政策的几个关键内容及其发展情况。欧盟社会政策包含的内容非常丰富，由于篇幅所限，文章只选择具有代表性的几个政策内容进行介绍，其中最主要的是从 20 世纪 90 年代就成为欧盟社会政策核心内容的欧盟共同就业政策。其次，欧盟反社会排斥政策也是欧盟社会政策的重要内容，本书重点介绍了针对老年人、残疾人以及青年人的各项反社会排斥政策。再次，本书还对欧盟性别政策的发展情况作了介绍。最后，本书对欧盟层面的教育与培训政策进行了分析。

第四章重点分析了欧盟社会政策的发展成就与面临的挑战。一方面，欧盟社会政策经过 60 多年的发展取得了很多成就，包括政策内容的扩展与深化、法律基础的夯实、政策理念的创新、政策实践的突破、欧盟社会权能的扩展等。另一方面，在欧盟社会政策发展中仍然存在很多问题，也面临诸多挑战，其中发展滞后的问题始终贯穿于欧盟社会政策的发展过程。另外，欧盟大规模东扩也增加了欧盟社会政策的发展难度，一系列社会问题的凸显也是其发展面临的现实挑战。这些问题与挑战均需要欧盟采取有效的措施予以应对。

第五章重点分析了欧盟社会政策的作用和影响。本书分析了欧盟社会政策在经济一体化发展中的作用，在对两者之间的关系演变进行梳理的基础上，分别从积极和消极两个方面阐释了欧盟社会政策对经济一体化的影响。另外，本书也分析了欧盟社会政策在建构欧洲认同方面的重要作用和价值，研究它的作用方式和作用路径，进而通过推动欧盟社会政策的发展来促进欧洲认同的建构和发展。

本书结语中对欧盟社会政策的发展前景作出了比较客观的判断。一方面，随着一体化的发展，欧盟社会政策的整合程度也将进一步提升；另一方面，对于欧盟社会政策的发展前景也不宜过于乐观，因为就目前欧盟的发展状况以及社会政策自身存在的问题，决定了欧盟社会政策的发展速度不会很快，发展道路也不会十分平坦。另外，欧盟社会政策的发展对于我国推进区域一体化也具有启示意义，它的一些发展理念也值得我们借鉴。

## 四、本研究的理论与现实价值

加强对欧盟社会政策的研究不仅具有较高的学术价值和理论意义，也是一体化发展的现实需要。

从理论上来讲，欧盟社会政策是欧洲一体化的重要组成部分，尤其在推动经济发展、促进社会公平、维护社会稳定等方面发挥着不可替代的作用，因此，没有社会层面的一体化是不完整、不全面的。正如一些学者所指出的："欧洲研究当中缺少对社会的观察，一体化被简化成政治体系建设、法律规范的统一和经济方面的融合，而这些方面的一体化同欧洲社会发展之间的关系，迄今为止在很大程度上却一直被忽视。"① 因此，加强对欧盟社会政策的研究，是全面理解欧洲一体化的必然要求，同时也有利于从社会维度来推动一体化的发展，具有一定的理论意义。

从现实角度来讲，欧洲经过 60 多年的一体化发展，已经成为当今世界一体化程度最高的区域合作组织，且取得了很大的成就。但是，欧洲一体化也遇到了诸多挑战，发展进程屡屡受挫。欧盟范围内精英与普通民众之间日益拉大的疏离感、欧盟国家的"民主赤字"等问题，已经超越了经济或政治一体化的范畴。只靠 GDP 增长或各成员国政要坐在谈判桌前进行协调等方式已经无济于事，问题的症结应该从更基础的社会领域去寻找，从欧洲民众中去寻找，这个问题最直观的例证就是 2005 年法国、荷兰民众否决《欧盟宪法条约》。因此，系统研究欧盟社会政策，厘清其发展脉络，并分析其在一体化发展中的独特作用，力图找到解决欧盟目前面临的诸多问题的有效方法成为本书的现实价值。

从具体内容上来讲，加强对欧盟社会政策的研究，有利于厘清欧盟社会政策的基本发展历程；分析欧盟社会政策独特的发展路径，也有利于了解欧盟社会政策的基本政策内容。另外，欧盟在社

---

① 周弘：《国内欧盟社会政策研究之我见》，《欧洲研究》2003 年第 1 期。

会层面的一体化与经济一体化的关系也是非常值得进行深入研究的问题，厘清它们两者之间的关系对于欧洲一体化研究也具有重要的意义。

# 第一章　欧盟社会政策的发展
# 历程及其特点

　　欧盟社会政策作为欧洲一体化的重要组成部分，它的产生直接源于西欧国家在经济领域启动的联合战略，它的成长也伴随着欧洲一体化的逐渐扩展和深化。尽管在欧盟社会政策发展阶段的划分上，不同学者有不同的看法，但是本书根据它的总体发展速度和成果，将欧盟社会政策划分为六个阶段，在此基础上对其整体发展过程作细致梳理，这有利于我们从历史的角度理解欧盟社会政策的发展。同时，欧盟社会政策在此发展过程中也形成了独特的发展特点和路径，这些特点成为它不断成长与成熟的标志。

## 第一节　欧盟社会政策的产生及其发展

　　1951 年《建立欧洲煤钢共同体条约》的签订，宣告了欧盟社会政策的诞生。在此后的 60 多年中，欧盟社会政策也伴随着一体化的扩大与深化而不断发展，在此期间共经历产生与起步、缓慢推进、小步发展、新突破、系统化发展以及调整等六个阶段。经过这六个阶段的发展，欧盟社会政策不仅具备了完全的法律基础，扩展了其政策范围，完善了其政策执行方式，还从总体上推动了欧洲一体化的深化。

### 一、产生与起步阶段（1951—1973）

　　1951 年《建立欧洲煤钢共同体条约》的签订，标志着二战结束后西欧国家在谋求合作方面迈出了历史性的第一步。在煤炭和钢铁领域开展合作，首先就意味着要形成统一的煤钢市场，建立统一的行业规则和市场准则。这一方面要求西欧六国要为这些合作创造良好的竞争环境、公平的交易平台和通畅的流通渠道；另一方面则要应对合作带来的种种风险，包括由于产业结构的调整造成的相关行业工人的失业问题、流动工人的社会保障问题、相关的社会福利问题等。这些问题都需要共同体作出相应的安排，于是共同体社会政策应运而生。由此可见，欧洲共同体社会政策的诞生并不是自觉自为的过程，而是现实呼唤的结果。在随后的60多年里，社会政策领域的一体化逐渐发展为欧洲一体化的组成部分，成为经济政策的必要补充，而不是它的简单外溢。①

《建立欧洲煤钢共同体条约》的第2条中谈到了欧洲煤钢共同体的任务，其中既包括促进成员国发展的经济扩张，也强调促进就业增长和生活水平的提高；既强调共同体应尽可能保证生产的最合理分布，又强调维护持续的就业以及不在成员国经济中诱发重大和持久的动荡。②可以看到，在欧洲一体化启动之初，共同体就把推动社会政策发展作为一项重要任务。另外，该条约的某些具体条款（第68~69条）还分别对工资问题与工人的自由流动问题予以规定。其中关于工资问题，有如下规定："委员会在发现一个或多个企业之所以收取异常低下的价格是因为支付着比同地区工资水平异常低下的工资的情况下，有权向成员国政府或企业提出建议，以保障工人得到合理的工资。如果企业不服从委员会提出的建议，其可施行罚金或定期罚款。"③ 在煤钢工人的自由流动问题上，条约还规定："成员国取消任何以国籍为依据的限制，禁止国民与移民工人之间在报酬与工作条件上的任何歧视，保证社会保险安排不致阻

① Linda Hantrais, *Social Policy in the European Union*, London：Macmillan Press Ltd. , 2000, p. 1.

② 戴炳然译：《欧洲共同体条约集》，复旦大学出版社1993年版，第29页。

③ 欧共体官方出版局编，苏明忠译：《欧洲联盟法典》（第一卷），国际文化出版公司2005年版，第73~74页。

碍劳动力的流动。"① 以上这些条款的颁布，不仅对维护欧洲共同体内部煤钢工人的权益发挥了积极的作用，同时也标志着共同体社会政策的产生。但是从具体细节来看，条款仅涉及煤钢工人自由流动的相关问题，范围很窄，并且主要倡导共同体成员国在社会政策领域内加强合作与协调，委员会的权能也只限于对违反条约规定的成员国行为提出建议，最严厉的措施也就是实施罚款，因此并没有实质性的约束力。

1957 年，欧洲各国又签订了《建立欧洲经济共同体条约》（简称 EEC）和《建立欧洲原子能共同体条约》（统称《罗马条约》），其中《建立欧洲原子能共同体条约》在第 2 条第 2 款中明确提出了共同体的任务：建立保护工人与公众健康的统一安全标准，并保证其实施。第三章（第 30 ~ 39 条）规定了工人的健康和安全的基本标准，包括：（1）安全生产所容许的最大许可剂量；（2）辐射与污染的最高许可水平；（3）工人健康监护的基本原则。这些在安全方面提出的具体标准反映了共同体社会政策的发展。除此之外，在《建立欧洲经济共同体条约》的前言中也提到"决心以共同行动消除分裂欧洲的障碍，确保其国家的经济与社会进步，确认以不断改善人民的生活与工作条件为其努力的根本目标。同时也提出共同体的任务除了经济的发展，还包括高水准的就业与社会保护、生活水平与生活质量的不断提高以及成员国经济与社会的聚合与团结"。条约还在工人的健康与安全方面作出规定，如鼓励改善工作环境（并以指令方式，制定了工作环境的最低要求）、发展欧洲一级的劳资对话、男女同工同酬、带薪休假等。另外，条约还建议建立一项欧洲社会基金（European Social Fund），以便于工人的就业和流动。最后，条约还鼓励成员国间加强教育合作，发展欧洲规模与深度的教育，实施职业培训政策，并在该领域内加强合作

---

① 欧共体官方出版局编，苏明忠译：《欧洲联盟法典》（第一卷），国际文化出版公司 2005 年版，第 76 页。

与交流。① 这些最低要求及安全标准的确立，是共同体社会政策发展的具体体现。但是条约在第 3B 条中提出："在不属于其专管的方面，共同体应根据辅助性原则（subsidairity）采取行动，即只有在成员国无法应对社会问题的时候，或是在共同体层面解决问题更有效的时候，一种社会政策才会从成员国层面上升到共同体层面。"②

从总体上来看，《建立欧洲煤钢共同体条约》和《建立欧洲原子能共同体条约》对共同体社会政策的关注度明显高于《建立欧洲经济共同体条约》。第一，前两者需要应对因两大工业领域的联合而造成的结构变化引起的诸多社会问题，尤其是跨国煤钢工人的再安置问题、工作和生活条件等；而后者更多的是就经济共同体的发展提出的要求，它的全部 248 条条款中只有 12 条（第 117～128 条）是关于社会政策的，如提高最低生活标准、增加社会基金、提升在社会领域的紧密合作等，而并没有为欧盟社会政策设立一个完整的发展框架。第二，《建立欧洲原子能共同体条约》在保护工人的健康方面还提出了最低标准，并有相应的程序来监督和检验它的实施；而《建立欧洲经济共同体条约》在这方面只是作了一个有限的、模糊的规定③，只是提出了一些较为基本的社会政策原则，缺乏具体的标准和实施细则。

事实上，这种状况的出现也是成员国之间相互博弈的结果。首先，在《建立欧洲经济共同体条约》签订的过程中，作为欧洲一体化"发动机"的法国和德国，最初在发展共同社会政策方面存在较大分歧。法国出于自身利益考虑，积极主张推动社会政策领域的一体化发展，但德国认为社会问题是市场力量的结果，不应受到 EEC 法律的约束。由于它们之间的分歧，条约最终只能选择在双

---

① 戴炳然译：《欧洲共同体条约集》，复旦大学出版社 1993 年版，第 48 页。

② 关信平：《欧洲联盟社会政策的历史发展——兼析欧盟社会政策的目标、性质与原则》，《南开学报》（哲学社会科学版）2000 年第 2 期。

③ Linda Hantrais, *Social Policy in the European Union*, London：Macmillan Press Ltd., 2000, p. 1.

方之间达成妥协：第一，条约要包括有关社会政策的部分，但是不规定条款具体该怎样实施；第二，强调要加强成员国在该领域的合作，但不具体提出合作的途径和方式。其次，在 EEC 中主要以"避免扭曲竞争"为原则，这一原则的存在使得社会政策在干预利益的再分配中变得不必要，也使得关于同工同酬、生活条件的改善、社会融合等都成为经济一体化的辅助措施。

由于 EEC 是一个妥协的结果，因此它未能在社会政策的发展目标以及通过什么机制达到这些目标等问题上达成共识，可以说，欧盟社会政策的发展是谨慎的、适度的和狭窄的。从条约赋予共同体的权利来看，它并没有直接干预欧盟社会政策的能力，主要责任被局限于提升成员国的合作，各种行动更多地被认为是基于政治基础而非法律基础。①

进入 20 世纪 60 年代，共同体于 1961 年颁布了《欧洲社会宪章》（*European Social Charter*，简称《社会宪章》），详细规定了欧洲共同体公民的多项基本社会权利，其中主要包括与工人工作紧密相关的基本权利，比如工作条件权、公平报酬权等；也包括与家庭、妇女、儿童相关的权利，比如儿童与青年保护权、就业妇女保护权、对母亲和子女的社会与经济保护等。《欧洲社会宪章》中关于工人基本社会权利的规定，虽然对成员国尚不具有法律约束力，但是它第一次为共同体社会政策的发展制定了相对综合且连贯的政策目标，②在欧盟社会政策的发展中具有非常重要的意义。

首先，欧共体在《社会宪章》中第一次明确地提出了"增进欧洲工人的社会权利"，这些规定虽然不具有法律约束力，但是对成员国具有潜在的影响，因为它们每两年需要向专家委员会提交关于《社会宪章》的实施报告，从而保障它的实施，并针对相关国家的违约问题提出相应的纠正措施，这种软性的规定会以潜移默化

①　Linda Hantrais, *Social Policy in the European Union*, London：Macmillan Press Ltd. , 2000, p. 3.

②　Linda Hantrais, *Social Policy in the European Union*, London：Macmillan Press Ltd. , 2000, p. 4.

的方式影响成员国的行为方式。① 其次，《社会宪章》对工人社会权利的保障也使欧洲人逐渐深化了这样一种认识，即社会权利的保障不仅是成员国的责任，也是共同体的责任。尤其是"自由、平等、公正"等这些基本的原则，通过共同体层面的推动，能够在更大的范围内实现欧洲公民统一的社会权利，而人们这样一种认识的形成也有利于共同体的政策协调。再次，《社会宪章》中提出的基本原则对共同体的立法也有一定的影响。欧洲法院目前已经有许多判例是以《社会宪章》为依据，比如 1975 年的 Rutili 案件（36/75/EEC）、1985 年的 Gravier 案件（293/85/EEC）、1989 年的 Hoechst 案件（227/89/EEC）等。② 之后欧洲法院也明确提出要将《社会宪章》中的基本权利部分作为共同体立法的普遍原则，此观点在《马斯特里赫特条约》中也有所体现。

除此之外，在这一发展阶段中，共同体社会政策取得的主要成果是对三大基础条约③中涉及的社会政策条款进行了整合，从而形成了共同体社会政策的基本发展框架。④遗憾的是，这种整合并没有从实质上推动欧盟社会政策的发展。

## 二、缓慢推进阶段（1974—1985）

欧盟社会政策的发展在进入 20 世纪 70 年代后，首先在 1974 年启动了共同体第一个社会行动计划（Social Action Programme, SAP），它为欧盟社会政策一体化未来的发展作了很好的准备。行

---

① Stephan Leibfried and Paul Pierson（eds.），*European Social Policy*: *Between Fragmentation and Integration*，Washington，D. C.：The Brookings Institution，1995，p. 12.

② 刘晓平：《欧洲社会一体化——政策、实践与现状研究（1945—2006）》，云南大学博士学位论文，2008 年，第 72 页。

③ 三大基础条约分别指：1951 年签订的《建立欧洲煤钢共同体条约》、1957 年签订的《建立欧洲原子能共同体条约》和《建立欧洲经济共同体条约》，后两者统称为《罗马条约》。

④ 田德文：《欧盟社会政策与欧洲一体化》，社会科学文献出版社 2005 年版，第 6 页。

动计划的内容主要包括教育和培训、工作健康和安全、工人和妇女权利、贫困等，同时强调经济发展。社会行动计划认为，经济发展本身不应该成为目的，强调经济发展的目的是提高人们的生活水平，并为以后的社会政策发展确立如下三大基本目标，即（1）制定充分和更好的就业目标，提高就业水平及就业质量；（2）改善生活和工作条件；（3）鼓励工人参与共同体决策，增强劳动者及管理者在经济和社会决策中的参与程度。与此同时，行动计划还强调工人自由流动与企业间平等竞争的条件以及社会基金在消除经济发展负面影响中的作用等。

虽然社会行动计划与《社会宪章》一样，对成员国的行为不具有法律约束力，但是它在政策实施方面还是取得了很大突破，并为欧盟社会政策此后的发展准备了条件。在此基础上，共同体于1978年和1984年又分别实施了两轮社会行动计划。这些行动计划的实施，在社会领域中建立了许多有助于推动社会行动和监督的网络。不可否认的是，共同体的行为依然是谨慎的，直接的反映就是辅助性原则仍在欧盟社会政策发展中占据重要地位。此后，一直到20世纪80年代初，社会政策在立法或实施上均未有明显进展。

20世纪80年代后，法国总统密特朗提出了"社会空间"（Social Space）的理念，并在法国作为欧共体轮值主席国期间进行了第一次讨论，但是社会政策的发展仍被看作与经济活动紧密相关，而非独立的一部分。1985年，作为欧共体主席的德洛尔（Delors），同时也是"社会空间"的积极倡导者，指出"任何忽视共同体社会层面又企图发展共同市场的努力都注定要失败"。① 德洛尔提出的"社会空间"理念从本质上看，主要强调社会政策是对共同体实现内部统一市场的补充，同时试图使通过立法手段建立共同体社会政策的努力不致停滞。许多成员国反对给予社会政策法律地位是因为这违背了民族国家是社会政策主体的传统，但是如果不赋予欧盟社会政策相应的法律地位，欧盟社会政策的发展就会受

---

① 夏建中：《欧盟社会政策的历史发展及其启示》，《南通师范学院学报》2002年第2期。

到很大的限制。为了缓和这些矛盾，德洛尔试图寻找一条中间路线，即对话双方都可以接受的方案，而"社会空间"就是他找到的核心理念。为了让参与社会对话（Social Dialogue）的欧洲工会联合会（ETUC）和欧洲工业与雇主联合会（UNICE）能够在推动共同社会政策方面达成一致，并成为积极的推动者，共同体作出的回应是同意暂时不再在该方面提新的发展要求。因此，最终达成的共识是：社会伙伴主要关注社会政策的原则和目标，而成员国则主要负责在现有的劳资关系框架下实施，努力实现成员国在就业和劳工政策目标上的趋同。①

此外，欧洲工会联合会、欧洲工业与雇主联合会、欧洲公共企业中心（CEEP）等组织于 1985 年在比利时召开了一次关于共同体经济社会问题的对话会。这次会议的召开可以说是德洛尔主张劳资对话的一次实践，强调要促进各国的社会融合（Social Cohesion），并决定加强在欧洲社会基金方面的合作来帮助那些经济落后的成员国。社会对话成效非常明显，不仅缩小了各国之间的分歧，而且也增进了相互之间的了解。但是，最后雇主们仍然要求德洛尔不得把双方达成的共同意见作为共同体委员会的立法基础，否则不会签订最后文件。显然，会议开创了通过社会对话讨论社会政策发展的模式，但仍是一个妥协的结果，对社会政策的发展并不具有实质意义的影响。②

从总体上看，共同体社会政策在进入 20 世纪 70 年代后，整体发展速度放慢。原因如下：首先，20 世纪 70 年代后，受石油危机影响，西欧国家普遍陷入经济衰退的困境，并导致失业率攀升，进而使共同体经济一体化推进速度整体放慢甚至停滞。客观地讲，欧洲共同体社会政策初期发展很大程度上依赖于经济一体化的发展，并为经济一体化的发展服务，因此经济一体化一旦陷入困境势必影

---

① Paul Spicker, "Social Policy in a Federal Europe", *Social Policy and Administration*, Vol. 30, No. 4, 1996, pp. 18-24.

② Robert R. Geyer, *Exploring European Social Policy*, Cambridge：Polity Press, 2000, p. 33.

响共同体层面社会政策的推进。其次，20 世纪 70 年代的共同体社会政策发展仍未受到足够重视，人们在认识上仍把社会政策的发展看成是经济发展的附属，而没有真正认识到社会政策的价值及其作用。最后，从社会政策本身的发展来看，尽管 20 世纪 50 年代社会政策已经通过三大基础条约建立了一些基本发展框架，但共同体并未设立专门机构来促成这些目标的实施。这些因素的共同作用，直接导致 20 世纪 70 年代后到 80 年代中期共同体社会政策发展比较缓慢。

### 三、小步发展阶段（1986—1991）

进入 20 世纪 80 年代中期后，在欧共体委员会主席德洛尔的积极推动下，共同体社会政策开始逐步摆脱之前的困境，实现新的突破。新的发展成果集中体现在 1986 年的《单一欧洲文件》中。该文件在促进将共同体社会政策纳入法律框架方面并没有十分明显的进展，也没有在政策内容上实现进一步的扩展，但是它将"有效多数"表决机制引入社会政策的决策程序。《单一欧洲文件》要求在《罗马条约》118 条中增加 A、B 两个子条款，第 118A 条强调了工作环境、工人健康和安全的重要性，并将该领域纳入"有效多数"决策程序，并在《罗马条约》第 100 条中指出：将建立欧盟内部统一市场为目标的政策内容纳入"有效多数"表决机制，其他的内容如人员自由流动、工人基本权利等仍然适用全体一致原则。虽然适用"有效多数"表决机制的政策范围非常有限，但是这种变化对于推动共同体社会政策发展具有特殊的意义。第一，有利于提高该领域的决策效率，促进整个政策过程的推进；第二，进入 20 世纪 80 年代后，共同体规模进一步扩大，成员国达 12 个，全体一致的决策方式已经很难使社会政策顺利推行，因此"有效多数"表决机制的引入不失为一种更现实、更具可操作性的选择。另外，《单一欧洲文件》在引入"有效多数"表决机制的同时，还引入了一个新的合作程序，设定了政策通过的时间限制，并通过了扩大欧洲议会权利的法案。此外，《罗马条约》第 118B 条进一步强调了共同体层面的社会对话的重要性。130B 条还提出要通过社

会基金、结构基金、欧洲区域发展基金、欧洲农业指导和保证基金
等加强经济、社会的融合。

虽然《单一欧洲文件》在欧盟社会政策方面并没有增加任何
新的东西，共同体在该领域的权能也没有任何新的扩展，许多内容
也都是 20 世纪 70 年代已经提出的问题，但是它在决策程序上的进
步足以使它在欧盟社会政策发展中占据一席之地。

20 世纪 80 年代，除了《单一欧洲文件》外，另外一个突破是
人们逐渐认识到共同体社会政策的发展将更有利于工人权利的实
现。正如时任比利时首相维尔弗里德·马尔滕斯（Wilfried
Martens）所言："我们需要建立一个基本权利平台，能够给劳资双
方提供稳定的、能够协商的共同基础，从而保证建立一个拥有真正
社会维度的内部市场。"1988 年，德洛尔提出要复兴社会政策，他
提倡建立一个最小化的保障社会权利的平台，用以推动 1992 年单
一市场的形成，在行动上回应了比利时总理的构想。他说："这些
纲领可以经劳资双方讨论，并最终纳入共同体法律，它将作为社会
对话和加强社会融合的一个基础。"① 因此，1989 年 12 月 9 日，
在法国斯特拉斯堡部长理事会上通过了《欧共体劳工基本社会权
利宪章》（*The Community Charter of the Fundamental Social Right of
Workers*）。该宪章是在 20 世纪 60 年代《欧洲社会宪章》的基础
上提出的，涉及的内容非常广泛，其中对工人的 12 项基本权利
作了明确的规定，包括个人有在欧盟任何成员国选择工作的权
利，有选择职业的自由并取得相应报酬的权利，有要求改善工作
环境和提高生活水平的权利，有享受社会保障的权利，有自由结
社和集体劳资谈判的权利，有接受职业培训的权利，男女有享受
同等待遇的权利，工人有参与企业经营管理的权利，有在工作场
所中享受健康和安全保障的权利，未成年人有受保护的权利，有
对老年人权益的保障，丧失工作能力的人有得到保障的权利，等
等。同时，在前言中进一步阐明了"一体化的经济方面和社会方

---

① Wolfgang Beck, *Social Quality*: *A Version for European*, London and New
York: Kulwer Law International, 2001, p. 15.

面具有同等重要的地位，因此必须实现它们之间的均衡发展"，并将前期的社会政策发展目标进行了一定程度的整合，使其发展渐趋系统化。

但是，成员国在共同体是否应该在社会保障领域设立统一的最高或最低标准的问题上仍存在分歧。劳动力成本较高的国家为了避免在竞争中处于劣势，造成所谓的"社会倾销"（Social Dumping），主张建立统一的社会保障标准；而像希腊、葡萄牙等国家因为劳动力成本较低，在吸引投资方面占有优势，所以不赞成设立统一标准。由于宪章没能在统一标准问题上达成一致，导致其仍不具有法律约束力。另外，宪章最初还试图将社会权利赋予所有的欧洲公民，但是最后经过激烈的争论之后，社会权利还是只赋予了工人，在内容上也主要是就业和薪酬等问题，这在一定程度上也影响了它的作用和影响力的发挥。

总体上看，1989 年宪章仍是以"软法"的形式出现，对成员国并不具有法律约束力，具体的执行和实施仍然是各个成员国层面的事务，在社会保护领域并没有任何创新。尽管如此，宪章对于保障工人基本权利仍具有积极意义：它开始重视欧洲单一市场的社会维度，并对此进行了深入的讨论；而且，欧盟社会政策作为一体化发展基石的理念也开始被整个共同体所接受。这些都对欧盟社会政策的发展非常有利。

此后，为了实施宪章的具体要求，共同体组织了一个包括 47 项条款的社会行动计划，致力于发展单一市场的社会维度，并在行动计划的第一年度报告中提出未来的发展目标："建立一个完整的、最低标准的基础，一方面要避免任何扭曲竞争的行为，另一方面要支持加强经济和社会的融合，并有助于创造就业机会，这些是内部统一市场的中心问题。"① 而且社会行动计划的范围非常广泛，几乎覆盖了宪章中提到的所有问题，专门增加了关于

---

① Commission of the European Communities, *First Report on the Application of the Community Charter of the Fundamental Social Rights of Workers* (COM（91）511final, 1991).

劳动力市场一章，并对实施行动计划的具体方式作了规定，建议主要采用咨询程序的方式，同时建议委员会和社会伙伴做居中调解。

之后，欧共体又对欧洲单一市场计划的实施效果进行了评估，肯定了计划在经济领域所取得的成就，但也指出与计划相应的社会领域的发展并不显著。这个报告以及之后每年的报告都强调了保持共同体社会政策发展三大原则之间平衡的重要性，这些原则包括：辅助性原则；民族国家体制、文化和惯例的多样性原则；保护竞争原则。总体上来看，宪章以及随后的社会行动计划为此后共同体社会政策发展奠定了良好的基础。

四、新突破阶段（1992—1996）

1992 年 2 月 7 日，欧共体成员国相聚荷兰，并签署了《马斯特里赫特条约》（简称《马约》）。《马约》的出台不仅标志着欧洲一体化的发展迈入欧盟阶段，而且也使欧盟社会政策迈入一个新的发展阶段，确立了比较完整的发展框架。

第一，从条约本身来看，《马约》将有关社会政策发展的《社会协定》作为其附件。尽管附件是针对英国的反对而最终作出的权宜之举，但毕竟给予了欧盟社会政策独立的地位，这对于其 40 多年的发展来说，可以看作一个重要突破。第二，《马约》在社会政策领域达成的第一个共识是删除《罗马条约》中第 117 条关于协调社会政策的笼统条款，取而代之的是为社会政策的发展确立具体目标，包括提升就业、改善生活和工作条件、适度的社会保护、劳资对话、人力资源水平的提高、消除社会排斥等。更为重要的是，为了实现这些目标，尤其是在劳资关系和保持共同体经济竞争力等问题上，考虑到不同国家在政策实践方面的多样性，《马约》采取了不同的实施方式。同时，在认识上一改过去共同市场的发展自然会导致社会政策发展的认识，转变为社会政策也需要作为一个专门的领域加以积极推进。第三，《马约》在工作健康和安全、工作条件、工人的信息和咨询、男女平等、社会融合等领域授予理事会可以通过指令、最低要求等方式推动其实施的权利，并强调任何可能阻碍中小型企业发展的限制都要避免；对于那些仍然需要全体一致程序的政策领域，也对其原有的条款进行了整合。第四，《马约》扩大了"有效多数"表决机制在欧盟社会政策领域中的适用范围，包括工人自由流动、职业培训与认证、健康与安全、自由创业等。"有效多数"表决制的扩大，一方面增强了社会政策的可操作性，另一方面强化了共同体社会政策的超国家性质。《马约》在社会政策方面达成的协议将欧盟层面的社会政策又提升到一个新的发展水平。

但是，在取得上述突破的同时，《马约》在发展欧盟社会政策上也存在许多不足。一方面，《马约》的附件《社会协定》虽然对联盟在社会政策发展中的地位和权能作了规定，即委员会的作用是监督社会政策发展状况，鼓励合作并协调成员国政策，但另一方面它又提出了三个相关的问题：更加民主、立法上更加透明、尊重辅助性原则，并指出这三个相关问题应该作为欧盟社会政策发展应遵循的基本原则，社会行动也要受到辅助性原则的限制。这似乎在一定程度上肯定了成员国不愿发展欧盟层面社会政策的事实，因为这会冲击它们的国家主权。因此，条约虽然规定了联盟在这些问题上的权能，但是在决定这些权能能否发挥作用的问题上，辅助性原则仍然发挥着重要作用，这些规定对欧盟行动的限制在一定程度上抵消了条约赋予它的新的权能。因此可以认为，《马约》仍然没有将发展社会政策本身作为目的，也没有将其与经济一体化置于同等的地位，更没有表现出强烈地要求建立共同社会政策的愿望。①

1993年，为贯彻落实《社会协定》，欧盟委员会出版了一个咨询文件，即《社会政策绿皮书》（*Green Paper on European Social Policy*）。绿皮书强调要在促进工人自由流动、性别平等、反对贫困

---

① Linda Hantrais, *Social Policy in the European Union*, London：Macmillan Press Ltd. , 2000, p. 13.

和社会排斥、发展青年和老人政策、提高就业水平、提升社会基金的作用、组织社会对话、促进社会政策趋同等问题上加强讨论。①此外，作为未来社会行动的基础，绿皮书也详细阐明了发展社会政策仍将是欧盟议程中的重要内容，即政府部门、社会伙伴、欧洲议会、经济社会委员会和其他一些社会组织、团体和个人将共同参与下一阶段联盟社会政策发展计划的讨论和制定。另外，绿皮书也尽量从成员国和社会伙伴能够接受的角度提出了一些发展目标、任务和措施，包括社会保护、劳动力市场、社会排斥、机会均等、培训等，在一些新领域、新发展目标上重新确认了欧盟在这些问题上的权能，同时也表明委员会愿意考虑其他社会行为体的意见和想法。总体来看，绿皮书的目的更像是对未来实践的考虑，而不是对未来活动开的处方。②

随后，欧盟委员会于 1994 年在绿皮书的基础上发表了白皮书（*White Paper：European Social Policy，A Way Forward for the Union*），该文件明确提出了欧盟社会政策的基本发展方向，并为人们描绘了其到 21 世纪之前的发展前景，同时指出欧盟社会政策应在适应新的变化中扮演关键角色，它的目标是保证所有欧洲公民从"战后获得的少有的经济繁荣、社会融合和全面而高品质的生活中"③ 获益。同时，白皮书也提出：在社会政策未来的发展中，虽然就业问题仍将位于其政策议程的优先位置，但是也应该考虑其他领域的弱

---

① Commission of European Communities，*Green Paper：European Social Policy，Options for the Union*，OOPEC，1993（COM（93）551 1993）http：//europa. eu/rapid/pressReleasesAction. do？ reference ＝ DOC/93/10&format ＝ HTML&aged＝0&language＝EN&guiLanguage＝en.

② Linda Hantrais，*Social Policy in the European Union*，London：Macmillan Press Ltd. ，2000，p. 13.

③ European Commission，*A White Paper：European Social Policy，A Way Forward for the Union*，OOPEC，1994（COM（94）333 final 1994）p. 7，http：//ec. europa. eu/off/white/index_en. htm.

势人群，从这个角度来讲，建立"具有欧盟宪法因素的基本公民权"① 显得非常必要，这一目标在 1989 年宪章中并没有提到，因此成为白皮书的一大突破。但是，与之前所有的条约一样，白皮书仍然强调联盟不应试图代替主权国家、次国家地区或地方层面的责任，依旧将其主要任务定位在辅助性原则所规定的范围内。

白皮书发表之后，欧盟委员会马上抓住时机启动了一个中期社会行动计划，即 1995—1997 年中期行动计划。该行动的发展报告声明：社会政策是基于这样一种理念，"它是一种适应变化和发展的生产性要素，而不是经济的负担或增长的障碍"②，这反映出委员会日益成熟的发展理念。发展报告也指出加强成员国之间、受雇者和雇主之间、非政府组织（NGOs）以及各个行为体之间政治的、社会的和民间的对话，将有利于行动计划的有效实施。

20 世纪 90 年代后，一体化从共同体阶段迈入欧盟阶段，由于其超国家机制的强化，在推动社会政策发展方面发挥了更加积极的作用，欧盟社会政策的发展速度明显加快；与此同时，由于受到日益严峻的失业问题的困扰，欧盟不得不把更多的精力投注到促进就业的相关领域，进而推动共同就业政策的发展。

## 五、系统化发展阶段（1997—2008）

1997 年 10 月，欧盟各成员国在荷兰的阿姆斯特丹举行欧盟首脑会议，并签署了《阿姆斯特丹条约》（以下简称《阿约》）。《阿约》对欧盟社会政策的发展具有里程碑意义，中心问题是如何使欧盟更加贴近其公民。从政策内容上来讲，第一，《阿约》将与欧盟公民相联系的公民权及其保护的条款置于重要的地位，条约第一部分主要关注欧洲公民权与其保护等内容，这充分说明欧盟更加

---

① European Commission, *A White Paper：European Social Policy, A Way Forward for the Union*，OOPEC, 1994（COM（94）333 final 1994）p. 16, http://ec. europa. eu/off/white/index_en. htm.

② European Commission, Progress Report on the Implementation of the Medium-term Social Action Programme 1995-97, *Social Europe Supplement*, p. 1.

注重民众的意愿，也更加尊重他们的权利。第二，《阿约》扩展了与民众利益直接相关的社会政策领域，如社会、环境保护、消费者保护、公共卫生等之前未受到特别关注的领域。第三，《阿约》进一步提升并充实了欧盟的社会政策，包括社会保障、劳资对话、工人培训等，实现了欧盟社会政策从"生存型"到"发展型"的转变。第四，《阿约》确立了就业政策的中心位置，并将"高度就业"作为重要目标写进条约，另外还增加了关于就业问题的新章节（如条约 Title VIII，第 125~130 条），建立了较为完整的共同体就业政策框架以及机构（欧盟就业委员会），并提供了用以启动欧盟就业战略的法律依据。第五，《阿约》扩大了欧盟理事会中"有效多数"决策的范围，并对"全体一致"的表决机制作了部分的简化。这种变化使得欧盟在决策权方面的权力与以前相比有了相对的扩大，从而避免了由于某一成员国的反对而导致许多推进一体化的有力措施无法施行的状况。与此同时，欧盟决策权的扩大对制定统一的社会政策也大有裨益。① 但从欧盟社会政策的法律基础来讲，《阿约》的意义显得更为突出：首先，英国放弃了它的"选择退出"（Opt Out）立场，从而使 1992 年的《社会协定》从附件正式进入联盟条约中，欧盟社会政策因此获得了完全法律地位，这是它诞生以来不断追求的目标。其次，《阿约》将"开放式协调方法"确立为主要的政策实施方式。总而言之，《阿约》在推动欧盟社会政策的整合中所发挥的作用是全方位、多层面的，根本上提升了欧盟社会政策的地位，从此使欧盟社会政策进入系统化发展阶段。

《阿约》之后的"卢森堡进程"是对《阿约》中提出的就业政策的细化，从实质上推进了欧盟就业战略的实施，并且提出将"提高就业能力、弘扬企业家精神、增强企业和工人的适应能力以及促进男女机会均等"作为欧盟就业战略的四大支柱。②

---

① 刘晓平：《欧洲社会一体化——政策、实践与现状研究（1945—2006）》，云南大学博士学位论文，2008 年，第 85 页。

② 郑春荣：《欧洲社会一体化进程述评》，《德国研究》2003 年第 2 期。

随后 1998—2000 年的社会行动计划，仍然强调社会维度对于应对世纪之交的社会挑战的重要作用。行动计划中提出的目标是对基于社会政策在 20 世纪末以及更长远的未来的积极作用的确认，即"在一个积极的、包容的、健康的社会中，社会政策能够很好地提升所有人的生活质量和生活标准，这样的社会鼓励就业，拥有好的工作条件和平等的机会"①。因此，着力推动社会政策的进一步发展显得非常必要。第一，经济与货币联盟为社会政策的发展奠定了良好的基础。第二，随着人口结构的变化，人口老龄化、劳动力的老龄化等问题对就业和社会保障系统的影响日益明显，为适应新的形势，进一步在成员国之间协调就业和保障政策也是必然选择。第三，随着欧盟东扩逐渐提上日程，人们开始讨论社会政策在促进申请入盟的候选国向市场经济转型中的作用，同时也对即将入盟的国家将如何发展它们的社会保障系统来适应欧盟的要求表示疑虑。②另外，这个行动计划也是经济和社会真正实现平等发展的起点。③

2000 年 3 月，欧盟里斯本峰会制定了"里斯本战略"（Lisbon Strategy），该战略提出要将欧盟建成"世界上最具竞争力与充满活力的知识经济，能够实现可持续的经济增长与更多更好的就业以及更大的社会聚合"。④它被认为是欧盟进入 21 世纪后在就业政策领域提出的第一个宏伟目标。与此同时，2000 年的《社会政策议程》（*Social Policy Agenda*）也把实现"欧洲社会模式"（European Social Model）的现代化、做好欧盟东扩前的准备，尤其是将保障中东欧

---

① European Commission, *Social Action Programme* 1998-2000, OOPEC, 1998（COM（98）259 final 1998），p. 3.

② European Commission, *Social Action Programme* 1998-2000, OOPEC, 1998（COM（98）259 final 1998），pp. 2-3

③ European Commission, *Social Action Programme* 1998-2000, OOPEC, 1998（COM（98）259 final 1998），p. 3

④ European Council, *Lisbon Strategy*, 2000, http：//europa. eu/rapid/pressReleasesAction. do？reference = PRES/00/2000&format = HTML&aged = 0&language=EN&guiLanguage=en.

的准成员国在社会体制、社会政策方面与欧盟的顺利接轨作为其主要任务和目标。欧洲社会模式本质上强调经济政策、就业政策和社会政策三项政策之间积极、充满活力的互动，并力图实现社会政策与经济政策的平等。虽然这只是从原则上作了规定，而且社会政策和就业政策也并不是特指欧盟层面的政策，但是这种认识的变化也是前所未有的，因此在欧盟社会政策的发展中具有重要意义。

　　进入 21 世纪后，欧盟社会政策继续发展，欧盟也努力在具体领域中建立更为细化的社会行动框架。这一阶段，欧盟主要的社会行动框架包括：2001—2005 年的性别平等框架战略、2001—2006 年的反歧视行动计划、2003 年的欧洲残疾人年、2002—2006 年的反社会排斥共同体行动计划等。

　　此后，2004 年《欧盟宪法条约》(*Treaty of Establishing a Constitution for Europe*) 赋予并奠定了欧盟社会政策完善的宪法基础。首先，条约进一步明确并充实了共同体社会目标的基本内涵，强调"应与社会排斥和歧视作斗争，推进社会公正和社会保障、男女平等、代际团结、保护未成年人的权利"。其次，条约还第一次明确界定了联盟的"社会权能"(social competences)，为欧盟社会政策的未来发展划定了清晰的范围。这些内容在条约的正文条款中都有所体现，比如：第 12 条规定，在联盟有权利作出规定的领域中，各成员国可以"协调其经济与就业政策"；第 14 条规定欧盟社会政策为联盟及各成员国"共享权能"(shared competences) 的领域；第 15 条规定，联盟将"采取措施确保成员国就业政策的协调"。再次，条约还开辟专门章节设立了《联盟基本权利宪章》，将《社会宪章》的内容上升到宪法的层面，使欧盟社会政策在法理上具备了坚实的基础。① 虽然《联盟基本权利宪章》并没有真正赋予欧盟公民任何新的权利，但欧盟仍可以借助一部载有共同权利的法典来确认"欧洲公民"的身份，并提升欧洲公民的认同，从而拉近欧盟与各成员国人民之间

---

　　① 刘晓平：《欧洲社会一体化——政策、实践与现状研究（1945—2006）》，云南大学博士学位论文，2008 年，第 81~82 页。

的距离。

遗憾的是，法国、荷兰于2005年否决了《欧盟宪法条约》。经过各方努力以及两年多的反思之后，欧盟最终通过了简化版的《里斯本条约》。简化的《里斯本条约》很大程度上拓展了欧盟的活动领域，不仅将"社会政策"、"欧洲社会基金"、"教育、职业培训、青年"等分别独立成编；同时在社会规制领域扩大了"有效多数"表决机制的决策范围。但简化的《里斯本条约》在社会再分配领域，尤其在税收、社会保障等事关成员国主权的领域，仍然采取一致通过原则。另外，条约规定从2014年11月起，有效多数必须包括双重多数，即有关决议必须获得并至少获得55%的成员国以及65%的欧盟人口的赞同。①最后，简化的《里斯本条约》还扩大了欧洲议会的立法权，并提高了理事会的决策透明度和普通民众的参与程度，从而减少"民主赤字"问题对欧盟的不利影响。该条约对欧盟社会政策的发展目标、公民社会权利等问题的系统规定增强了欧盟的合法性。②总之，在这一阶段的发展过程中，欧盟社会政策得到了前所未有的发展契机，实现了自身发展的一次次突破，而这种发展也反过来对欧洲一体化进程产生了很大的影响。

六、调整阶段（2009年至今）

欧洲一体化的发展在2008年之后无疑又陷入了低谷，一方面，原有的问题还未完全解决，尤其是2005年欧盟东扩以来的种种问题逐步显现出来，而欧盟的应对则显得力不从心；另一方面，一系列新的危机和问题频频袭来，使原本脆弱的欧洲一体化雪上加霜。具体包括：一是2008年始于美国，2009年波及欧洲的金融危机及此后引发的主权债务危机，都从根本上冲击了欧洲一体化的发展。

---

① European Commission, *Treaty of Lisbon*, http：//www. consilium. europa. eu/showPage. aspx? id=1296&lang=en.

② 田德文：《欧盟社会政策与欧洲一体化》，社会科学文献出版社2005年版，第16页。

二是乌克兰危机的爆发以及日益严峻的恐怖主义威胁使欧盟再一次面临严峻的安全挑战。三是二战结束以来最严重的移民危机"①使欧洲国家疲于应对。上述这些问题从不同方面制约着欧洲一体化的发展。

作为一体化中的社会领域，欧盟社会政策也不可避免地遭遇挫折，进入调整阶段。首先，这一阶段欧盟社会政策并无明显的进展，无论是欧盟层面还是成员国层面，都无暇顾及社会一体化的推进，而且客观上也不具备进一步推进社会政策整合的条件。其次，经济危机的蔓延加剧了一些国家的民族主义情绪，这也不利于更加自由、开放的共同就业市场的发展。最后，日益严峻的安全形势，尤其是"伊斯兰国"的恐怖袭击，对欧洲国家的安全造成了严重威胁。2015 年年初的《查理周刊》事件以及 2015 年 11 月 13 日的巴黎恐怖袭击事件都是对欧洲国家安全的直接威胁，共造成 100 多人死亡，鉴于此，欧盟许多国家加强了对人员自由流动的限制，这客观上不利于欧盟社会政策的整合。由此可见，受制于上述问题，欧盟社会政策的发展陷入低谷。只有当欧盟的经济真正复苏，相关的安全挑战能够有效应对，社会政策的整合才会重新回到欧洲政治家们的议事日程上来。

但是，值得注意的是，2010 年欧盟提出"欧洲 2020 战略"，其中五个发展指标中就有三项涉及欧盟社会政策领域。第一，就业问题。年龄在 20 岁至 64 岁人口的就业率应从当前的 69% 提高至不低于 75%；在就业构成上，应充分满足妇女、中老年和外来移民的参与。第二，教育和培训问题。未完成基本教育人数和退学率从当前的 15% 降低至 10% 以内，2020 年 30 岁至 34 岁年轻人获得高等教育文凭的比例从 31% 提高到至少 40%。第三，消除贫困问题。

---

① 亚历山大·卡塞拉：《欧洲面临两大移民危机》，《金融时报》2015 年 6 月 19 日，http：//www.ftchinese.com/search/? keys＝欧洲＋社会 &ftsearch Type＝type_news&x＝37&y＝15.

生活在贫困线以下的人数应减少25%，帮助2000万人脱离贫困。①此外，在"欧洲2020战略"中还提出七项旗舰计划，其中有三项是关于欧盟社会政策，分别是"青年就业流动"（youth on the move）、"新技能和就业议程"（an agenda for new skills and jobs）、"欧洲反贫困平台"（european platform against poverty）。②这些发展指标和旗舰项目的提出，指明了欧盟未来10年的发展重点，表明欧盟社会政策领域对于推动经济复苏，实现可持续增长具有积极的作用。而且，只有从社会政策领域着手来应对前述的问题和挑战，才能从根本上克服欧洲发展的瓶颈。

总体而言，尽管近几年欧洲一体化面临很多问题，快速推进的步伐明显放慢，但是在危机中，欧洲寻找到新的发展机遇。"欧洲2020战略"既规划了欧盟未来10年的发展图景，也为欧盟社会政策的发展提供了新的契机。

经过六个阶段60多年的发展，欧盟社会政策在各个方面都取得了不同程度的进步，政策发展框架也日益成熟。与此同时，在整个发展过程中，欧盟社会政策也形成了其独特的发展路径，表现出其自身的发展特点。

## 第二节　欧盟社会政策的发展特点

欧盟社会政策在整个发展过程中，逐步实现了以下几个方面的转变，即附属性向独立性的转变、手段性向目的性的转变、生存型向发展型的改变、分散性向系统性的转变、认识上的边缘向中心的转变等。这些变化过程体现出欧盟社会政策独特的发展特点和路径，也是理解欧盟社会政策整体发展轨迹的主要视角。

---

① 陆军：《欧洲2020战略：解读与启示》，《欧洲研究》2011年第1期。

② 陆军：《欧洲2020战略：解读与启示》，《欧洲研究》2011年第1期。

## 一、附属性向独立性的转变

欧盟社会政策的属性和地位在发展过程中逐渐完成了转变，由经济一体化的附属最终成长为欧洲一体化的重要基石。

事实上，欧盟社会政策起初只是西欧国家为应对经济联合方面的问题而提出的应急性和配套性措施，内容十分有限，且与经济一体化直接相联系。一体化启动之初，西欧各国的主要精力是加强它们在经济方面的联系与协调，而且也主要集中在煤炭、钢铁等行业领域，其他相关方面的协调与合作都只是作为经济联合的补充，并为其服务。而对于共同社会政策而言，它的主要任务就是协调各成员国在流动工人的工资、社会保障、基本人身安全和健康方面的问题，从而保障劳动力的自由流动以及经济联合的顺利推进。因此，可以说，欧盟社会政策是经济一体化的结果，而不是前提。①

但是，这种附属地位并未抑制欧盟社会政策的发展，从附属地位向独立地位转变的标志是1992年《马斯特里赫特条约》及其附件《社会协定》的签订。条约对欧盟社会政策的价值和作用有了新的认识，将其视为与经济一体化相并列的领域之一，因此把它作为一个单独的部分进行了明确规定，并在此后的社会行动计划中得以具体实施。如此，欧盟社会政策实现了初步的独立。随后在1997年，《社会协定》引入联盟条约，最终通过法律上的认可确定了欧盟社会政策的独立地位。在社会政策的内容方面，欧盟社会政策也不再单纯涉及与经济一体化紧密联系的内容，而是拓展了新的政策领域。21世纪初的《社会政策议程》进一步从社会发展模式的角度阐释了社会政策、经济政策和就业政策三者之间的影响和互动关系，这也是对欧盟社会政策所获得的独立地位的认可。从此，欧盟社会政策实现了真正意义上的地位和性质的转变。

对于欧盟社会政策的长远发展，这种从"附属性"向"独立性"的转变具有重大意义。首先，这种转变是欧盟社会政策发展

---

① Linda Hantrais, *Social Policy in the European Union*, London：Macmillan Press Ltd.，2000, p. 5.

的集中体现，同时也是一体化逐渐走向成熟、深化的标志。其次，欧盟社会政策的独立发展，也可以更好地发挥其促进经济发展，维护社会稳定的功能。最后，正是在欧盟社会政策逐步确立独立地位的同时，它也相应地实现了手段性向目的性的转变、生存型向发展型的转变、分散向系统的转变、认识上的边缘向中心的转变。可以说，独立性或独立地位的确立直接影响着其他特点的发展演变。

## 二、手段性向目的性的转变

在欧盟社会政策的发展中，也经历了从手段性向目的性转变的过程。其中，手段性强调欧盟社会政策以推动经济一体化发展的手段形式而出现，这与欧盟社会政策曾属于经济一体化的附属政策相关。目的性则强调将发展欧盟社会政策作为一体化的任务和追求的目标，与经济一体化以及其他领域的一体化共同成为欧盟的总体目标，这与欧盟社会政策所拥有的独立地位相关。

欧洲一体化是从经济领域开始的，一体化的基础也是经济一体化，其重心和着力点均在经济问题上，因此，早期的一体化进程几乎完全围绕经济问题而展开，其他问题的发展均服务于共同体内部的经济联合，社会政策当然也不例外。在很长一段时间内，社会政策始终以促进经济一体化的手段的形式出现，而不是单独成列。通过分析早期的条约，我们可以看到，有关社会政策的具体规定和条款都隶属于经济政策，或者包含在与经济一体化直接相关的领域中，由此可见，它的主要目的是保障经济一体化的运行，而不是将欧盟社会政策自身的发展作为目的。例如，关于促进工人自由流动及其社会保障的规定并不属于条约中"社会政策"章节的内容，而是属于"四项基本自由"章节的内容，这意味着欧盟社会政策在事实上是劳动力自由流动的经济一体化目标。① 尽管如此，欧盟社会政策仍然实现了一定程度的发展。因为社会政策的发展始终与一体化的实践相联系，当实践中遇到各类社会问题的时候，就需要

---

① 郑春荣：《论欧盟社会政策的困境与出路》，《社会主义研究》2010年第 3 期。

通过发展社会政策来予以应对，社会领域的合作与协调自然随之强化，这在客观上促进了它的发展。从这一点来看，欧盟社会政策早期的发展表现出一种明显的被动反应型特点。①

但是，随着一体化发展程度的深化，一体化政策势必要逐渐跨越经济一体化的界限，从而扩展到政治以及社会领域。与此同时，欧盟也逐渐认识到共同社会政策的重要作用和价值，于是将其作为一项独立而重要的目标提了出来。由此，欧盟社会政策实现了从手段性到目的性的转变，在发展模式上也由被动反应型转变为主动适应型，不管从政策范围、发展速度，还是从政策实践、发展深度方面都实现了较大的突破。

### 三、生存型向发展型的转变

从政策内容上看，欧盟社会政策实现了从生存型向发展型的转变。所谓生存型社会政策主要是指，为了保障公民的基本生存和生活条件而建立的包括人身健康和安全、基本生活条件和工作条件等内容的政策体系。发展型社会政策的理念则与社会变迁、社会包容、政府干预、经济社会和谐发展等现实问题直接相关，② 意在通过协调社会政策与经济政策来改善公民的社会福利。而实现这一目标的手段是一些社会投资和资产建设策略组合，以及完成社会政策从以再分配和消费为导向的政策模式向扩大经济参与、促进经济发展并提高受助者能力的干预方法的转变。③ 在现实中，发展型社会政策主要强调投资于人力资本，投资于就业和创业计划、社会资本、资产发展，消除经济参与障碍，且投资于成本效益高的社会计

---

① 严双伍、石晨霞：《欧盟社会政策发展中的特点、成就与问题》，《武汉大学学报》（哲学社会科学版）2012 年第 1 期。

② 安东尼·哈尔、詹姆斯·梅志里著，罗敏、范酉庆等译：《发展型社会政策》，社会科学文献出版社 2006 年版，第 53 页。

③ 张伟兵：《发展型社会政策理论与实践——西方社会福利思想的重大转型及其对中国社会政策的启示》，《世界经济与政治论坛》2007 年第 1 期。

划。① 发展型社会政策主要包括提供教育机会、职业培训等。

在欧盟社会政策早期的发展过程中，内容上侧重于对工人基本生产和生活条件的保障，如促进工人生活和工作条件的改善、健康与安全、事故与疾病的预防、工资平等、同工同酬等，这些都属于生存型社会政策的范围，注重针对个人的直接援助和保障。这些条款虽然能够在一定程度上暂时解决工人和困难者的问题，但也同时割裂了经济和社会政策之间的联系，使社会政策完全成为一个消费和再分配过程，因此不具备可持续性。随着全球化的发展，许多西方国家一方面受到全球化的冲击，另一方面在传统社会结构和就业方式方面也经历了一系列的变革，因此开始探索利用新的方式来摆脱传统的社会危机，而发展型社会政策是它们找到的最有效的途径。发展型社会政策的实践虽然始于美国和欧洲的一些主权国家，但很快影响到欧盟层面，于是欧盟开始加强职业培训、职业咨询、成人教育等，试图通过增加人的权利、提升人的技能，使其重新融入社会，由此寻求社会政策未来的发展前途。同时，欧盟强调应该鼓励成员国之间的合作，发展欧洲教育的规模与深度，提高教育质量，② 并将增加就业作为其中心目标。从 1997 年《阿姆斯特丹条约》签订以来，发展型社会政策的理念越来越频繁地体现于欧盟的文件中，即社会政策不再完全是一种负担或成本，相反，它是一种生产性要素，③ 从而逐渐超越了"改善生活条件与工作环境"的局限。

### 四、分散性向系统性的转变

经过 60 多年的发展，欧盟社会政策慢慢成熟起来，摆脱了最初零敲碎打的特点，开始形成了自身的发展体系。60 多年前，在

---

① 王思斌：《走向发展型社会政策与社会组织建设》，《社会学研究》2007 年第 2 期。

② 戴炳然译：《欧洲共同体条约集》，复旦大学出版社 1993 年版，第 145 页。

③ 关信平、郑飞北：《〈社会政策议程〉、欧盟扩大与欧盟社会政策》，《南开学报》（哲学社会科学版）2005 年第 1 期。

《建立欧洲煤钢共同体条约》中，关于社会政策的条款零散地分布于经济合作的条款之下，而且涉及的政策范围非常有限，分散性明显。60 多年后，欧盟社会政策作为一个专门而独立的章节存在于欧盟的条约之中，在具体的条款中对政策的实施和操作都作了细致的规定，并在实践中以各种方式予以实施。这是从条约本身变化的角度反映出欧盟社会政策从分散性向系统性发展的转变。另外，欧盟社会政策从分散性向系统性的转变也体现在社会政策目标的变化中。共同体最初并没有为社会政策本身设立长远而具体的目标，只是笼统地提出要推进社会政策领域的合作，并在实现经济繁荣的同时提升社会聚合，但是随着实践的推进，社会政策发展的目标也越来越清晰，越来越具体，也更加具有前瞻性。政策目标的确立意味着欧盟已经将社会政策作为一个完整的政策体系加以发展，同时也确认了其独立的发展地位。

### 五、认识上的边缘向中心的转变

与社会政策本身的发展与转变过程相对应，民众对欧盟社会政策的认识也是不断扩展和深化的，最初只是将欧盟社会政策视为共同体的一项边缘性政策，并未予以关注，最后则将它作为一体化的中心政策来发展，即发生由忽视向重视的转变。

最初，人们并没有注意到社会政策的作用和价值，只是理所当然地认为它是经济一体化的补充，为经济一体化服务，而没有专门将它作为重要内容加以推动。正如奠定《罗马条约》基础的斯巴克委员会的报告所指出的那样："制定共同社会政策的需要非常有限，社会开支和国家的种种补贴对竞争制度的影响固然值得注意，但对个人和对教育、卫生之类的社会帮助，则不在新组织应关心的范围之内。"① 这种状况主要受到以下因素的影响：第一，从传统意义上来讲，社会政策是主权国家的责任，每一个民族国家的公民所享有的社会权利都是由本国政府来保障的，从未有任何超越主权

---

① 胡瑾、宋全成、李巍：《欧洲当代一体化思想与实践研究》，山东人民出版社 2002 年版，第 209 页。

国家之上的组织或机构负责这种社会政策，或者能够负责社会领域的问题。这种长期形成的传统认识造成欧盟社会政策在发展之初未得到足够的重视，而且由于这种传统认识在短期内很难有大的改变，从而使社会政策直到现在仍然未能摆脱辅助性原则的限制，并实现更深入的协调与合作。第二，在一体化刚刚启动的时候，共同体的主要目标是促进经济方面的整合，其他方面的政策协调均服务于经济联合，这种最初的定位就将社会政策置于被忽视的地位，更明确地讲，正是由于它所处的附属地位，导致了它没有受到重视。第三，一体化启动之初，共同体各成员国之间的交往与合作范围相对较小，出现的问题也相对较少，发展比较顺利，因此人们没有注意到社会政策的重要性和意义。以上几点造成了人们对社会政策认识上的忽视。

但是，随着一体化实践的推进，人们的认识也逐渐发生了转变，至少在原则上认可了社会政策的重要价值，从而促使欧盟社会政策从边缘领域进入中心领域。整个20世纪60年代，欧洲经济实现了快速发展，逐渐从战争的创伤中恢复过来，但是突如其来的石油危机重重地冲击了欧洲人的一体化梦想，经济发展骤然放慢，相关的失业、通胀等问题接踵而至。一体化也在经过10多年相对平稳的发展之后，于20世纪70年代初遭遇挫折。在这样一种状况下，人们开始反思过去的发展，社会政策就是他们考虑的问题之一。虽然这次反思并没有立刻改变人们对它的认识，但在实际行动上仍有所体现，即1974年第一个社会行动计划的实施。进入20世纪八九十年代，一方面，一体化不断实现突破，无论在深度上还是广度上都取得了不小的成就；另一方面，一体化面临的问题也越来越多，越来越复杂，尤其是居高不下的失业率始终考验着欧洲国家。人们逐渐在应对问题的过程中认识到欧盟社会政策的重要性，决意给予它足够的重视。由此，欧盟社会政策真正进入了中心领域，而人们在认识上也完成了转变。

# 第二章　欧盟社会政策的发展动因

欧盟社会政策之所以能够完成上述各种转变，并不断实现突破，是多重动力因素共同作用的结果。其中既包括经济一体化的推动，也包括各种政治力量的支持。此外，全球化带来的挑战也成为促进欧盟社会政策发展的外部压力，还包括在发展过程中认识上的主观因素，这些不同层面的因素共同构成了欧盟社会政策不断前进的动力。

## 第一节　经济一体化是欧盟社会政策产生与发展的根本动因

欧洲一体化始于经济领域，而且它的重心始终都是经济一体化，因此经济一体化也取得了相对突出的成就。当然，经济一体化的发展也带动了相关社会政策的进展。因此，从这个角度来说，经济一体化是欧盟社会政策发展的前提基础与根本动因；相应的，前者为后者的发展也提供了现实条件，正是在经济一体化的双向需求与供给之间，欧盟社会政策逐渐成长起来并不断成熟。

### 一、经济一体化对欧盟社会政策提出功能性需求①

在欧洲一体化的发展进程中，经济一体化可谓异军突起。无论在发展深度抑或在发展广度上，经济一体化的进程都遥遥领先于其他领域。但是，经济一体化本身又是欧洲一体化的组成部分，它的

---

① Mark Kleinman, *A European Welfare State? European Union Social Policy in Context*, New York: Palgrave, 2002, pp. 159-160.

发展也离不开其他领域的配合与协调，尤其是与它紧密相关的社会政策。因此，经济一体化从诞生之日起就对社会政策一体化产生了强烈的功能性需求。因为无论是内部市场统一，还是货币联盟，它们本身既不能解决效率与平等的问题，也无法解决社会稳定的问题，欧盟必须通过更为有效的转移支付机制以及实际趋同措施，针对内部市场和货币联盟进行更多干预才能保证一体化的顺利进行。这一任务自然落到了欧盟社会政策身上。① 而且这种需求伴随它发展的各个阶段，并在不同阶段呈现出不同的特点。

首先，在经济一体化启动之际，为了促进各成员国间煤钢工人的跨国自由流动，保障原子能产业工人的人身安全、健康和工作条件等，共同体需要在相关领域内协调成员国的社会保障条款，同时也需要建立统一的安全标准。于是，成员国经过协调，在这些问题上达成共识，并体现在《建立欧洲煤钢共同体条约》和《建立欧洲原子能共同体条约》的具体条款中。这样，共同体社会政策就伴随着经济一体化发展提出的新要求而出现。社会政策诞生之后，不仅在经济一体化发展中发挥了较为积极的作用，而且保障了跨国工人的基本社会权利和利益。因此可以说，经济一体化催生了共同体社会政策，也是其不断发展的最直接、最有力的推动因素，② 也因此造就了经济一体化与共同体社会政策之间天然的联系，虽然这种天然联系在欧盟社会政策之后的发展中逐渐显现出许多不利影响，但是两者也许永远无法彻底割断这种联系。

其次，随着经济一体化的发展，欧盟陆续实现了诸如商品、人员、服务和资本四大主要生产要素的自由流动，实现了关税同盟、单一市场、经货联盟、统一货币等一系列具有里程碑意义的发展目标。伴随着这些成果的获得，经济一体化越来越呼唤与它相匹配的社会政策以保障它的顺利推进。因此，经济一体化又对欧盟社会政

① 王立伟：《社会政策与欧洲一体化》，山东大学博士学位论文，2010年，第 26 页。

② 王立伟：《社会政策与欧洲一体化》，山东大学博士学位论文，2010年，第 161 页。

策提出了新的发展要求。在这样不断地提出新需求，继而通过发展社会政策又不断满足这种需求的过程中，欧盟社会政策与经济一体化在某种程度上实现了共同发展。到目前为止，随着经济一体化的发展，欧盟社会政策的发展水平也实现了较大的提升。不过值得注意的是，这种共同发展并不是同步发展，两者之间的发展差距仍然很大，这个问题下文会详细阐述，在此先不赘述。

再次，随着经济一体化发展程度的深化，它所涉及的合作领域也越来越广，合作的内容也越来越细化，相应也使欧盟社会政策在内容上也越来越丰富。例如，最初的社会政策只是为了保障个别行业工人的社会权益，影响范围比较小。经过几十年的发展，社会保障政策的范围逐步覆盖了与一体化有关的社会各行业的工人，影响范围逐渐扩大。另外，经济一体化的发展也充满坎坷，并非一帆风顺，尤其是进入 20 世纪 90 年代后，失业问题逐渐突显，经济一体化发展遭遇困难并日益困扰着欧盟国家，这就要求欧盟社会政策在就业领域必须作出更积极的反应，于是，就业问题成为欧盟社会政策的重点领域。从 20 世纪七八十年代开始，共同体在就业问题上投入了很多资源，实施了一系列行动计划，并取得了一些成果。这从另一个角度反映出经济一体化对欧盟社会政策发展的推动作用。

最后，经济一体化在不断深化的同时，在地域范围上也逐渐扩大。截至目前，欧盟已经完成了 8 次扩大，成员国数量从最初的西欧 6 国扩展到包括南欧、中东欧、北欧以及欧洲大陆之外的英国等一系列国家在内共 28 个成员国。地域范围和成员国数量的每一次扩大都是欧盟一体化发展迈出的重要一步，既给经济一体化带来了很多发展机遇，同时也面临不少问题。而对于欧盟社会政策来说，造成的冲击可能远远大于带来的机遇，尤其是那些在社会政策模式上相差较大的国家加入后，极大地增加了欧盟协调社会政策的难度。但是，相应的，欧盟社会政策在面对压力的情况下，必须投入更多的精力去解决新的问题，这也迫使共同体在协调机制上必须有所改革和创新才能适应新情况和新问题，这在客观上也推动了它的发展和进步。

总体上讲，经济一体化对欧盟社会政策提出了功能性需求，这虽然是一种被动反应，但是在客观上也成为欧盟社会政策发展的直接动力。可以说，如果没有经济一体化的启动，也就没有欧盟社会政策的产生；如果没有经济一体化的持续发展，也就没有欧盟社会政策的后续发展。[①]

## 二、经济一体化为欧盟社会政策提供现实条件

虽然经济一体化的发展对欧盟社会政策产生了新需求，也直接促成了它的产生和发展，但从供给方面来看，经济一体化的发展也为欧盟社会政策创造了现实条件。这两者构成了欧盟社会政策发展的充分条件与必要条件。

第一，经济一体化为欧盟社会政策的发展提供了资金上的保障。作为共同体推动欧盟社会政策的一项重要举措，欧洲社会基金（European Social Fund）的目的在于缩小欧盟公民和各地区之间在生活水平上的巨大差距。[②] 同时，它也是推行欧盟社会政策的重要手段之一，是欧盟用来实施"欧洲就业战略"和其他社会政策的重要工具，它的支持对象主要是公民个体，用于帮助他们就业，同时也用于协助完善劳动力市场的制度和机构建设，使其更加有效地运作。而社会基金的筹措有赖于经济一体化的发展，有赖于各成员国在资金上的支持。只有成员国在经济一体化的发展中获得了真正的利益，它们才会愿意支持欧洲社会基金的发展，从而使基金获得相对充足的资金以保障社会政策的实施。从这一点来看，经济一体化对欧盟社会政策的发展至关重要。

第二，经济一体化为欧盟社会政策的发展奠定了经济基础。欧盟社会政策在过去很长一段时间内都属于单纯性消费，尽管它逐渐

---

① 石晨霞：《欧盟社会政策的发展及其动力》，《理论月刊》2011 年第 8 期。

② Gert Verschraegen, Bart Vanhercke, and Rika Verpoorten, "The European Social Fund and Domestic Activation Policies: Europeanization Mechanisms", *Journal of European Social Policy*, Vol. 21, No. 1, 2011, p. 60.

突破了这样的局限，宣称自己已成为一种生产性要素。① 但从最直接的意义上讲，欧盟社会政策仍然属于消费的范畴，只不过这种消费不再以直接的货币支出为特征，而是以对人力资源的投资为形式。② 既然如此，就必然需要有相应的生产为消费提供支持，而经济一体化就扮演了生产的角色，为社会政策的各项支出提供保障，也为它的发展奠定经济基础。因此，没有经济一体化，欧盟社会政策就没有存在的必要，也没有发展的可能。

第三，经济一体化的成果也为欧盟社会政策的发展提供了有利条件。经济一体化经过几十年的发展，在发展程度和水平上均领先于其他领域，同时在一体化机制发展上也比较成熟，这对于社会政策的发展具有示范作用，有利于推动其通过类似的发展模式迈向更高的合作水平。另外，经济一体化的发展成果也可以在一定程度上转化为社会领域的成果，这集中体现在就业问题上。一般而言，经济一体化的发展有利于提高社会就业水平，减少失业，而社会政策的任务之一就是解决失业问题。从这个角度讲，经济一体化的发展成果为欧盟社会政策的发展提供了有利条件。

综上所述，我们分别从需求与供给两个方面分析了经济一体化对于促进欧盟社会政策发展的积极作用。当然，随着欧盟社会政策的日益成熟，它对创造公平的社会环境、维护公平竞争、维护社会稳定等保障经济一体化顺利发展的功能也逐渐显现。在这一点上，欧盟社会政策与经济一体化，两者是完全契合的。

## 第二节　多重政治力量是欧盟社会政策发展的主要推动力量

根据西方治理理论的观点，欧盟社会政策是欧洲多层治理的一

---

① Linda Hantrais, *Social Policy in the European Union*, London：Macmillan Press Ltd. , 2000, p. 7.

② Frieder Wolf, Reimut Zohlnhöfer, "Investing in Human Capital? The Determinants of Private Education Expenditure in 26 OECD Countries", *Journal of European Social Policy*, Vol. 19, No. 3, 2009, pp. 233-234.

个方面，也是欧洲多重政治力量参与相互博弈的过程，因此它的发展也离不开各种政治因素的推动。本书主要论述的几个因素包括欧盟、各成员国、相关的社会组织、非政府组织以及一些重要政治人物的推动。

## 一、超国家层面的全面推动

欧盟社会政策的发展是超国家层面全面大力推动的结果。第一，欧盟社会政策的每一次突破都离不开欧盟的多方协调与努力。社会政策无论在政策内容、政策实践方面，抑或在政策理念、法律基础等方面，每向前迈出一步都充满矛盾与坎坷。协调各成员国之间的利益分歧，理顺各层次行为体之间的关系，寻求最大程度的合作，等等，是欧盟一直以来最重要的作用之一。尤其是在欧盟社会政策发展处于停滞或缓慢发展的阶段，这种作用就更加突出，欧盟总能在不触及基本原则的条件下，通过小范围的协调和斡旋等方式积极推动社会政策逐渐走出发展的低潮。因此可以说，在欧盟社会政策的发展中，欧盟是诸多行为体中最积极、最主要的力量。

第二，超国家机制从制度上保障了欧盟社会政策的发展。具体来看，包括欧盟委员会、欧盟经济与社会委员会、欧洲法院等欧盟机构主要负责欧盟社会政策的制定和实施，而且它们之间的协调与合作也保障了欧盟社会政策的发展。尤其是欧盟委员会，它在欧盟社会政策的发展问题上始终持积极的态度，为建立欧洲层面的社会政策发挥着不可替代的作用。此外，欧盟经济与社会委员会专门负责社会领域的相关事务，也是社会政策发展的直接影响因素。当然，欧盟社会政策也离不开各阶段签订的条约、出台的指令、实施的行动计划等一系列或强或弱的规制性条款，正是这些超国家层面的机制或机构保障了欧盟社会政策不断向前推进。另外，随着欧盟社会政策的发展，这些机制所掌握的政治资源日益丰富，它们的权能和约束力都有所增强，从而在保障社会政策发展中发挥更加积极的作用，而且它们的发展程度也成为"衡量一体化计划成功的主要标尺"。①

第三，超国家层面也为欧盟社会政策提供了更好的发展平台，并为它设定了长远的发展规划。最初的社会政策只是作为欧洲经济一体化的应急性、配套措施而存在，② 但是在后续的发展中，欧盟社会政策逐渐成熟起来，开始提出一些短期内需要应对的问题或任务，随后进一步主动提出相对长远的发展目标，并对自身的发展有了更明确的定位。这些发展目标或发展规划的设置无疑离不开欧盟层面的积极运作。欧盟利用自身所拥有的资源，组织包括专家、学者、社会组织、利益团体等进行调查、讨论和研究，不断地为推动欧盟社会政策的发展建言献策，设定符合其自身特点的发展目标。由此可见，超国家层面在欧盟社会政策发展中扮演着非常积极和关键的角色，也是推动其发展的重要力量。

## 二、成员国层面的积极推动

从成员国层面来看，欧盟各成员国是社会政策的关键决定者。在欧盟社会政策的制定中，成员国仍然是最主要的影响因素。直到现在，许多社会政策内容仍然需要成员国全体一致认可才能通过。另外，从最根本的意义上说，欧盟社会政策的形成源于各成员国在社会领域的主权让渡，而且它的实施也首先是将联盟层面的条约、指令等成功移植到成员国内部法律中，继而才能形成具体的社会行动，因此，成员国显然是影响欧盟社会政策的核心变量。没有成员国的积极推动，就不可能有欧盟社会政策的稳步发展。

但是在欧盟社会政策的发展问题上，成员国的态度最初都是非常谨慎的，一方面是因为社会政策从传统意义上讲一直属于主权国家的内部事务，任何超国家实体都从未涉足过这些领域；另一方面，各成员国也不愿意让欧盟过多影响其内部事务。因此，在欧盟

① Jane P. Sweeny, *The First European Election: Neo-functionalism and the European Parliament*, Boulder, Colo.: Westview, 1984, p. 25.

② 严双伍、石晨霞：《欧盟社会政策发展中的特点、成就与问题》，《武汉大学学报》（哲学社会科学版）2012 年第 1 期。

社会政策发展之初，各成员国在欧盟社会政策领域的主权让渡程度仍然很低，成员国政府处于非常强势的地位，它们甚至可以控制共同体社会政策发展的范围与程度。但是随着一体化步伐的加快，成员国掌控全局的状况有了很大改变，这其中既有欧盟自身能力完善和扩展的原因，也有欧洲利益集团的发展壮大对主权国家施加压力的影响。① 因此，各成员国在发展欧盟社会政策的问题上也逐渐变得积极，它们开始主动要求加强在社会领域的合作，英国在该问题上的立场转变尤其具有代表性。起初，英国政府在欧盟社会政策问题上采取"选择退出"的立场，导致欧盟社会政策在 1992 年未能正式纳入联盟条约中，这对英国造成了很多不利影响。但是在1997 年，英国改变了原来的立场，从而使欧盟社会政策最终纳入《阿约》，获得了完全法律地位。由此可以看到，成员国在欧盟社会政策的发展中占据至关重要的地位，成员国的立场和态度决定着它的发展速度和程度。

## 三、相关社会组织的配合

在欧盟社会政策发展过程中，相关社会组织也成为必不可少的推动力量。这些组织主要分为三类。第一类是欧盟层面的跨国社会组织，如欧洲工会联合会、欧洲工业与雇主联合会等。欧洲工会联合会是在欧洲覆盖面最广、历史最悠久、最重要的工会联合组织，也是唯一被欧盟官方机构认可的具有代表性的社会组织。欧洲工业与雇主联合会包括 30 个国家的 36 个产业联盟和雇主组织，是一个跨行业的欧洲雇主组织机构，②代表性最广。这两个组织本身既是社会政策的执行者，又是欧盟社会政策的推动者，它们的重要功能之一在于监督经济社会委员会的活动。另外，在劳资对话方面，尤

---

① Stephan Leibfried and Paul Pierson （eds.）, *European Social Policy: Between Fragmentation and Integration*, Washington, D.C.: The Brookings Institution, 1995, pp. 445-448.

② Jelle Visser, "From Keynesianism to the Third Way: Labour Relations and Social Policy in Postwar Western Europe", *Economic and Industrial Democracy*, Vol. 21, No. 4, 2000, pp. 432-436.

其是从 1985 年瓦尔杜歇斯社会对话以来，代表劳方的欧洲工会联合会作为唯一的劳工代表和代表资方的欧洲共同体工业与雇主协会联盟进行了多次谈判和辩论，最终达成部分妥协，欧盟才能在此基础上推动相关社会领域的政策和条款的实施。在此过程中，谈判双方在欧盟社会政策的发展建议和咨询方面的作用有日益提升的趋势。同时，社会对话机制也不断完善，被称为是欧盟改善其自身决策模式的一种创造性行为。①另外，包括消费者联盟欧洲委员会（BEUC）、欧洲公营企业中心组织（CEEP）、欧洲手工业和中小企业协会组织（UEAPME）等，都在欧盟社会政策的发展中发挥了积极的推动作用。

　　第二类是各成员国内部的社会组织，这些组织的数量非常庞大，来自社会的各行各业，并代表不同的行业或团体利益，它们对成员国在欧盟社会政策上的立场具有很大的影响力。比如，在一些社会政策发展程度较高的国家，本国的工会组织认为大规模的人员流动会影响本国工人的利益，降低本国工人的收入，因此反对本国政府支持欧盟层面在这方面所作的协调和努力，这些声音会影响到国家在该问题上的立场和态度。相反，有些致力于推动跨国交流的社会组织则要求本国政府积极参与欧盟层面的社会合作，维护它们的利益，这些组织同样也对政府的行为产生影响。因此可以说，成员国政府的行为是各种社会利益组织相互博弈的结果，主要组织的利益都有所体现，它们正是通过这样一种方式来影响本国政府的行为，从而间接影响欧盟社会政策。

　　第三类是专业的社会组织。这些组织主要包括一些以知识精英为主体的科研机构、学术团体等，它们拥有社会政策方面的专业人员、信息、技术等相关资源，能够为欧盟社会政策的发展提供专业支持和咨询服务。与前两类相比，这类组织机构的特点是专业化、信息化和科学化，而且它们一般选择价值中立，主要在社会政策的

---

① Monica Threlfall, "The Social Dimension of the European Union: Innovative Methods for Advancing Integration", *Global Social Policy*, Vol. 7, No. 3, 2007, pp. 273-275.

制定和执行过程中提供技术和程序上的咨询服务。

总体而言，当今社会中，社会组织或利益团体发展迅速，一方面在数量上猛增，另一方面它们的作用和影响力也日渐增强。社会组织或利益团体对包括欧盟社会政策在内的欧洲一体化发展发挥着不可忽视的作用。

## 四、重要政治人物的推动

一些重要的欧洲政治人物也在欧盟社会政策的发展中发挥了不可忽视的作用，贡献最突出的要数曾担任欧共体主席的德洛尔。德洛尔在20世纪80年代担任主席期间，积极推动"社会空间"理念的实践，并提出社会政策是欧洲一体化的前提，"社会空间"是对社会竞争的自然补偿，也是解决各种矛盾的有效手段，①这些活动对引导欧盟社会政策走出困境并取得新的突破发挥了非常重要的作用。此外，一些成员国领导人也是推动欧盟社会政策发展的积极力量，像法国、比利时等国的领导人一直对欧盟社会政策的发展态度积极，致力于发展欧盟层面的社会一体化，尤其是前法国总统密特朗在20世纪80年代初就提出了"社会空间"的理念，这一理念在德洛尔的推动下成为欧盟社会政策发展中的一个重要台阶。爱尔兰前总理查尔斯也曾在一次演讲中提到："鉴于经济与货币联盟对于欧盟不同地区影响的不均衡，包括爱尔兰在内的一些落后地区利益受损，所以《马约》应当充分考虑这些情况，将经济发展和社会融合作为条约的一个基本目标，而且还要有相应的、强有力的措施，包括财政措施来保障目标的实现。"②1997年，荷兰社会事务部长举行了一次会议，包括德洛尔、哈灵顿·弗林、安娜·拉尔森等欧洲政治家都呼吁在经济政策与社会政策之间建立新的关系，强调"如果欧盟不加强社会向度的发展，就难以解决当前面临的

---

① Mark Kleinman, David Piachaud, "European Social Policy: Conceptions and Choices", *Journal of European Social Policy*, Vol. 3, No. 1, 1993, p. 3.

② A. G. Harry Van, J. Van der Harsted, *Documents on European Union*, London: Macmillan Press Ltd. , 1997, p. 272.

巨大挑战"。① 这其中已经蕴含着"欧洲社会模式"的价值和理念，为以后"欧洲社会模式"的现代化准备了条件。由此，我们可以看到一些重要政治人物或政治家在欧盟社会政策发展方面的推动作用。

如果说欧盟社会政策是欧洲治理的一个方面，那么从欧盟的超国家层面到主权国家层面，从次国家层面的社会组织到一些重要的政治人物个人，它们共同构成了一个比较完整、全面的治理主体。正是上述这些政治人物与政治力量的相互争论、博弈、协商、合作，才共同促成了欧盟社会政策的产生与发展，总体上构成了欧盟社会政策的政治动力因素。

## 第三节　现实挑战是欧盟社会政策发展的外部动因

全球化的迅猛发展是当今时代的重要特征之一，是影响国际体系的重要变量之一，因而也是在分析国际问题时必须要考量的关键因素之一。对于欧盟来说，全球化不仅是机遇，更是挑战。一方面，全球化为欧洲国家的工业品寻找到了更广阔的市场，也为欧洲经济扩展了发展空间，同时又将欧洲的先进发展模式与发展理念传播到世界各地，为欧盟软实力传播创造良好的基础。另一方面，全球化同时加剧了国际竞争，使欧盟在激烈的国际竞争中面临更多的挑战。这既是欧盟社会政策发展的压力，也是它不断实现突破的动力。

### 一、全球化挑战

欧洲一体化的发展并非一帆风顺，每经历一个阶段的发展都会遭遇不同的挫折，同时也会面临很多危机，但是每次挫折和危机并

---

① Wolfgang Beek, Laurent Van der Maesen, and Alan Walker (eds.), *The Social Quality of Europe*, London and New york: Kluwer Law International, Hangue, 1997, p. 5.

没有使一体化发展的步伐停滞，反而在应对危机的过程中推动了一体化的深化，这种现象也成为一体化发展的一大特点。这是因为，在全球化背景下，每当一体化面临巨大外部压力的时候，成员国内部就能暂时将它们之间的矛盾与分歧放置一边，相互之间反而更容易达成一些共识，协同一致应对外部的压力和挑战。同样，随着经济全球化步伐的加快，国际社会的竞争愈演愈烈。在这场激烈的竞争中，欧盟一方面面临美国等传统竞争对手在综合实力上的挑战，另一方面还面临来自中国、印度等新兴发展中国家在发展速度上的挑战，因此承受的竞争压力非常大。在这样的竞争环境下，欧盟为了维护它在国际格局中的地位和影响，不得不将一体化进行到底。与此同时，欧盟更要尽快提升一体化的发展水平和质量，而推动欧盟社会政策发展是发展一体化的应有之义，因为欧盟目前面临的许多问题都需要从社会领域寻找解决的途径和方法。另外，一体化实现全面、平衡的发展也需要将社会领域置于重要地位加以推进。因此，从这个角度来讲，全球化带来的挑战增加了欧盟社会政策发展的紧迫性。

经济全球化的发展增加了欧盟社会政策发展的必要性。欧盟之所以在全球化竞争中未能占得先机，主要是因为欧盟国家大多实行高福利、高税收的社会发展模式。这种模式虽然提升了各成员国国内人口的福利待遇，但同时降低了欧盟在资本投资、国际经济和贸易中的整体竞争力，并最终引发了一系列的内部经济和社会问题，如经济发展缺乏活力、失业率居高不下、成员国内部严重的财政赤字等复杂多样的社会问题。①因此，为了应对这些问题或挑战，欧盟必须从联盟层面加强社会政策的协调与合作。这正如德国哲学家、社会学家尤尔根·哈贝马斯（Jürgen Habermas）所言，"必须建立一个独立于各国政府之外的跨民族的管理体制，一方面可以维护世界市场的正常运转，另一方面可以对经济政策、社会政策和就

① Koen Caminada, Kees Goudswaard, and Olaf van Vliet, "Patterns of Welfare State Indicators in the EU: Is There Convergence?", *Journal of Common Market Studies*, Vol. 48, No. 3, 2010, pp. 544-545.

业政策施加影响，以保证社会公正"。①从上述情形来看，欧盟社会政策是将巨大的外部压力转化为现实的发展动力，在应对挑战的过程中实现了自身的发展。此外，在全球化背景下，欧盟内部劳动力的跨国流动已经非常频繁普遍，但是与之相对应的失业保险、养老保险、医疗保险等一系列社会保障问题却并没有实现跨国衔接，这些影响了人员的自由流动，进而牵制了经济发展。这些问题早已超越了主权国家的能力范围，因此在欧盟层面协调或统一社会保障问题成为必然。正如英国著名社会理论家和社会学家安东尼·吉登斯（Anthony Giddens）所说："在全球化时代，民族国家正在被重塑，西欧国家的传统功能，包括社会功能，正在出现向上级欧盟交权、向下级地方政府分权的趋势。"②

## 二、欧盟发展中面临的现实挑战

欧盟在发展过程中也面临很多其他的问题。第一，随着全球化的发展，人们为了寻求更好的就业机会和生活质量，许多欧洲以外国家的工人大量涌入欧洲国家，这些来自不同国家的移民，由于文化背景和语言差异，使得他们很难融入传统的欧洲当地社会，反而加剧了当地社会的失业问题。有资料显示，21世纪初，德国的移民人口占就业总人数的11.4%，但失业者中外籍移民的比例竟高达25.8%；外来移民人口在荷兰和瑞典分别占失业者总人数的12.3%和13.2%，是其本国失业者人数的3倍左右。③大量移民的涌入，一方面对接受移民国家的就业市场造成了巨大冲击，另一方

---

① 转引自朱其昌：《走向"多层治理"的欧洲与民族国家的未来》，《南开学报》（哲学社会科学版）2007年第1期。

② 安东尼·吉登斯著，周红云译：《失控的世界》，江西人民出版社2001年版，第13页。

③ Anne Herm, "Recent Migration Trends: Citizens of EU-27 Member States Become Ever More Mobile While EU Remains Attractive to Non-EU Citizens", *Eurostat Statistics in Focus* 98/2008, p. 3, http://epp. eurostat. ec. europa. eu/cache/ITY_OFFPUB/KS-SF-08-098/EN/KS-SF-08-098-EN. PDF.

面对它的住房、医疗、教育、养老金、失业救济等社会福利也造成了巨大压力，从而加剧了欧盟内部福利国家社会保障体系的负担。移民问题是每个欧盟国家共同面临的问题，因此加强在社会领域的合作与协调也成为各国共同的选择。

第二，欧盟东扩也增加了欧盟的负担。从经济上看，大批中东欧国家入盟以后，由于新入盟国家的经济水平较低，发展水平参差不齐，总体上对欧盟整体 GDP 的贡献只有 5.1%，但是人口却增加了 25%；从产业结构方面来看，新入盟的许多国家仍然以农业为主，与老成员国主要以工业和技术产业为主的产业结构存在较大差异；从社会发展模式上看，东西欧之间由于历史文化背景的原因，差别也非常明显。因此，东扩后的欧盟面临着将新、旧欧洲加以整合的艰巨任务，而这些问题并非单纯依靠经济手段就能解决，而需要从更基础的社会领域着手解决，从而对欧盟社会政策的发展提出新的要求。

第三，欧洲认同问题在欧盟的发展中显得越来越重要。尽管欧洲认同的观念很早之前就已提出，但是推进欧洲认同的实际举措却迟迟未能出台。欧盟长期形成的精英化路线弊端在 21 世纪初的《欧盟宪法条约》问题上暴露无遗，由于法国、荷兰两国人民否决了条约，这让欧洲一体化顿时陷入危机之中，也迫使欧盟开始重新反思其半个世纪的发展。对民众意愿和利益的忽略是这次危机的深层原因，而民众与精英的疏离感也使普通的欧洲人对欧盟的发展失去了兴趣。因此，欧洲认同的建构逐渐提上日程，而欧盟社会政策则是建构欧洲认同的重要手段，自然成为欧盟考虑的因素。

总体而言，无论是经济全球化发展带来的挑战，还是欧盟自身发展中面临的问题或挑战，都促使欧盟不得不在社会政策领域中有所作为，从而客观上扮演了欧盟社会政策发展的外部推动力量。尽管这些问题通常体现为对欧盟社会政策发展的压力，但是最终又转化为欧盟社会政策整合的动力。

# 第四节　认识上的不断深化是欧盟
## 社会政策发展的主观动因

在欧盟社会政策的发展过程中，人们在认识上的逐渐深化是其发展的重要动力因素。与上述三种动力因素不同的是，认识上的转变是一种主观性的因素，它反映的是人们在欧盟社会政策发展上的能动作用。

### 一、深化了对欧盟社会政策作用的认识

在一体化启动初期，共同体的主要发展目标是促进经济领域的联合进程，因此没有给予社会政策足够的重视，当时的欧盟社会政策只是作为经济一体化的附属和手段而出现的。这种认识上的局限从 20 世纪 50 年代一直持续到 90 年代，前后长达 40 余年，直接导致欧盟社会政策发展速度缓慢，甚至出现停滞。但是随着欧洲一体化的推进和欧盟社会政策实践的不断拓展，人们开始逐渐认识到欧盟社会政策不仅仅是一种消费因素，同时也是一种生产性因素，它既有助于提升经济发展的质量，也有利于提高社会的稳定性和公民的生活水平。由于认识上的提升，欧盟开始重视社会政策的发展，因此社会政策从 20 世纪 80 年代中后期开始陆续取得了较大的突破。到 1997 年《阿约》签订以后，欧盟委员会将发展欧盟社会政策作为重要的目标之一，使欧盟社会政策成为欧盟的一大基石，受到足够的重视。此后，欧盟社会政策迈入了系统化发展的新阶段。因此，认识上的转变和深化无疑推动了欧盟社会政策的发展。

### 二、深化了对欧盟社会政策内容的认识

欧盟社会政策产生之初，其主要政策内容只是关于煤钢工人的自由流动、工资、健康和安全等问题。随着社会政策实践的推进，人们对社会政策内容的认识也得到了深化，人们开始认识到，要整合欧洲各国的社会政策，不应该仅仅局限于与保障流动工人权益直接相关的劳工政策，也应该扩展其他行业和领域。在这种认识的指

导下，欧盟社会政策在 20 世纪 80—90 年代期间，政策内容又有了大范围的扩展，囊括了不同群体的社会保护、职业培训、教育、年轻人工作、文化和公共健康等方方面面，如此，社会政策体系逐渐完善起来，最终成为一个独立的发展领域。可以说，政策领域的扩展和政策体系的完善是欧盟社会政策发展的重要标志，这离不开人们认识上的深化。

总体上看，人们对欧盟社会政策的认识经历了从不够重视到逐渐重视再到视其为欧盟发展的重要基石的过程。这种主观认识上的深化极大地推动了欧盟社会政策的发展，因为只有人们认识到欧盟社会政策的重要性，才会有意识地去积极推动其发展，才能制定具有长远性、前瞻性的政策目标，从而赋予其更深层、自觉的发展动力。

综上所述，推动欧盟社会政策的不断发展，既有经济领域的因素，也有各种政治因素；既有现实的客观因素，也有能动的主观因素；既是不同方面因素的共同作用，也是不同层次因素的相互影响。可以说，在这些因素的共同推动下，欧盟社会政策取得了现有的发展成果，同时，它们也将是影响其未来发展的关键因素。当然，欧盟社会政策的发展动力不仅仅包括上述四方面的因素，还包括其他方面的因素，而且随着欧盟整体发展状况的变化，会有更多新的因素影响欧盟社会政策的发展，因此这是一个不断发展变化的过程，也是一个值得不断探索的问题。

# 第三章 欧盟社会政策的主要内容

欧盟社会政策是一个内容非常丰富的政策体系。从横向上看，包括共同就业政策、劳工政策、移民政策、反社会排斥政策、教育与培训政策、医疗保障政策等不同内容，而且随着欧洲一体化的推进，欧盟社会政策的内容也在不断丰富和拓展，涉及的领域也越来越广。从纵向上看，欧盟社会政策的每一项政策内容都在不断细化并向深入发展。由于篇幅所限，本书不能将欧盟社会政策的全部内容进行一一介绍，因此，综合考虑纵横两个方向，选取了欧盟社会政策中最重要，也是发展比较成熟的欧盟共同就业政策、反排斥政策、性别平等政策、教育与培训政策进行细致的介绍与分析。

## 第一节 欧盟共同就业政策

共同就业政策既是欧盟社会政策的重要内容，也是一体化发展的具体体现。因此，从整体上梳理共同就业政策的发展脉络，了解其主要内容，分析其发展成果和存在的问题，既有利于更深入地理解就业政策的独特性及其在欧盟社会政策发展中的独特地位，也有利于从就业政策的角度理解欧盟社会政策的发展。

### 一、发展概况

从20世纪50年代欧洲一体化发展伊始，共同体就将就业政策及其附属问题提上了议事日程，但是就业政策的真正发展始于20世纪90年代。这是由于进入20世纪90年代后，欧盟国家面临非常严峻的失业问题，各国试图通过欧盟来协调相互之间的就业政策，加强彼此之间在应对失业问题上的合作，从而缓解失业压力，并创造更多的就业机会。与此相应，欧盟社会政策在进入 20 世纪 90 年代后，也将共同就业政策置于其中心位置，大力推动该领域的整合。因此，共同就业政策很快迈入了快车道，并逐渐成为欧盟社会政策发展的重中之重。

当然，欧盟共同就业政策的基本发展概况主要体现在 20 世纪 90 年代后一些重要的条约和会议中。同时这些条约和会议勾画了欧盟共同就业政策的基本发展脉络。

### (一) 欧盟共同就业政策的提出

1994 年，欧盟正式出台了一个专门针对就业问题的《德洛尔白皮书》，即《增长、竞争与就业白皮书》，它标志着欧盟正式将促进就业合作与趋同作为其重要的发展目标之一。该白皮书指出：欧盟经济发展应该以创造就业为基础，并尽力促进劳动密集型产业的发展，减少失业人口。其中值得注意的是，在劳动力市场及就业政策上，白皮书表示要加强对工人的培训、终身教育等，以应对知识经济发展所带来的结构性挑战，同时鼓励欧盟各成员国采取"积极的"劳动力市场政策。① 白皮书对于就业问题的规定使其成为欧盟探索并发展协调性就业政策的基础，因此被称为"欧盟就业战略" (European Employment Strategy，EES)。随后，欧盟部长理事会于 1994 年 12 月在德国埃森召开，会议期间，欧盟及其成员国重申减少失业和促进就业是欧盟经济发展中必须解决的问题，并决定将《德洛尔白皮书》中关于就业问题的基本原则和精神具体化，从而确定了《德洛尔白皮书》的五个"优先领域"——增加职业培训投资；促进就业密集型经济增长；降低间接劳动力成本；提高劳动力市场效率；将长期失业者、妇女和青年整合进劳动力市

---

① European Commission, *White Paper Growth*, *Competitiveness*, *Employment— The Challenges and Ways Forward into the 21st Century*, OPPEC, 1994.

场，减少社会排斥现象。这些规定被统称为"埃森战略"（Essen Strategy）。①此后，1995—1996 年的欧洲议会举行了关于欧盟就业战略问题的研讨会，进一步深化和加强了欧盟就业战略的发展。

总体来看，尽管欧盟对于发展统一的就业政策作出了不懈的努力，但是由于它未就就业政策领域的具体权利作出明确规定，也未对就业政策的重要地位给予充分肯定，加之各成员国仍从本国实际利益出发来制定就业政策，尽可能满足本国利益，而未能考虑欧盟的全局，因此造成共同就业政策缺乏统一的目标，并增加了相互之间协调与合作的难度。②可以说，欧盟共同就业政策这一阶段的发展仍然是比较笼统和粗浅的。

### （二）欧盟共同就业政策的初步实践

1997 年签订的《阿姆斯特丹条约》，第一次从欧盟层面将经济增长和就业政策联系起来，同时明确规定欧盟委员会拥有协调成员国就业政策的权力，并建立了保证就业政策执行的机制。其中，《阿约》关于就业问题的主要规定包括：

第一，联盟和各成员国应加强协调并发展协调性就业政策；第二，欧盟鼓励和支持各成员国之间的相互协调，在行动方面适当相互补充；第三，各成员国参照欧洲议会起草的就业指导政策文件，制定各自相应的就业政策；第四，各成员国要针对共同就业政策的执行情况进行年度总结，并且由议会监督其执行情况；第五，在就业政策领域，欧洲议会鼓励各成员国间的合作和信息交流。③

为了保证和监督就业政策的实施和执行，欧盟主要采取以下措施来协调新的就业政策，包括：（1）成员国首脑每年要有针对性

---

① 田德文：《欧盟社会政策与欧洲一体化》，社会科学文献出版社 2005 年版，第 175 页。

② Louise Humpage Institutions, "Interests and Ideas: Explaining Social Policy Change in Welfare States Incorporating an Indigenous Population", *Journal of European Social Policy*, Vol. 20, No. 3, 2010, p. 240.

③ 欧共体官方出版局编，苏明忠译：《欧洲联盟法典》（第二卷），国际文化出版公司 2005 年版，第 98 页。

地总结就业状况；（2）欧洲议会、欧盟经济与社会委员会、欧盟地方委员会和就业委员会等共同磋商确认"就业指南"；（3）欧洲议会对"就业指南"的实施状况进行审查后作出综合报告，并提交欧盟首脑会议；（4）为了更好地促进信息交流和能有更多的实践，欧盟支持具有创新性的就业政策改革。①

《阿约》的规定使欧盟共同就业政策的发展迈上了一个新的台阶，它对于就业政策的基本发展方向，以及具体的政策实施过程都作了明确的规定，使其真正进入具有实际意义的发展阶段。

此后，针对《阿姆斯特丹条约》中确立的就业政策，欧盟各国首脑于1997年11月在卢森堡召开了一次"就业特别会议"（即"卢森堡进程"）。会议进一步确立了欧盟就业政策的具体执行机制，并涉及就业政策的基本内容、实施时间、总结、政策修订和推荐等各个方面。具体内容如下：第一，欧洲议会每年向各成员国提供"就业指南"；第二，各成员国根据"就业指南"的具体要求来调整、修订其政策，并草拟各国的年度国家行动计划；第三，欧盟委员会和欧洲议会对各国的行动计划具有审查权，决定是否通过反映就业政策执行情况的《共同就业报告》（*Joint Employment Report*），同时提交修订后的下一个年度"就业指南"；第四，在各成员国最后表决的基础上，正式通过修订后的"就业指南"；第五，由欧洲议会决定是否将"特别国家推荐"（Country-Specific Recommendation）纳入欧盟委员会的计划。②

由此可见，"卢森堡进程"对于共同就业政策的实施过程作了比较细致的规定，并对相关机构的权责作了明确的划分，这些都有利于保障共同就业政策顺利实施，从而推动其快速发展。

## （三）欧盟共同就业政策发展框架的确立及充实

进入21世纪后，欧盟特别首脑会议于2000年3月在葡萄牙首

---

①　杨雪：《欧盟共同就业政策研究》，中国社会科学出版社2004年版，第78页。

②　杨雪：《欧盟共同就业政策研究》，中国社会科学出版社2004年版，第79页。

都里斯本举行，会议通过了"里斯本战略"并明确提出要在 2010 年之前把欧盟建设为"以知识经济为基础、在世界上最有竞争力的经济体"的发展战略，其内容涉及经济发展、就业、社会福利、社会稳定、科研、教育、文化等多个方面，具体包括 28 个重点目标以及 120 个次重点目标。当然，最重要的 3 大目标分别是消除贫困、增加就业与提高科研投入。为此，"里斯本战略"被称为是"一项面向欧盟全体公民利益的经济变革"①。另外，该战略进一步确立了加强各成员国在经济、贸易、金融、技术、科研等领域的交往，并鼓励它们深化合作，扩大人员流动，创造就业机会。最后，里斯本会议还通过一项"综合解决方案"，主要是通过建立远程劳动力市场信息和市场咨询系统，从而为劳动者提供更多、更平等的就业机会和劳动力市场信息服务，提高劳动者收入和各项社会福利水平。

　　"里斯本战略"确定的总体目标是提高就业率，并提出 4 个具体的就业目标：到 2010 年，平均就业率增长到 70%；女性就业率要提高到 60%以上；老龄人口就业率要达到 50%；每年经济平均增长率保持在 3%左右。②按照上述要求，当时的欧盟需要创造 3000 万个就业岗位才能确保目标的实现。但是自 2005 年以来，随着欧盟东扩的进行，虽然在一定程度上为欧盟获得了新的市场和动力，但也削弱了它的整体经济水平，因此，欧盟从整体上实现 2010 年就业目标的难度大大增加。2008 年以来，随着金融危机以及债务危机的爆发，欧盟完成"里斯本战略"目标的希望越来越渺茫。因此可以说，"里斯本战略"虽然为欧盟共同就业政策规划了发展蓝图，设立了比较细致的发展目标，但是由于联盟内部的问题以及其整体发展状况，使得这些发展蓝图或目标并未完全实现。

---

①　Ivor Robert and Beverly Springer, *Social Policy in the European Union：Between Harmonization and National Autonomy*, London：Lynne Rienner Publishers Inc. , 2001, p. 103.

②　European Council, *Lisbon Strategy*, 2000, http：//europa. eu/rapid/pressReleasesAction. do？ reference ＝ PRES/00/2000&format ＝ HTML&aged ＝ 0&language＝EN&guiLanguage＝en.

尽管如此，"里斯本战略"的价值仍然值得肯定，因为它为此后共同就业政策的发展设定了基本的发展框架。

2000年12月举行的尼斯会议又通过了《社会政策议程》。本着遵循"里斯本战略"的精神与原则，会议进一步明确了欧盟在随后5年社会政策的6项战略性指南。此外，《社会政策议程》将社会政策、经济政策和就业政策三者紧密联系起来，并在改革和实现欧洲社会现代化方面提出了一些主要措施。

2001年3月，欧盟特别首脑会议在斯德哥尔摩举行，会议重点讨论了"里斯本战略"的落实情况，审议了委员会拟定的关于就业和经济发展的计划，并就在各成员国之间开放能源、交通、邮政、电信等市场，建立单一市场问题交换了意见。针对一直以来欧洲发展中存在的高失业率、人口老龄化、科研投入较低、能源市场的垄断等问题，会议强调各国政府在制定各自就业政策和目标时，应加强职业培训，尤其是信息技术方面的培训，使劳动者适应知识经济的发展需求，降低失业率。会议同时提出，到2005年，欧盟平均就业率要达到67%，"中期内达到年平均经济增长率3%左右"，使欧盟真正成为"全世界最有竞争力和充满活力的知识经济体，创造更多、更好的工作机会，并维持较强的社会凝聚力，实现持久的经济成长"。①

斯德哥尔摩首脑会议既是对"里斯本战略"落实情况的总结，同时也根据欧盟的具体情况对就业政策的发展目标作了适时的调整，使共同就业政策的发展框架更加充实、细化，实施过程也更加顺利。

2005年，欧盟委员会提出了新的"增长和就业伙伴计划"，重新对"里斯本战略"的目标作了一些调整，进一步确定以提高就业率、减少贫困、刺激经济增长为优先发展目标，到2010年争取再增加600万个工作机会。同时要求成员国根据各自情况制订为期3年的实施计划，加大落实"里斯本战略"的力度。相应的，在监

---

① Linda Hantrais, *Social Policy in the European Union*, London：Macmillan Press Ltd.，2000，pp. 96-97.

管问题上，欧盟委员会每年发表一份相关实施情况的评估报告。调整后的计划在 2006 年 3 月的欧盟首脑会议上获得了正式批准。

具体来看，为了保障贫困问题得到有效缓解，欧盟要求成员国的主管部门、社会机构、区域经济发展组织必须承担必要的义务，同时鼓励企业主提供就业机会，并适度提高工人的福利待遇。此外，欧盟还提出一项新的建议，希望通过每年提供至少 100 亿欧元的社会基金资助各国应对贫困问题。

"增长与就业伙伴计划"也是对"里斯本战略"的调整，它对 2005 年后的就业政策发展作了具体的规划，同时将工人的贫困问题作为就业政策的重要内容加以应对；从各方面尽力保障就业人员的各项基本权益。

随着 2008 年金融危机的蔓延，欧盟内部的失业问题日益严峻。为了缓解危机以及由此带来的社会问题，欧盟在"欧洲 2020 战略"中将提高就业率、完善就业结构等方面的内容作为其首要的发展指标，并通过具体的旗舰项目推动就业政策的整合与发展。

综上所述，共同就业政策的形成与发展是一个不断完善的过程。虽然就业战略的基本框架和结构早在"卢森堡进程"中就已确立，但是经过后期的调整、充实和完善，共同就业政策在内容、实施、监管等各个方面都有了充分的发展，逐渐在 20 世纪 90 年代确立了它在欧盟社会政策中的中心地位，并随着政策实践的推进，共同就业政策的效果也逐渐显现，从而更加强化了它的地位。

## 二、主要内容

关于欧盟共同就业政策的主要内容，早在 1998 年出台的第一份欧盟"就业指南"中就已明确提出，即（1）发展中小企业，提升企业家的地位和职能；（2）增强劳动者的就业能力；（3）提高企业和雇员双向适应能力；（4）消除歧视，提供平等的就业机会。这四项内容被称为欧盟就业内容的四大支柱，它们是在参照各成员国当时就业政策的基础上提出的，这有利于各成员国采取积极的态度改革共同就业政策中原有的弊端，并学习相互之间的经验。四大支柱成为欧盟就业政策的框架纲领。

第一，发展中小企业，提升企业家的职能和地位，这是欧盟"就业指南"提出的第一项基本内容。这一内容强调欧盟要通过建立一套清晰、稳定和更具有前瞻性的规则体系，确保创业和企业运营更为便利，加快中小企业从"自我雇佣"向"自我就业"的转变。这一内容的主要目的是改革欧盟现行的就业政策，创造更多更好的就业机会。具体措施包括：为创办公司提供明确、稳定并具有前瞻性的法规；发展资本投资市场，使资金流向企业家与发明者；改革税收和救济金制度，使之有利于就业。①

第二，增强劳动者的就业能力。该内容要求欧盟积极推动教育与培训体系的现代化，使教育、培训内容与工作紧密联系，从而解决"技能缺口"问题，为失业者提供再就业的机会。内容的主要目的是解决失业者的技能障碍问题。具体措施包括：重点解决长期失业和青少年失业问题；改进学徒训练系统；建立和发展社会合作伙伴关系；促进消极劳动力政策向积极劳动力政策的转变。

第三，提高企业和工人的双向适应能力。该内容要求企业和雇员双方努力掌握新技术，适应新的市场环境，鼓励灵活就业方式的发展。内容的主要目的是为企业和工人双方提供设备和知识，包括新的技术和市场条件，提高他们的协调和适应能力。具体措施包括增强企业的适应能力，加快推进企业的现代化进程，等等。

第四，消除歧视，提供平等的就业机会。该内容要求通过各种方式来解决就业中的性别差异问题，采取积极措施保障妇女在工作中断后尽快恢复工作，强调劳动力的基本权利。②内容的主要目的是扩展欧盟经济空间，男女平等共享就业机会，并承担同等义务。其具体措施包括缩小性别差距，协调家庭和工作之间的矛盾，在就业政策上给予女性特别照顾。

从上述共同就业政策的基本内容可以看到，欧盟就业战略的基

---

① European Commission, *The European Employment Strategy*, Publications Office of the European Communities, 1999, pp. 12-13.

② European Commission, *The European Employment Strategy*, Publications Office of the European Communities, 1999, p. 14.

本出发点是针对传统的就业抑制、就业政策中存在的问题，通过构建就业激励制度、激活市场机制来促进欧洲的就业增长。①而且这些内容从不同角度和层面对就业政策的发展提出了具体的要求，并配以相应的政策措施，从而完善其整体发展。

### 三、取得的成就

欧盟共同就业政策经过 20 多年的发展，在缓解失业问题、促进就业发展、完善劳动力市场等各个方面都取得了突出的成就。正如 2002 年欧盟委员会发布的报告中所指出的那样，一方面，欧盟就业战略使劳动力市场有了结构性改善，从而在总体上使就业形势有了好转；另一方面，成员国之间在就业政策方面的趋同趋势也日益明显。另外，在"开放式协调方法"的影响下，政策传播效应逐渐明显，成员国之间的合作关系也进一步增强。② 具体来看，共同就业政策主要在以下几个方面有所突破。

### （一）就业状况好转，就业结构改善

欧盟共同就业政策经过 20 多年的发展，不仅在超国家层面对成员国的就业政策进行协调，并通过各种措施应对失业问题，降低失业率，增加就业机会。因此，欧盟就业形势有所好转，劳动力市场不断改善，就业结构也日趋完善。（见表 3-1）从统计数据来看，共同就业政策的实施从总体上提高了欧盟的就业水平，无论男性、女性、老年人的就业率都保持上升趋势，因此，欧盟整体就业状况好转。另外，从总体就业率、不同性别的就业率和老年人就业率的对比来看，欧盟的就业结构也在不断改善。尤其是女性就业率与男性就业率的差距逐渐缩小，使劳动力市场结构有所改善，市场弹性增强，进入市场的人数逐年上升。

---

① 杨伟国、苏静：《欧盟就业战略：从就业抑制到就业激励》，《欧洲研究》2005 年第 6 期。

② James S. Mosher and David M. Trubek, "Alternative Approaches to Governance in the EU: EU Social Policy and the European Employment Strategy", *Journal of Common Market Studies*, Vol. 41, No. 1, 2003, p. 85.

表 3-1　共同就业战略实施以来欧盟 28 国与欧元 19 国就业状况与失业状况的变化（2005—2014）　　单位：%

| 年份<br>指标 | 2005 | 2006 | 2007 | 2008 | 2009 | 2010 | 2011 | 2012 | 2013 | 2014 |
|---|---|---|---|---|---|---|---|---|---|---|
| 欧盟 28 国就业率<br>（15~64 岁） | 63.4 | 64.3 | 65.2 | 65.7 | 64.5 | 64.1 | 64.2 | 64.1 | 64.1 | 64.9 |
| 欧盟 28 国男性就业率<br>（15~64 岁） | 70.7 | 71.5 | 72.4 | 72.6 | 70.6 | 70.0 | 70.0 | 69.6 | 69.4 | 70.1 |
| 欧盟 28 国女性就业率<br>（15~64 岁） | 56.1 | 57.2 | 58.1 | 58.9 | 58.4 | 58.2 | 58.4 | 58.6 | 58.8 | 59.6 |
| 欧元区 19 国就业率<br>（15~64 岁） | 63.5 | 64.5 | 65.5 | 65.8 | 64.4 | 64.0 | 64.1 | 63.7 | 63.4 | 63.9 |
| 欧元区 19 国男性就业率<br>（15~64 岁） | 71.6 | 72.4 | 73.2 | 73.1 | 70.8 | 70.2 | 70.0 | 69.3 | 68.7 | 69 |
| 欧元区 19 国女性就业率<br>（15~64 岁） | 55.5 | 56.7 | 57.8 | 58.6 | 58.1 | 58.0 | 58.2 | 58.2 | 58.2 | 58.8 |

续表

| 指标＼年份 | 2005 | 2006 | 2007 | 2008 | 2009 | 2010 | 2011 | 2012 | 2013 | 2014 |
|---|---|---|---|---|---|---|---|---|---|---|
| 欧盟 28 国失业率（15~64 岁） | 9.0 | 8.2 | 7.2 | 7.0 | 9.0 | 9.6 | 9.7 | 10.5 | 10.9 | 10.2 |
| 欧元区 19 国失业率（15~64 岁） | 9.1 | 8.4 | 7.5 | 7.6 | 9.6 | 10.2 | 10.2 | 11.4 | 12.0 | 11.6 |
| 欧盟 28 国长期失业率（15~64 岁） | 4.1 | 3.7 | 3.1 | 2.6 | 3.0 | 3.8 | 4.1 | 4.7 | 5.1 | 5.1 |
| 欧元区 19 国长期失业率（15~64 岁） | 4.1 | 3.9 | 3.3 | 3.0 | 3.4 | 4.3 | 4.6 | 5.3 | 6.0 | 6.1 |

资料来源：欧盟统计局，http://ec. europa. eu/eurostat/web/main/home.

### （二）深化就业政策的整合程度

在就业政策的协调、整合方面，首先明确各成员国面临共同的失业挑战，强调必须采取统一的行动步骤。据 1998—2001 年欧盟《共同就业报告》显示，从 1998 年开始，多数成员国对欧盟的就业激励战略反应积极，通过改革现行政策，增强公共就业部门的适应性并健全其监督系统。① 另外，欧盟于 2000 年成立了专门的就业委员会，加强就业政策的协调，并规定成员国要将委员会的建议反映在其国内的就业政策中。在此基础上，各成员国在就业政策方面"各自为政"的局面有所改观，同时也逐步认可欧盟在就业方面的协调作用。

### （三）建立积极的劳动力市场政策

一般说来，劳动力市场政策分为"消极"和"积极"两种途径。"消极途径"指通过削减福利水平、降低福利吸引力、提高经济刺激，使就业收入优于福利待遇，同时加大对"伪"福利领取者的惩罚力度。"积极途径"指通过增加对人和人力资本的投资，如就业培训、职业咨询、成人教育等，提高劳动者在就业市场中的竞争力。虽然也提供较好的福利待遇，但是获取福利的前提是要积极寻找工作。②欧盟提出的积极劳动力市场政策，是指"福利资格"与"福利领取者是否具有积极地寻求工作或者提高就业技能的意愿"相挂钩③，一般通过提供一系列的岗前服务和建议，帮助

---

① European Commission, *EU Employment and Social Policy* 1999-2001, Luxembourg, 2001, p. 13.

② Bodil Damgaard and Jacob Torfing, "Network Governance of Active Employment Policy：The Danish Experience", *Journal of European Social Policy*, Vol. 20, No. 3, 2010, p. 249.

③ Bodil Damgaard and Jacob Torfing, "Network Governance of Active Employment Policy：The Danish Experience", *Journal of European Social Policy*, Vol. 20, No. 3, 2010, p. 248.

劳动者重返就业市场。在欧盟的积极推动下，一些成员国如丹麦、芬兰、荷兰等，已经采取了与欧盟就业政策目标一致的积极劳动力市场政策；还有一些国家如法国、德国、比利时、希腊等，则在共同就业政策的要求下，也于 1998 年开始改革其原有的消极劳动力市场政策，建立积极劳动力市场政策。这些政策实践既巩固了欧盟共同就业政策中关于增强"就业能力"这一基础，又完善了劳动力市场。

### （四）确立共同就业政策的中心地位

欧盟共同就业政策的成功实施，一方面使各成员国更加重视就业目标的实现，它们自觉把提高就业率作为首要任务，并给予就业问题更高的优先权。[1]而且，由于欧盟的政策规定可以直接影响各个成员国的就业部门与其他相关机构，因此，也就能促使欧盟就业政策与社会保障、教育和培训、家庭政策等政策相互融合，有利于改善整体的就业环境。另一方面，欧盟共同就业政策的成功实施，也使其在 20 世纪 90 年代迅速占据欧盟社会政策的中心地位，成为最主要的政策内容。

总体而言，欧盟共同就业政策虽然发展时间较短，但是其发展速度比较快，而且在上述几个方面都取得了明显的成就。作为欧盟社会政策的重要内容，它的发展成果一定程度上反映了欧盟社会政策发展的必要性和重要性。

### 四、存在的问题

欧盟就业政策在取得成功的同时，也面临着种种问题与考验。这些问题的存在，不仅影响欧盟就业政策未来的发展速度和水平，也在一定程度上影响着欧盟社会政策的发展。据欧盟委员会的就业市场调查报告显示，由于部分成员国在就业政策中忽视了就业质量，使得就业政策在诸如延长工作年龄、促进失业人口再就业等方

---

[1] 杨雪：《欧盟共同就业策略的基础及发展》，《人口学刊》2003 年第 2 期。

面的成效还不明显。而且，欧盟就业市场本身也存在一些缺陷，更加重了其存在的问题，主要表现在如下几个方面：

## （一）老龄人口就业压力大，就业率低

人口老龄化带来了巨大的就业压力。根据欧盟的调查结果显示，在欧洲人口日益老龄化的情况下，根据目前的退休制度，欧盟国家预计在未来 10 年中将减少大约 15% 的劳动力，法国、德国、奥地利、比利时、卢森堡、荷兰和斯堪的纳维亚国家面临的压力尤其突出。①缓解这种压力的有效办法之一，就是改善工作条件，延长工作年龄，将老龄工人继续留在劳动力市场。虽然欧盟国家在这方面确定了政策目标，并进行了一些相应的改革，但实际效果并不明显，欧盟总体就业形势也并没有预期中那么乐观。根据欧盟统计局的数据显示，2002—2014 年，欧盟 28 国就业率总体在66.5%~70.5%徘徊，大龄人员（55~64 岁）就业率最低低至38.4%，最高仅为 51.8%。其中大龄男性就业率最低为 48.2%，最高为 58.8%；大龄女性就业率最低为 29.1%，最高为 45.2%。虽然从总体上看，大龄人员就业率稳步提高，但仍远低于总体就业率，这预示着老龄人口的就业压力短期内很难有明显的缓解。（见表 3-2）

## （二）就业中的性别歧视仍然存在

从欧盟整体来看，虽然女性劳动力在社会各个领域的就业水平都有了大幅度提高，但仍落后于男性，男女之间在工资方面的差距依然存在，女性仍是低收入群体中的大多数。从就业部门来看，女性多就职于卫生保健、教育、酒店、餐饮、批发和零售贸易等服务性行业。根据欧洲统计局数据显示，2002—2014 年，女性就业率在历经 2007 年的最高值78.2%后，从 2002 年的76.3%回落至2014 年的73.8%，整体上仍低于男性的75%。考虑到欧盟男女人

---

① 马晓强、雷钰：《欧洲一体化与欧盟国家社会政策》，中国社会科学出版社 2008 年版，第 195~196 页。

口 100：104.9 的比率①，女性的低就业率意味着有更多的女性仍处于失业状态。因此，尽管女性与男性劳动力的就业差距在不断缩小，但差距依然存在。（见表 3-2）

### （三）劳动力市场整合程度较低

尽管欧盟努力在各个成员国的就业政策之间寻找共性，加强协调与合作，但是由于成员国的就业模式差别较大，造成各成员国对欧盟就业政策的认同也存在差异。由于劳动力市场的地区差异，欧洲形成了如德国、法国等奉行欧洲大陆模式，丹麦、瑞典等奉行北欧国家模式，英国、爱尔兰等国家奉行盎格鲁-撒克逊国家模式，希腊、葡萄牙等则奉行地中海模式②等几种重要的就业模式。一般而言，奉行欧洲大陆模式的国家对于共同就业政策的评价普遍较好；北欧国家由于其自身的改革方向与共同就业政策所倡导的原则基本一致，所以对此也持积极态度；而中东欧及南欧国家则认为共同就业政策未能充分考虑它们各自劳动力市场的实际状况，对其表示质疑。因此，这种差异使劳动力市场的整合变得比较困难，而且导致劳动力市场的一体化程度偏低。

### （四）就业质量水平偏低

在就业问题上，一般总是强调实现"充分就业"的目标，但是"充分就业"并不意味着只考虑"量"这个单一因素，也应该考虑"质"的问题。而且在涉及就业质量问题时，也不能单纯考虑提高就业率，而忽视工作质量。传统意义上的"充分就业"，意味着每个公民，都可以找到一份"体面的工作"。但是这种"充分就业"建立在传统的家庭模式的基础上，即男性劳动力通过一份

---

① 欧盟统计局数据，http：//ec. europa. eu/eurostat/web/population-demography-migration-projections/population-data/main-tables.

② Robert R. Geyer, *Exploring European Social Policy*, Cambridge：Polity Press，2000，pp. 95-96.

表3-2　欧盟和欧元区就业率以及老年人（55~64岁）就业率

单位：%

| 年份<br>指标 | 2002 | 2003 | 2004 | 2005 | 2006 | 2007 | 2008 | 2009 | 2010 | 2011 | 2012 | 2013 | 2014 |
|---|---|---|---|---|---|---|---|---|---|---|---|---|---|
| 欧盟28国就业率 | 66.7 | 67 | 67.4 | 67.9 | 68.9 | 69.8 | 70.3 | 69 | 68.6 | 68.6 | 68.4 | 68.4 | 69.2 |
| 男性 | 75.4 | 75.4 | 75.5 | 75.9 | 76.8 | 77.6 | 77.8 | 75.7 | 75.1 | 75.0 | 74.6 | 74.3 | 75.0 |
| 女性 | 76.3 | 76.3 | 76.3 | 76.6 | 77.4 | 78.2 | 78.1 | 75.7 | 75.0 | 74.9 | 74.1 | 73.4 | 73.8 |
| 欧元区19国就业率 | 66.5 | 66.9 | 67.4 | 67.9 | 69 | 69.9 | 70.2 | 68.8 | 68.4 | 68.4 | 68 | 67.7 | 68.2 |
| 男性 | 58.1 | 58.7 | 59.4 | 60.0 | 61.1 | 62.1 | 62.8 | 62.3 | 62.1 | 62.2 | 62.4 | 62.6 | 63.5 |
| 女性 | 56.8 | 57.6 | 58.5 | 59.3 | 60.5 | 61.6 | 62.4 | 61.9 | 61.8 | 62.0 | 62.0 | 62.0 | 62.7 |
| 欧盟28国老年人就业率（55~64岁） | 38.4 | 39.9 | 40.6 | 42.2 | 43.3 | 44.5 | 45.5 | 45.9 | 46.2 | 47.2 | 48.7 | 50.1 | 51.8 |
| 男性 | 48.2 | 49.7 | 50.2 | 51.4 | 52.5 | 53.7 | 54.8 | 54.6 | 54.5 | 54.9 | 56.2 | 57.4 | 58.8 |
| 女性 | 29.1 | 30.7 | 31.5 | 33.5 | 34.7 | 35.8 | 36.7 | 37.7 | 38.5 | 40 | 41.7 | 43.3 | 45.2 |
| 欧元区19国老年人就业率（55~64岁） | 36.4 | 37.9 | 38.7 | 40.5 | 41.7 | 43.3 | 44.4 | 45.1 | 45.8 | 47 | 48.6 | 50 | 51.7 |
| 男性 | 46.7 | 48.1 | 48.7 | 49.9 | 50.8 | 52.3 | 53.3 | 53.4 | 53.7 | 54.3 | 55.6 | 56.7 | 58.1 |
| 女性 | 26.6 | 28.1 | 29.1 | 31.6 | 33.1 | 34.8 | 35.9 | 37.2 | 38.2 | 40 | 41.9 | 43.6 | 45.7 |

资料来源：欧盟统计局，http://ec.europa.eu/eurostat/web/main/home.

全日制的工作承担赡养家庭的义务。① 然而随着社会的发展，传统的福利制度陷入困境、大量女性涌入就业市场、人口老龄化等因素都对传统"充分就业"提出了挑战。新的"充分就业"不仅包括原有的全日制工作，而且包括非全日制、女性就业以及各类灵活就业方式所创造的工作机会，因此，新的"充分就业"有助于提高整体就业率。但是，从事灵活就业的劳动者无论在劳动保护、工作条件，还是在工资水平、福利待遇方面都与全日制或长期工作者之间存在很大的差距。因此，就业率并不能完全准确地反映实际的就业质量。

尽管如此，无论在欧盟层面还是成员国层面，都非常强调通过各种非全日制就业，如家庭就业、临时就业、自营就业等灵活就业方式来创造更多的就业机会，实现"充分就业"，即使这种工作并不"体面"，但它在为老年人、妇女、青年等弱势群体创造就业机会方面具有很强的适应性和生命力，因此得到了欧盟及其成员国的广泛认可。在欧盟层面，欧盟逐渐放松管制，制定政策引导其向正确的方向发展；在各成员国层面，各国政府也积极给予鼓励和支持；作为普通公民，也逐渐改变传统的就业观念，短期合同、部分就业合同逐渐增多。这种变化意味着欧盟各国对就业数量的追求占主导地位，而对工作质量的要求降低了。这不仅体现出欧洲各国在激烈的经济竞争面前，在保障公民获得充分的"体面的"工作方面显得力不从心，也反映出欧盟向市场促进就业、拓宽就业渠道的方向倾斜，这对于应对短期的失业问题具有积极的意义。但是从长期来看，这也许不是解决问题的根本途径，因为灵活性就业毕竟不是失业者的首要选择，在多数情况下，失业者是将灵活就业作为一种过渡性手段。而且灵活就业方式使得劳动者频繁进出劳动力市

---

① Daniel P. Gitterman, " European Integration and Labour Market Cooperation: A Comparative Regional Perspective", *Journal of European Social Policy*, Vol. 13, No. 2, 2003, p. 111.

场，这对于工作的持续性和稳定性也是不利的。①

共同就业政策是欧盟社会政策的核心内容。进入 20 世纪 90 年代后，欧盟也将主要精力放在推进共同就业政策的发展上，因此，共同就业政策的整合速度和发展水平都远远超过社会政策的其他领域，而且在降低失业率、调整就业结构、完善劳动力市场等方面都取得了明显的效果。但是，共同就业政策的发展也仍然存在许多问题，包括老龄人口的就业率低、女性就业歧视、就业质量偏低、就业政策整合程度较低等。总之，鉴于共同就业政策在欧盟社会政策中的特殊地位，它的发展直接影响着欧盟社会政策的水平，因此，努力促进成员国在就业领域的整合，应对来自就业方面的问题，仍将是欧盟社会政策未来的主要任务。

## 第二节　欧盟反社会排斥政策

近几十年，经济全球化、信息化的迅速发展促使社会关系、社会结构发生了很大的变化，社会排斥问题日益突出。因此，反对社会排斥，强化针对老年人、残疾人、青年人等特殊群体的社会保护政策，日益成为包括欧盟在内的许多国家的共识。欧盟也越来越认识到，经济增长并不自然带来完善的社会保护，仍然需要通过反社会排斥政策来增强社会融合，在成员国或联盟层面关注和满足特殊群体的需要。因此，反社会排斥政策也作为欧盟社会政策的一项重要内容而逐渐发展起来。

### 一、发展概况

欧盟反社会排斥政策的发展有其深刻的历史背景。20 世纪七八十年代，欧洲国家都不同程度地陷入"福利危机"的困境，急需通过社会政策的改革来改变原有社会福利资源分配原则，从而尽

---

① Brian Burgoon and Fabian Dekker, "Flexible Employment, Economic Insecurity and Social Policy Preferences in Europe", *Journal of European Social Policy*, Vol. 20, No. 2, 2010, pp. 126-127.

快摆脱危机。因此，反社会排斥政策承担了重新诠释"社会福利"原则的责任。此外，随着欧盟扩大、人口老龄化、产业结构调整等一系列问题的出现，欧盟社会融合便显得日益重要，反社会排斥政策也相应地受到了越来越多的关注。

社会排斥主要指没有被社会保障覆盖的，尤其是没有获得以就业为基础的福利的人群的状况。被社会排斥的人群主要包括：身体或精神残障者、有自杀倾向者、老年失业者、陋习青年、药物滥用者等特殊人群。①从 20 世纪 80 年代开始，"社会排斥"（Social Exclusion）概念开始逐渐进入欧共体的官方词汇，并随即出现了与之相对的"社会容纳"（Social Inclusion）概念。在欧盟层面，社会排斥的内涵相对狭窄，通常理解为劳动力市场问题和贫困问题。伴随着欧洲经济的衰退和福利国家面临的挑战，"社会排斥"概念发展为解释当代福利国家出现的长期性失业问题、新贫困问题、福利国家的收缩以及移民问题等理论概念。目前，在欧盟的官方文件中已经一律使用"反社会排斥"或"社会容纳"来描述习惯使用的"反贫困政策"所指代的内容。②

20 世纪 90 年代中期以后，欧盟开始逐渐认识到社会排斥与失业的关系。由于通常情况下受到社会排斥的人群总是与长期失业联系在一起，因此欧盟在设定就业目标时就把"反社会排斥"作为一个重要方面纳入欧盟就业政策。另外，在针对特定人群（如老年人、残疾人、青年人等）的各种社会活动中，欧盟也都将"反社会排斥"作为其主要目标之一。1997 年《阿姆斯特丹条约》更是直接授权欧盟可以"通过有创造性的措施与社会排斥进行斗争"。在 1998—2000 年社会行动计划中，欧盟委员会也指出，欧洲共同体应该更努力地确保欧盟社会政策从消极政策到积极政策的转变，要建立起针对社会排斥的预防性措施。也就是说，欧盟要更加

---

① Hilary Silver, *Social Exclusion and Social Solidarity*：*Three Paradigms*, International Institute for Labour Studies, 1994, p. 3.

② 马晓强、雷钰：《欧洲一体化与欧盟国家社会政策》，中国社会科学出版社 2008 年版，第 289~290 页。

充分地发挥政策协调与政策创新的功能，从而更好地保障不同弱势群体的基本生活。

进入 21 世纪以来，欧盟在 2000 年里斯本首脑会议上正式确定采用"开放式协调方法"来应对社会排斥和贫困问题，其中主要包括五个方面的要素：第一，反社会排斥和社会排斥的共同目标；第二，社会融合目标；第三，将欧盟目标转化为各成员国社会保护和社会融合的国家战略报告；第四，社会融合联合报告；第五，反社会排斥政策合作的行动计划。①也就是在同一年，社会保护委员会（Social Protection Committee）还建立了一系列指标来监督成员国"反社会排斥"和"反贫困"政策的具体实施情况。此后，欧盟委员会又发布了关于反社会排斥的通讯、关于贯彻最低工资的建议性报告、老年人贫困问题通讯、提出整合难民的计划等。这一系列举措标志着欧盟反社会排斥政策的日益细化和逐渐成熟。

## 二、主要内容

从欧盟反社会排斥政策的具体内容来看，主要包括老年人政策、残疾人政策、青年人政策以及妇女政策等。由于妇女政策涉及的内容非常丰富，且其发展水平相对较高，将在下文中专门进行分析。此处将主要对老年人、残疾人、青年人政策的发展状况作一些分析。

### （一）老年人政策

众所周知，人口老龄化问题已经成为许多国家共同面临的问题，欧盟的情况也很严峻。正如欧盟委员会负责就业、社会事务和机会平等的委员斯皮德拉所言："人口老龄化问题将影响到人们生活的方方面面，如公司的运行方式、工作方式、城市规划、房屋设

---

① Employment and Social Affairs of European Commission, *The Social Protection and Social Inclusion Process*, 2006, pp. 11-13.

计、公共交通以及商业设施等。"①另外，老年人口无论在就业方面，或是参与其他经济社会活动方面都更容易面临被排斥的危险，随着老龄人口数量的急剧增长，使得欧盟不得不重视针对老年人的社会政策发展以应对上述问题。

从目前来看，欧盟已经实施的老龄政策可以分为如下两个阶段。第一阶段是形成与扩张阶段（1974—1995）：这一阶段主要表现为欧洲共同体介入老龄政策的程度日益加深。从1974年社会行动计划开始，欧共体首次介入与老龄政策有关的社会政策领域。进入20世纪80年代后，伴随着欧共体国家老龄化趋势日益严重，老龄问题开始成为各成员国普遍关注的问题。1982年2月，欧洲议会发布了一份关于共同体内老年人状况与问题的决议，标志着老龄政策开始形成。1986年，欧洲议会又发布了两份关于老龄问题的决议，主要关注"老年人社会服务"与"改善老年人状况"两方面的问题。1990年4月，欧共体委员会发布了关于老龄问题的通报。同年11月，理事会在共同体范围内进行关于老龄问题的共同行动，由此老龄政策进入行动阶段。随后的1993年也被确定为"欧洲老人与代际团结年"。欧盟希望通过"老人年"活动，增进全社会对老龄问题的认识，引发社会各界的讨论，尽量减少对老年人的社会排斥，促进老年人融入社会。②

第二阶段是"积极的老龄政策"阶段（1995年至今）："积极的老龄政策"（Active Ageing Policy）根植于共同体阶段的政策发展基础，其特点是不再单纯地关注老年人的基本生存状况和生活问题，而是开始向更积极地促进就业的方向转化。1995年，欧盟委员会制订了一个关于"实施有利于老年人的行动"的计划，该计

---

① Robert Miles, Dietrich Thränhard（eds.），*Migration and European Integration：The Dynamics of Inclusion and Exclusion*，London：Pinter Publishers Ltd.，1995，pp. 329-330.

② Marius R. Busemeyer, Achim Goerres, and Simon Weschle，"Attitudes Towards Redistributive Spending in an Era of Demographic Ageing：The Rival Pressures from Age and Income in 14 OECD Countries"，*Journal of European Social Policy*，Vol. 19, No. 3, 2009，pp. 195-197.

划确定了四个重点领域，即改善老年妇女状况，加强老年劳动力管理，重视从工作到退休的转化过程，改善老年人的社会照顾。尽管该计划未能通过，但仍然可以被看作欧盟老龄政策的转折点。自此，欧盟老龄政策开始向"积极的老龄政策"转化，并努力将老龄政策与促进就业挂钩。

"积极的老龄政策"的出现既是欧盟国家应对老龄问题的一种政策创新，同时也是面对现实压力的无奈之举。①随着 20 世纪的"婴儿潮"一代逐渐迈入老龄阶段（55～64 岁），直接导致劳动力出现老龄化现象；同时伴随这一年龄段的人口达到退休年龄，在劳动力参与率不增加且劳动力总量不变的条件下，人口老龄化必然会导致劳动力短缺，对欧盟养老金制度和经济竞争力带来了消极影响。因此，欧盟在老年人政策上作了调整，将政策取向定位为：（1）增加 50～64 岁劳动人口的就业率，这反映了欧盟老龄化政策向社会保护政策趋同目标的积极转变。（2）有计划地对老年劳动人口进行职业培训，维持并延续老年劳动人口的工作能力，促进终生学习。（3）抑制提前退休的倾向，鼓励积极的退休方式，即晚退休或弹性退休制度。（4）欧盟在条约规定的范围内采取行动，推动与老年人歧视、失业与社会排斥等现象作斗争。②

## （二）残疾人政策

残疾人也是欧盟反社会排斥政策的重要内容之一。残疾人群体在社会中的弱势地位显而易见，因此他们受社会排斥的危险也是最大的。按照欧盟现行的残疾认定标准，约有 10% 的欧盟公民在生理、心理或精神方面存在不同程度的疾病。因此，残疾人政策历来都是欧盟社会保护政策的重要方面。就目前来看，欧盟针对残疾人

---

① Olaf van Vliet and Michael Kaeding, *Globalisation*, *European Integration and Social Protection—Patterns of Change or Continuity*?, MPRA Paper No. 20808, 2007, p. 12.

② 杜鹏：《欧盟的老龄问题与老龄政策》，中国人口出版社 2000 年版，第 50 页。

的政策包括两个方面：一方面是专门面向残疾人的专项社会行动计划；另一方面是要实现残疾人政策的"主流化"，即将残疾人政策纳入共同体社会政策的总体框架。欧盟各国历来强调人人平等和对人权的尊重，因此在对待残疾人的问题上，始终强调他们应该享受公民的基本社会权利，这样不仅能使残疾人平等地参与经济活动，而且能够得到良好的社会保护。此外，由于欧洲国家的高福利水平，促使欧洲国家帮助残疾人的途径还是以通过福利项目为主。

但是，自20世纪90年代以来，欧盟和成员国政府开始鼓励残疾人参与工作，使其福利模式更具持久性。具体政策包括：第一，强调在法律方面给予残疾人支持，使他们能够通过法律途径维护自己的权利；第二，鼓励残疾人更多地参与到既有的劳动力市场中；第三，为残疾人提供更多的教育培训机会与项目。①这些措施无疑能够减少针对残疾人的社会排斥，使他们更好地融入社会经济发展。

### （三）青年人政策

无论是《罗马条约》，还是《马约》，都将青年培训作为专门条款作了明确规定，这使青年人政策的地位得以提升。据统计，在欧洲社会基金资助的培训项目中，有将近一半的开支用于有关青年的项目中。由此可见，青年人政策的确受到了特别的重视，但是青年人政策在性质上与老年人和残疾人政策有很大的不同。

在发展青年人政策方面，共同体于1972年6月设立斯特拉斯堡欧洲青年中心（EYCs）。该中心由政府和青年组织共同管理，主要负责欧盟委员会青年人政策的组织实施、政策推广和人员培训，主要目的是在欧洲青年中推广民主、人权和法治的价值观，促进青年发展，推动欧洲文化和社会融合，从而为欧洲一体化和民主化奠定政治基础。成员国的主要活动围绕跨文化对话与交流、教育、社会融合、公民参与、民主、青年人政策的制定和发展等优先领域开

---

① 马晓强、雷钰：《欧洲一体化与欧盟国家社会政策》，中国社会科学出版社2008年版，第304页。

展一系列项目与活动。①

此外，青年人政策一般与就业问题相联系。在欧盟层面上，欧盟通过各种途径来保障青年人的就业问题。如保障未满 18 岁青年人的教育与培训权，不能使其处于失学状态；到 2000 年基本达到消除失学人员、文盲和缺乏基本技能人员的目标；鼓励青年人培养企业家的技能以及通过适当的工作经验使用新技术的能力，与社会伙伴积极合作，改善教育与培训的状况。在成员国层面上，建立向青年人提供职业和工作机会咨询的机构；建议成员国通过税收等手段鼓励公司和个人投资于继续培训。②

欧盟委员会在 1996 年提出的关于青年人政策方面的新项目中，强调"学习与信息社会"、"知识欧洲"、"面向青年人的欧洲志愿服务"等，基本上没有超出教育与培训的框架。虽然欧盟在"反社会排斥"等领域也试图推广青年人政策"主流化"，但实际上仍要落实到教育与培训方面。随着欧盟社会政策的推进，在青年农民方面又采取了不少新举措。有分析指出，21 世纪初欧盟 35 岁以下农民仅占欧盟农民总数的 8%，青年农民人数急剧减少，如果这一趋势持续发展，到 2020 年，欧盟可能就不再有年轻的农民。③ 于是，欧盟于 2005 年 6 月出台了一系列新举措，分别就"从事农业经营"、"改善农业形象"、"持续教育与培训"以及"欧盟共同农业政策与青年农民"四个问题进行了讨论，对如何扶持青年农民的问题初步达成一致，从资金资助、技术支持、教育培训、树立农业新形象等方面为农民尤其是青年农民提供帮助。④

从青年人政策的发展过程来看，一方面，欧盟非常重视推动青

---

① 关于欧洲青年中心，可参见人民网-政治类国际组织，http://world. people. com. cn/GB/8212/60991/60992/4250356. htm.

② European Commission, *White Paper*: *European Social Policy*, *A Way Forward for the Union*, 1994, http://ec. europa. eu/off/white/index_en. htm.

③ 马晓强、雷钰：《欧洲一体化与欧盟国际社会政策》，中国社会科学出版社 2008 年版，第 307 页。

④ 田德文：《欧盟社会政策与欧洲一体化》，社会科学文献出版社 2005 年版，第 71 页。

年人政策的发展，因此其发展速度较快，而且表现出明显的传统与创新并进的特点；另一方面，欧盟青年人政策作为反社会排斥政策的一个方面，它的发展也象征着欧盟反排斥政策逐渐走向成熟。

### 三、主要活动

在欧盟反社会排斥政策的发展过程中，欧盟在行动方面已有很长的一段历史，其早期活动主要体现在三轮反贫困计划的实施上，具体手段是通过将反社会排斥政策融入区域政策和就业政策来推动社会融合。

上文已经谈到，欧盟层面的反社会排斥政策通常包括反贫困问题。因此，在理事会一致同意的条件下，共同体组织了三轮反对贫困的社会行动，主要内容是资助对贫困问题的研究与交流。

第一轮反贫困计划（1975—1980）：在这一阶段中，主要开展了一些关于贫困性质和相关问题的基础研究，并制订了很多方案，从而为实现欧洲范围的均衡发展奠定了基础。与此同时，各成员国都有独立的研究小组，研究贫困的性质、原因和贫困程度以及对贫困政策的评估，委员会要求它们每年提交研究报告。[1]这些研究活动对于欧盟应对贫困以及社会排斥问题发挥了非常积极与重要的作用，不仅增加了制定反排斥政策的科学性，也有助于政策的顺利实施。

第二轮反贫困计划（1985—1988）：在第二轮反贫困行动中，共有 65 个研究项目得到了资助，包括对长期失业者、年轻失业者、单亲家庭、第二代移民、无家可归者以及老年人等的研究与资助。在资金方面，欧盟最初的预算为 2500 万埃居[2]，后又增加了 400 万埃居用以扩大该项目，而且还对共同体机构的主要任务作出了规定，强调委员会有权采取各种措施为各类研究提供经济援助，协调

---

① 　关信平：《当代欧洲贫困问题及欧盟的反贫困政策研究》，中国政府网，http：//www.gov.cn/ztzl/2005-12/31/content_143773_3.htm.

② 　埃居（ECU）是欧元诞生前欧洲货币单位（Euopean Currency Unit）的简称。由欧洲经济共同体会员国货币共同组成的一揽子货币，是欧共体各国之间的清算工具和记账单位。1999 年 1 月 1 日欧元诞生后，埃居自动以 1∶1的汇价折算成欧元（EURO）。

和评估各成员国的反贫困政策，以及交流成员国间具有创新意义的反贫困方法。此外，第二轮反贫困计划也确立了一个乡村整合计划。以上这些活动和项目的目的是通过改变导致贫困的社会环境，为被剥夺个人需要的社会成员提供综合的、全面的途径以摆脱贫困。①

第三轮反贫困计划（1989—1994）：第三轮计划的主要目的是通过为处于贫困边缘的群体提供修正方案，从而确保社会和经济的凝聚力，这也是《单一欧洲文件》和《马约》的重要目标。委员会的重点体现在三个方面：合作、积极参与、多层次策略。② 前两者主要指政府间合作；多层次策略则主要考虑的是贫困问题的复杂程度。该计划的资金为5500万埃居，超过前面所有计划的总和。③

流产的第四轮反贫困计划本来准备从1994年持续到1999年，拨款12亿埃居，重点是交流各成员国反贫困政策中好的做法，深化各国对贫困问题的认识，并加强专家的交流。但是，该计划受到了德国和英国的反对，德国和英国认为该计划已经在某种程度上超越了欧盟的职权，因此该行动计划未能进入具体实施阶段。但是，欧盟并没有因此放弃在反贫困领域采取行动。

由于第四轮反贫困计划未能顺利实施，为了保证欧盟反贫困计划的连续性，欧盟委员会又于1993年提出一项新的方案，即1994—1999年中期行动。这一行动总预算为1.21亿埃居，为期5年半，是第三轮反贫困计划所拨资金的两倍，它表明共同体在反贫困方面加强了力度。同时欧盟委员会还要求各种公共机构和非公共机构加强合作，用以弥补政府政策的不足。此外，在"1995—1997年欧盟社会行动中期计划"中，欧盟委员会表示，将敦促理事会

① 林闽钢、董琳：《欧盟反社会排斥政策探讨》，《公共管理高层论坛》2006年第1期。

② Christopher T. Whelan and Bertrand Maître, "Europeanization of Inequality and European Reference Groups", *Journal of European Social Policy*, Vol. 19, No. 2, 2009, p. 119.

③ 关信平：《当代欧洲贫困问题及欧盟的反贫困政策研究》，中国政府网，http://www.gov.cn/ztzl/2005-12/31/content_143773_3.htm.

采纳与社会排斥、促进团结有关的行动计划，并在欧洲范围内开展关于贫困和社会排斥问题的讨论。

上述三轮反贫困计划的实施，不仅为欧盟应对贫困问题发挥了直接作用，同时也是欧盟反社会排斥政策的一次系统实践，尽管第四轮行动计划未能如期实施，但是经过前期的积累以及欧盟层面的努力，也仍然能将反贫困政策不断向前推进。

另外，社会基金针对各类群体的资助活动和工作也成为欧盟反排斥政策的重要活动。《欧洲社会政策白皮书》列举了欧洲社会基金工作的三项优先领域：第一，提高教育和初始培训的质量，使目标群体能获得职业培训；第二，强调继续培训和终生学习的概念，以提高竞争力，适应市场和避免失业；第三，为那些长期受失业威胁的工人和受社会排斥的人员提供更多的就业希望。为此，基金会提出了"重新整合"的概念，特别注意男女平等问题，并为妇女提供特殊培训。它的援助重点主要针对以下几个方面：（1）应对青年失业；（2）解决结构性失业；（3）对妇女就业提供援助；（4）对落后地区提供援助；（5）对移民的援助；（6）对伤残者提供援助。①可以说，社会基金的积极运作既是欧盟反社会排斥政策的工具，也是反排斥政策的主要活动。

此外，1989 年 9 月 29 日，欧共体理事会决定设置专门的观察机构，用以监督各国反社会排斥的国内政策。这个观察机构主要对社会政策进行分析，促进各国社会政策信息交流，并向理事会提交年度报告。欧共体理事会认为，各成员国都要为自己国内的贫困问题负责，而欧共体理事会的作用应该是为反贫困方法以及贫困政策评估的发展作出贡献。注意到自愿机构在反贫困中的重要性以后，"欧洲非政府反贫困组织"也于 1990 年建立，该组织主要是搜集信息并进行比较研究，增进对贫困、社会排斥的了解，以便找出合适的途径解决社会排斥与贫困问题，协调其在各成员国之间的努

---

① Stephan Leibfried and Paul Pierson（eds.），*European Social Policy*: *Between Fragmentation and Integration*, Washington, D. C.: The Brookings Institution, 1995, p. 105.

力，并由此影响政策的制定。

四、新举措

2000 年欧盟委员会针对就业和社会政策发布了一个决议，其中主要强调了欧洲公民在欧盟社会政策发展中的重要性，决议也表示应当投资于民，激发欧洲公民的积极性和创造性，从而更好地适应知识经济的发展，不致因失业或其他问题造成贫困或遭到社会排斥。为此，欧盟采取了相应措施来加强反社会排斥政策。

第一，进一步深化老龄人口退休制度改革。

面对严峻的老龄化问题，欧洲各国原有的社会发展模式难以为继，高昂的退休金也成为它们的沉重负担，因此，欧盟国家必须对其福利模式，尤其是退休制度进行更深入的改革。欧盟在这方面采取的措施：（1）延长退休年龄；（2）减少退休金；（3）引入新的退休计划；（4）将其他弱势群体纳入社会保护体系，包括临时工、短期工、从事家庭护理工作的人员。[1]

第二，大力推动发展型社会政策的发展。

随着欧盟反社会排斥政策的发展，欧盟逐渐认识到，传统社会政策注重为各类弱势群体提供直接的经济援助来缓解他们的压力已经不适应社会的发展，应当通过各种方式增加他们的技能，使其更快地进入劳动力市场再寻找新的就业机会，正所谓"授之以鱼不如授之以渔"，这是发展型社会政策的核心。[2]这不仅可以丰富他们的个人经历，而且可以避免社会中的"懒人"出现。

第三，创造高质量的医疗、卫生条件。

欧盟社会政策的发展应该保障社会弱势群体的基本安全，并提供完善的卫生医疗服务，而且社会政策目标应该把公民的保健权与

①　Axel Börsch-Supan, Karsten Hank, Hendrik Jürges, and Mathis Schröder, "Introduction: Empirical Research on Health, Ageing and Retirement in Europe", *Journal of European Social Policy*, Vol. 19, No. 4, 2009, p. 296.

②　Louise Humpage Institutions, "Interests and Ideas: Explaining Social Policy Change in Welfare States Incorporating an Indigenous Population", *Journal of European Social Policy*, Vol. 20, No. 3, 2010, p. 240.

有效的医疗制度结合起来，成员国可以通过适当的金融工具来实现反社会排斥的目的。而作为反社会排斥体系的主要负担，医疗、卫生、保健支出在 20 世纪 80 年代已经达到各成员国 GNP 的 6%，超过社会支出的平均水平。因此，成员国通过紧缩开支、提高使用率等手段在需求与供给之间寻求新的平衡。与此同时，欧盟各国也应尽力保障各类弱势群体必要的医疗和保健护理，以保证他们的身体健康。

第四，促进社会融合。

"消除社会排斥，促进社会融合"不仅是欧盟反社会排斥政策的宗旨，也是欧盟社会政策的着眼点。但是现实的社会状况是，由于受到包括接受教育和培训的机会、适当的住房、医疗卫生条件、就业机会以及社会福利等方面的差距的影响，欧盟社会中的排斥现象仍然比较普遍，反排斥政策的任务仍然很艰巨。因此，这需要欧盟将反排斥政策与其他的社会政策，如就业政策、劳工政策等结合起来，通过一些预防性措施，如社会性项目来抑制社会排斥和社会贫困问题，共同推动问题的解决。

欧盟反社会排斥政策是欧盟社会政策的重要组成部分，而且内容非常丰富。在欧盟的积极推动下，反社会排斥政策对于保障欧洲各类弱势群体的基本权利，减少社会歧视和排斥，加强社会融合方面发挥了不可忽视的作用。反社会排斥政策未来的发展不仅离不开欧盟在政策层面的推动，也有赖于欧盟在欧洲公民权利方面的进一步健全和完善。

## 第三节　欧盟性别政策

从 20 世纪 70 年代开始，随着女性运动的兴起，国际上将"社会性别平等"和"社会性别意识"纳入政策制定的呼声日益高涨。1975 年，联合国大会通过了"联合国妇女十年"，许多国家在立法基础上也重新强调了妇女与社会发展的关系，反对性别歧视，将维护妇女权利作为国家发展的重要任务成为世界各国的共识，因此在全球范围内加速了妇女解放进程。① 在这种背景下，欧洲共同体各国争取妇女权利的运动也日益高涨，有力推动了性别政策的发展，此后，共同体将持续推动性别平等作为其社会政策的中心支柱。② 于是，性别政策作为欧盟社会政策的一项重要内容逐渐发展起来。

## 一、发展概况

大体上看，欧盟性别政策从 1957 年产生至今的半个多世纪中，主要经历了以下几个发展阶段：

### （一）起步阶段（1957 年—20 世纪 70 年代初）

欧盟性别政策的起步始于 1957 年的《罗马条约》，该条约首次提出了"男女同工同酬"的原则（见"119 条款"），同时条约还要求共同体各成员国要在一个明确的时期内确保这一原则的实施，这些规定也标志着欧盟性别政策的产生。

但是，进入 20 世纪 60 年代后，性别政策在很长一段时间里被搁置起来。欧盟直到 1961 年年底才制定了一个实现同工同酬的目标，明确了各成员国的责任，并把 1964 年 6 月作为最后期限。但实际上，到最后规定的期限时，比利时和荷兰仍未按照《罗马条约》的相关要求设置相应的条文或采取适当的司法补救措施来实施"119 条款"。因此，尽管共同体建立了"性别政策"，但它最初的态度是不积极的，正如一些学者所言："这一规定原本就是为条约中关于畸形竞争的部分而打算的。"③

除此之外，共同体在 1961 年通过的《欧洲社会宪章》中确立了四项社会基本原则，其中"性别平等"问题居于首位，即"没有性别歧视地获得平等机会和平等待遇的权利"。可以说，《欧洲

---

① 任俊芳：《从欧盟基本立法中看妇女地位的提高》，《浙江学刊》2003 年第 5 期。

② 凯瑟琳·巴纳德著，付欣译：《欧盟劳动法》，中国法制出版社 2005 年版，第 212 页。

③ Robert R. Geyer, *Exploring European Social Policy*, Cambridge：Polity Press, 2000, p. 106.

社会宪章》有力地保障了妇女在社会、法律和经济保护等方面的权利。①

1965 年以后，由于欧共体卷入"空椅子危机"，一体化进程受阻。受此影响，"同工同酬政策"和"性别问题"再次陷入低潮，一直到 20 世纪 70 年代后才又重新开始活跃起来。

### （二）快速发展阶段（20 世纪 70—80 年代初）

20 世纪 70 年代后，随着第二次女权主义浪潮的发展，加之家庭结构的变化，欧盟性别政策又重新受到重视。这一时期性别政策的发展主要体现在 1974 年社会行动计划和随后的三个平等指令。

1. 性别政策的司法进步

性别政策在司法方面的进步非常显著，这是由于进入 20 世纪 70 年代后，与性别议题有关的案件大量出现，其中最有名的就是德芙瑞娜案件（Defrenne Case）②。在对该案进行审理的过程中，实际上已经触及在"性别政策"问题上应该如何处理欧共体与各成员国之间矛盾的核心问题，也就是"性别政策"方面司法上的直接效用问题。③由于涉及多方面的因素，欧共体各成员国对案件的发展十分关注。此外，该案件还涉及两个关键问题，即《罗马条约》中"119 条款"是否直接适用于成员国法庭，以及该条款的权限归属问题。最终欧洲法院宣称"尊重个人的基本人权是欧洲

---

① 关信平：《欧盟社会政策的历史发展——兼析欧盟社会政策的目标、性质与原则》，《南开学报》（哲学社会科学版）2000 年第 2 期。

② 德芙瑞娜案：德芙瑞娜是比利时萨比娜航空公司的一名空姐，航空公司规定，空姐在 40 岁就应该辞职，因此她于 1968 年即 40 岁时被迫辞职，而与其从事相同工作的男性乘务员则可以任职到 55 岁，而且在就职期间，她自 1963 年起就从事与本机组的男同事完全相同的工作，但报酬却一直低于男同事，一直到 1966 年比利时政府取消航空公司中男性服务员与女性服务员报酬的歧视为止。为此，她向比利时法院起诉，并得到比利时两名著名女律师波斯琪和卡维利斯的支持。

③ Robert R. Geyer, *Exploring European Social Policy*, Cambridge：Polity Press, 2000, p. 109.

共同体的基本原则……毫无疑问，消除性别歧视成了这些基本权利的一部分"①。这意味着"119条款不仅直接适用于公共权威机构，也适用于集体性的劳动合同中"。可见，德芙瑞娜案对欧盟性别政策的最大贡献在于，它从司法上确认了"119条款"直接适用于成员国的原则，并明确了欧共体在性别政策领域的权限，这些努力将"男女同酬"原则的意义从经济层面提升到了社会与经济两个层面。

2. 1974年社会行动计划和三个平等指令

1974年的社会行动计划对性别政策最大的贡献在于将"男女平等"作为欧盟社会政策追求的基本目标之一。②同时，社会行动计划把这种努力付诸行动，并对共同体和成员国的各自目标作了规定。在该行动计划的指导下，随后通过了三个相关指令，即1975年的"平等支付指令"、1976年的"工作条件平等待遇指令"以及1979年的"社会保障平等待遇指令"。

"平等支付指令"是对《罗马条约》中"同工同酬"原则的发展。③指令认为，"应在建立等酬原则时，通过同工同酬或等值同酬来消除建立在性别上的任何歧视"，④并在原来"同工同酬"的基础上提出"等值同酬"（equal pay for work of equal value）的概念。"对于尚存在劳动力市场社会性别隔离，尤其是横向隔离，即女性和男性分别在某些职业部门占绝对多数的情况下，'等值同酬'是一个在释义上比'同工同酬'更加合理的概念。"⑤

---

① 凯瑟琳·巴纳德著，付欣译：《欧盟劳动法》，中国法制出版社2005年版，第214页。

② Robert R. Geyer, *Exploring European Social Policy*, Cambridge：Polity Press, 2000, p. 110.

③ Gmcia Vara Arribas and Laura Carrasco, "Gender Equality and the EU：An Assessment of the Current Issues", *Eipascope*, Vol. 7, No. 1, 2003, p. 37.

④ Gmcia Vara Arribas and Laura Carrasco, "Gender Equality and the EU：An Assessment of the Current Issues", *Eipascope*, Vol. 7, No. 1, 2003, p. 39.

⑤ Slyvia Walby, *The European Union and Gender Equality：Emergent Varieties of Gender Regime*, Oxford：Oxford University Press, 2004, p. 255.

　　"工作条件平等待遇指令"的目的是"消除工作中的所有歧视，包括直接歧视和间接歧视"。①将所有歧视分为"直接歧视"和"间接歧视"的观念和做法，体现了欧盟性别政策对"实际平等"理想的追求，也是欧盟在性别政策上寻求真正平等的努力。此外，该指令"把男女平等的内涵从单一的薪酬领域扩大到就业机会、职业晋升、职业培训等方面，也禁止在公民家庭环境和社会地位中的直接或间接性别歧视"。②对就业问题的关注，也开拓了此后欧盟性别政策发展的主要领域。

　　"社会保障平等待遇指令"强调"在社会保障体系中实行男女平等原则，在对待疾病、丧失劳动能力、年老、职业事故、失业人员等方面，规定要向女性提供与男性同等的待遇，并再次重申反对基于性别的直接或间接歧视"。③虽然该指令未能有效实施，但是它对此后性别政策在社会保障领域的发展提供了基础。

　　3. 相关机构的建立

　　20世纪70年代到80年代初，委员会为实施性别政策设置了一些机构。1976年，委员会设立了"机会平等部"，并成立了妇女局。欧共体执委会也增设了相关的"妇女机构"，即此后的"平等机会联盟"（Equal Opportunity Unit），并建立了专门指导妇女就业的"妇女信息服务"机构。经济社会委员会和欧洲议会还建立了负责处理妇女问题的委员会，为20世纪80年代和此后相关组织的设立打下了基础和提供了指导。

　　上述几个事件和文件的重要性并不完全在于它们的具体内容和所要达到的目的，更重要的是它们的开创性和对未来欧盟性别政策发展的重要影响。这时的性别政策无论从范围的广度，还是从内容

---

　　①　凯瑟琳·巴纳德著，付欣译：《欧盟劳动法》，中国法制出版社2005年版，第216页。

　　②　欧共体官方出版局编，苏明忠译：《欧洲联盟法典》（第一卷），国际文化出版公司2005年版，第103页。

　　③　欧共体官方出版局编，苏明忠译：《欧洲联盟法典》（第一卷），国际文化出版公司2005年版，第104页。

的深度来看，都有所突破。

### （三）巩固与调整阶段（20 世纪 80 年代—2000 年）

进入 20 世纪 80 年代后，欧共体经济、政治一体化发展均陷入了困境，性别政策也不例外。《单一欧洲文件》和相关的白皮书完全没有提及男女平等问题。但是，20 世纪 80 年代中期，在德洛尔的推动下，欧共体的许多政策都获得了较大进步。这一时期的欧盟性别政策，主要体现在两个社会行动计划的实施以及与性别政策相关的机构的设立。

1. 社会行动计划

第一次社会行动计划（1982—1985）"强调消除男女机会平等的障碍，并扩大女性个人权利"，重申了"间接歧视"的重要性，并"将禁止间接歧视界定为重要的法律原则"。但是由于英国的阻挠以及当时的社会环境，成效不大，最后变成了对平等机会原则的落实。

第二次社会行动计划（1986—1990）重点是"保护妇女的个人合法权利，消除对于机会平等的非法律障碍"。[1]在其影响下，欧共体开始关注"软法"方面的建设。另外，将"家庭责任的分担"问题加入到性别政策中，使之与之前的家庭与工作生活协调问题相对应，成为此后性别政策的核心领域之一。

第三次行动计划（1991—1995）重点是"妇女平等参与权，尤其是参与决策的权利"。

随后，欧盟又推行了第四次行动计划，重点是"加快实现共同体性别政策的主流化，将性别平等的视角纳入到共同体的一切活动与政策中"。[2]在第四次行动计划的推动下，欧盟的"性别主流

---

① 田德文：《欧盟社会政策与欧洲一体化》，社会科学文献出版社 2005 年版，第 58 页。

② Linda Hantrais, *Social Policy in the European Union*, Macmillan Press Ltd., 2000. 转引自田德文：《欧盟社会政策与欧洲一体化》，社会科学文献出版社 2005 年版，第 58 页。

化"得到了很快的发展。

2. 组织机构和网络系统的建立

在 20 世纪 80 年代以后，委员会于 1981 年成立了"男女机会平等顾问委员会"，它的作用在于促进女性就业，实现待遇平等，并交流这些方面的信息和经验。1984 年成立的"女性权利委员会"，是欧洲议会史上第一个专门的咨询委员会，主要行动是代表女性在欧盟预算讨论中发言，批评那些直接或间接影响女性权利的政策。1989 年，欧盟还专门为指导女性中小企业家设立了"第 23 总司"，为她们提供专门的政策指导。此外，在原有的基础上，委员会还设立了"欧洲妇女政策网络"①，大大便利了女性对信息的获取。

20 世纪 90 年代以来，欧盟性别政策在组织机构方面的发展是"欧洲妇女俱乐部"（European Women's Lobby，EWL）的建立。它的任务是"协调各个妇女组织的工作，为性别政策的发展提出建议"。到 2004 年，该组织已协调 3000 多名欧洲妇女为实现男女平等和确保性别主流化而努力。②因此，就业、社会事务与教育总司（DGV）认为，可以把其当作"一个研究基础、一个政治气压表、一个政策创造者和作为一个更注重性别及其他社会政策的压力组织"③。此外，妇女网络也在不断完善，并在 20 世纪 90 年代成立了一系列妇女组织。④ 此外，妇女网络进入 20 世纪 90 年代后也获

---

① 这些欧洲妇女政策网络主要包括：1982 年设立的关于实行平等指令的专家网络系统；1983 年设立的关于妇女在劳动力市场中地位的网络系统；1986 年在企业中积极行动的网络系统、广播领域的机会平等筹划委员会、协调职业与家庭责任措施和照料小孩的网络系统等。

② Maria C. Gonzalez, "Workers' Direct Participation at the Workplace and Job Quality in Europe", *Journal of European Social Policy*, Cambridge：Vol. 20, No. 2, 2010, p. 160.

③ Robert R. Geyer, *Exploring European Social Policy*, Cambridge：Polity Press, 2000, p. 124.

④ 这些妇女组织包括：1995 年成立的"平等委员小组"、1996 年成立的"性别平等相助组织"、1998 年成立的"妇女和农业地区咨询委员会"、1999 年成立的"性别平等发展合作专家小组"和"关于妇女与科学的欧安会组织"等。

得了发展。① 这些组织和网络为欧盟性别政策的发展作出了很大的贡献。

总体上看，20世纪八九十年代的欧盟性别政策，虽然受到一定制约，但相比社会政策的其他领域，性别政策的发展仍是比较顺利的。到20世纪90年代末，"性别政策不仅是欧盟社会政策的一个核心要素，而且已经拥有坚实的法律基础、便利的妇女组织网络和大量欧盟'软法'和司法判决的支持。这些因素共同促使性别平等政策成为20世纪八九十年代欧盟社会政策中最成功的领域之一"。②

### （四）新阶段（2000年以后）

进入21世纪，欧盟性别政策在主流化的基础上进一步发展。目前，第五次行动计划"2001—2005年性别平等框架战略"已经得到实施。该计划的重点主要是加强"性别主流化"战略。同时，平等网络也得到了很快的发展。如2000年设立的"提升女企业家的欧洲网络"、2004年设立的"平等机会焦点网"和"性别焦点网"等。③此外，在2000年的里斯本会议上，欧盟提出到2010年，就业率提高到70%、妇女就业率提高到60%的目标。欧盟东扩之前，为了保证一体化的顺利推进，欧盟在实施"哥本哈根标准"的同时，也对性别平等问题作出了规定，并将其作为新成员国的入盟条件之一。在2005年的欧洲峰会上，欧洲议会通过了《欧洲发展共识》，其中把性别平等列为发展政策的五大重要原则之一，提高了性别平等政策的地位。2006年欧盟社会事务委员会又提出关于性别平等的"新六点"，其核心目标是消除工资的性别差距和性别暴力。从欧盟的"欧洲2020战略"可见，未来欧盟性别政策的

---

① 这些妇女网络包括：1990年设立的"决策中的妇女网络"、"妇女新机会计划"和1995年设立的"家庭与工作网络"等。

② Robert R. Geyer, *Exploring European Social Policy*, Cambridge: Polity Press, 2000, p. 118.

③ European Commission, *A Road Map for Equality Between Women and Men* 2006-2010, 2006, p. 3

发展主要还是围绕一体化和主流化，对女性现存问题提供指导，并加强性别政策发展领域的整合，从而确保性别政策在各个层面的实施。

## 二、主要内容

欧盟性别政策的实践效果主要体现在各成员国的具体执行情况。只有在对成员国的执行情况进行分析的基础上，才能准确把握政策的实施。下文主要从妇女就业和妇女参政两个方面来分析性别政策的实施情况。

### （一）女性就业

第二次世界大战之后，随着大量欧洲妇女进入工作领域，不同形式的性别歧视随之而来，如就业机会、职业待遇的性别差异，就业中的性别隔离等问题长期困扰着很多女性。事实上，共同体在成立之初就注意到了这一问题。为促进"劳动力的自由流动"和"实现性别平等"的基本权利，欧盟在正式条约和指令等文件中明确了同工同酬、等值同酬的基本原则，并督促各个成员国尽快实现这一原则。

第一，在促进就业机会平等方面，欧盟关注的不仅是"形式上的机会平等"，同时也强调"实际平等"的实现，希望能够在实现"形式平等"的基础上，尽量向"实际平等"迈进。欧洲法院在实际案例的初步裁决中，虽然强调要尊重成员国的法律，但也表示出对女性由于起点不平等而导致的结果不平等处境的同情，也就是说，当男性候选人与女性候选人具备同样的条件时，并不意味着他们拥有相同的机会。① 因此，欧洲法院在具体判决时也尽可能地鉴别"间接歧视"存在的可能性，要求各成员国根据相应的法律，采取相应的措施，各成员国为此也作出了积极反应。同时，为了消除女性起点不平等导致结果不平等的影响，有些成员国根据"肯定性歧视原则"（Affirmative Discrimination Principle）制定了同等条

---

① 凯瑟琳·巴纳德著，付欣译：《欧盟劳动法》，中国法制出版社 2005年版，第 224 页。

件下优先考虑女性的政策，如德国的不来梅州在其 1990 年的平等法中规定：如果女性在劳动力中的比例低于男性的话，在男女同等合格的条件下，优先考虑女性。①在欧盟与各个成员国的共同努力下，欧盟的女性就业率在近些年保持持续上升的态势，各成员国的女性劳动参与率也有所提高。（见表 3-3）与男性相比，女性就业率、失业率与男性之间的差距都不同程度地缩小了。

表 3-3　　**2003—2014 年欧盟 28 国及欧元区 19 国就业增长**　单位：%

| 年份 就业增长 | 欧盟 28 国就业增长 (15~64 岁) | | | 欧元区 19 国就业增长 (15~64 岁) | | |
|---|---|---|---|---|---|---|
| | 总增长 | 男性就业增长 | 女性就业增长 | 总增长 | 男性就业增长 | 女性就业增长 |
| 2003 | 0.4 | 0.1 | 0.8 | 0.4 | −0.2 | 1.2 |
| 2004 | 0.7 | 0.2 | 1.3 | 0.8 | 0.1 | 1.7 |
| 2005 | 1.0 | 0.9 | 1.2 | 1.0 | 0.6 | 1.6 |
| 2006 | 1.7 | 1.4 | 2.1 | 1.8 | 1.4 | 2.3 |
| 2007 | 1.9 | 1.7 | 2.2 | 1.9 | 1.5 | 2.4 |
| 2008 | 1.0 | 0.6 | 1.5 | 0.8 | 0.2 | 1.6 |
| 2009 | −1.7 | −2.6 | −0.6 | −1.9 | −3.0 | −0.5 |
| 2010 | −0.7 | −0.8 | −0.5 | −0.6 | −0.9 | −0.1 |
| 2011 | 0.1 | −0.1 | 0.5 | 0.1 | −0.3 | 0.6 |
| 2012 | −0.4 | −0.7 | 0.0 | −0.4 | −0.9 | 0.1 |
| 2013 | −0.3 | −0.5 | 0.0 | −0.7 | −1.0 | −0.2 |
| 2014 | 1.0 | 0.9 | 1.1 | 0.6 | 0.4 | 0.8 |

资料来源：欧盟统计局，http：//ec. europa. eu/eurostat/web/main/home.

---

①　Susan Wolf, *Briefcase on European Community Law*, Lodon：Routledge, 1999, p. 170.

　　第二，在消除男女待遇差距方面，欧盟在 1975 年同工同酬指令的基础上进一步采取了一系列缩小工资差异的措施。长期以来，女性的工资水平远低于男性，根据《2002 年欧洲收入调查》显示，从事全日制工作的欧盟妇女工资仅为男性的 75%，且国别差异较大。①为了缩小性别工资差距，各成员国从 1999 年开始，分别采取了缩小性别工资差距的政策。如比利时于 1999—2000 年通过了"内部职业协议"，并于 1999 年使男女享有平等待遇在法律上获得了认可。丹麦也于 2001 年颁布了"男女工资平等法令"，用于增加工资差异的透明性，通过法律措施进行干预并达到平衡。英国和爱尔兰则引入了最低工资制来抑制男女工资差距的拉大。②瑞典则在《男女工资差距的要点》报告中把最低工资作为缩小性别工资差距的有效方法。③经过各成员国的共同努力，欧盟的工资性别差距问题得到了一定程度的缓解。（见表 3-4）

表 3-4　　　　　　欧盟主要国家不同性别人员收入差距　　　　单位:%

| 年份<br>国家或组织 | 2006 | 2007 | 2008 | 2009 | 2010 | 2011 | 2012 | 2013 |
|---|---|---|---|---|---|---|---|---|
| 欧盟 28 国 | — | — | — | — | 16.1 | 16.4ᴾ | 16.5ᴾ | 16.3ᴾ |
| 欧元区 19 国 | — | — | — | — | 16.4 | 16.6ᴾ | 16.9ᴾ | 16.5ᴾ |
| 比利时 | 9.5 | 10.1 | 10.2 | 10.1 | 10.2 | 10.2 | 10.0 | 9.8 |
| 保加利亚 | 12.4 | 12.1 | 12.3 | 13.3 | 13.0 | 13.0 | 14.7 | 13.5 |
| 捷克共和国 | 23.4 | 23.6 | 26.2 | 25.9 | 21.6 | 22.6 | 22.2 | 22.1 |

---

　　①　李明甫：《就业中的男女平等：欧盟的状况和做法》，《环球经纬》2004 年第 3 期。

　　②　Brian Burgoon and Fabian Dekker, "Flexible Employment, Economic Insecurity and Social Policy Preferences in Europe", *Journal of European Social Policy*, Vol. 20, No. 2, 2010, p. 126.

　　③　景跃军：《欧盟解决就业性别差异的措施及评价》，《人口学刊》2007 年第 3 期。

续表

| 年份<br>国家或组织 | 2006 | 2007 | 2008 | 2009 | 2010 | 2011 | 2012 | 2013 |
|---|---|---|---|---|---|---|---|---|
| 丹麦 | 17.6 | 17.7 | 17.1 | 16.8 | 15.9 | 16.3 | 16.8 | 16.4 |
| 德国 | 22.7 | 22.8 | 22.8 | 22.6 | 22.3 | 22.2p | 22.4p | 21.6p |
| 爱沙尼亚 | 29.8 | 30.9 | 27.6 | 26.6 | 27.7 | 27.3 | 30.0 | 29.9 |
| 爱尔兰 | 17.2 | 17.3 | 12.6 | 12.6 | 13.9 | 11.7p | 14.4p | — |
| 希腊 | 20.7 | 21.5 | 22d | — | 15.0 | — | — | — |
| 西班牙 | 17.9 | 18.1 | 16.1 | 16.7 | 16.2 | 17.9 | 19.3 | 19.3p |
| 法国 | 15.4 | 17.3 | 16.9 | 15.2 | 15.6 | 15.6 | 15.4 | 15.1 |
| 克罗地亚 | — | — | — | — | 5.7 | 3.4 | 2.9 | 7.4p |
| 意大利 | 4.4 | 5.1 | 4.9 | 5.5 | 5.3 | 5.8 | 6.7 | 7.3 |
| 塞浦路斯 | 21.8 | 22.0 | 19.5 | 17.8 | 16.8 | 16.4 | 16.2 | 15.8 |
| 拉脱维亚 | 15.1 | 13.6 | 11.8 | 13.1 | 15.5 | 13.6 | 13.8 | 14.4 |
| 立陶宛 | 17.1 | 22.6 | 21.6 | 15.3 | 14.6 | 11.9 | 12.6 | 13.3 |
| 卢森堡 | 10.7 | 10.2 | 9.7 | 9.2 | 8.7 | 8.7p | 8.6p | 8.6p |
| 匈牙利 | 14.4 | 16.3 | 17.5 | 17.1 | 17.6 | 18.0 | 20.1 | 18.4 |
| 马耳他 | 5.2 | 7.8 | 9.2 | 7.7 | 7.2 | 6.2 | 6.5 | 5.1 |
| 荷兰 | 23.6 | 19.3 | 18.9 | 18.5 | 17.8 | 17.9 | 16.9 | 16.0 |
| 奥地利 | 25.5 | 25.5 | 25.1 | 24.3 | 24.0 | 23.7 | 23.4 | 23.0 |
| 波兰 | 7.5 | 14.9 | 11.4 | 8.0 | 4.5 | 5.5 | 6.4 | 6.4p |
| 葡萄牙 | 8.4 | 8.5 | 9.2 | 10.0 | 12.8 | 12.8 | 14.8 | 13.0 |
| 罗马尼亚 | 7.8 | 12.5d | 8.5d | 7.4d | 8.8 | 11.0e | 9.7e | 9.1e |
| 斯洛文尼亚 | 8.0 | 5.0 | 4.1 | -0.9 | 0.9 | 2.3 | 2.5 | 3.2 |
| 斯洛伐克 | 25.8 | 23.6 | 20.9 | 21.9 | 19.6 | 20.5 | 21.5 | 19.8 |
| 芬兰 | 21.3 | 20.2 | 20.5 | 20.8 | 20.3 | 19.6 | 19.4 | 18.7p |

| 年份<br>国家或组织 | 2006 | 2007 | 2008 | 2009 | 2010 | 2011 | 2012 | 2013 |
|---|---|---|---|---|---|---|---|---|
| 瑞典 | 16.5 | 17.8 | 16.9 | 15.7 | 15.4 | 15.8 | 15.9 | 15.2 |
| 英国 | 24.3 | 20.8 | 21.4 | 20.6 | 19.5 | 20.1 | 19.1 | 19.7 |

说明：p——临时数据；d——数据定义与其他些许不同；e——预估数据。

资料来源：欧盟统计局，http：//ec. europa. eu/eurostat/web/main/home.

但是由于性别歧视问题本身的复杂性和持久性，使得欧盟在该问题上的成效比较有限。造成这种状况的原因很复杂，一方面是由于工资差异问题本身就涉及很复杂的社会和历史问题，仅凭借补救性措施很难改变现状；更为重要的是，女性就业模式与男性就业模式本身就存在很大差别，很难做到完全平等，女性在很多情况下都处于临时性的非正规就业领域，因此很难取得与男性完全平等的工资待遇。根据欧盟统计局 2015 年的统计数据，欧盟 28 国女性就业率为 63.5%，欧元区 19 国女性就业率为 62.7%。就业率最高的国家是瑞典，其女性就业率也仅为 77.6%。因此，男女工资差距问题的解决并非一日之功，除了克服社会文化的偏见之外，不断扩展专属于女性特征的职业领域是一条可行之路。（见表 3-5）

### （二）女性参政

从严格意义上来说，女性参政属于就业政策中"机会平等"问题的延伸，是欧盟努力促进"实际平等"的重要体现。学者们普遍认为，女性在政治领域代表权的缺失会直接导致她们的意见和愿望得不到表达或被扭曲，因此，仅仅由男性制定的针对女性的平等政策不但无助于缓解男女不平等的现状，反而会强化女性的不利地位。这种政策制定上的问题不仅进一步恶化了女性的处境，而且给她们带来了更多新的压力。根据 2007 年世界经济论坛发布的全球社会性别差距报告显示，世界各国在政治领域的性别差异是最明显的，而且进步非常缓慢，女性获得的机会和占有的资源仅为男性

表 3-5　　　　　　欧盟主要国家女性就业率

单位:%

| 年份<br>国家与组织 | 2002 | 2003 | 2004 | 2005 | 2006 | 2007 | 2008 | 2009 | 2010 | 2011 | 2012 | 2013 | 2014 |
|---|---|---|---|---|---|---|---|---|---|---|---|---|---|
| 欧盟 28 国 | 58.1 | 58.7 | 59.4 | 60.0 | 61.1 | 62.1 | 62.8 | 62.3 | 62.1 | 62.2 | 62.4 | 62.6 | 63.5 |
| 欧元区 19 国 | 56.8 | 57.6 | 58.5 | 59.3 | 60.5 | 61.6 | 62.4 | 61.9 | 61.8 | 62.0 | 62.0 | 62.0 | 62.7 |
| 奥地利 | 64.1 | 64.5 | 62.7 | 64.0 | 65.2 | 66.2 | 67.6 | 68.2 | 68.8 | 69.2 | 69.6 | 70.0 | 70.1 |
| 比利时 | 55.8 | 56.2 | 57.2 | 58.6 | 58.8 | 60.3 | 61.3 | 61.0 | 61.6 | 61.5 | 61.7 | 62.1 | 62.9 |
| 保加利亚 | 52.3 | 54.0 | 56.0 | 57.1 | 60.4 | 63.5 | 65.4 | 64.0 | 61.7 | 59.8 | 60.2 | 60.7 | 62.0 |
| 克罗地亚 | 50.9 | 50.9 | 51.9 | 52.8 | 53.7 | 55.9 | 57.0 | 58.0 | 56.4 | 53.6 | 52.6 | 52.8 | 54.2 |
| 塞浦路斯 | 64.7 | 65.9 | 64.1 | 63.8 | 65.9 | 67.7 | 68.2 | 68.3 | 68.8 | 67.7 | 64.8 | 62.2 | 63.9 |
| 捷克共和国 | 62.3 | 61.4 | 61.1 | 61.3 | 61.8 | 62.4 | 62.5 | 61.4 | 60.9 | 61.7 | 62.5 | 63.8 | 64.7 |
| 丹麦 | 73.1 | 72.4 | 73.0 | 73.7 | 74.8 | 74.7 | 75.5 | 74.5 | 73.0 | 72.4 | 72.2 | 72.4 | 72.2 |
| 爱沙尼亚 | 64.3 | 66.0 | 67.3 | 69.7 | 72.5 | 72.6 | 72.9 | 69.0 | 65.9 | 67.8 | 69.4 | 70.1 | 70.6 |
| 芬兰 | 70.4 | 70.0 | 69.7 | 70.8 | 71.5 | 72.5 | 73.1 | 72.4 | 71.5 | 71.9 | 72.5 | 71.9 | 72.1 |
| 法国 | 61.9 | 63.6 | 63.6 | 63.7 | 63.9 | 64.9 | 65.5 | 65.0 | 64.9 | 64.7 | 65.1 | 65.5 | 66.2 |
| 德国 | 61.9 | 61.9 | 62.6 | 63.1 | 65.0 | 66.7 | 67.8 | 68.7 | 69.6 | 71.3 | 71.6 | 72.5 | 73.1 |
| 希腊 | 46.8 | 48.1 | 49.0 | 49.7 | 51.3 | 51.7 | 52.6 | 52.9 | 51.8 | 48.7 | 45.2 | 43.3 | 44.3 |
| 匈牙利 | 54.3 | 55.5 | 55.3 | 55.6 | 55.6 | 55.2 | 54.8 | 54.0 | 54.6 | 54.7 | 56.2 | 56.9 | 60.2 |

续表

| 国家与组织\年份 | 2002 | 2003 | 2004 | 2005 | 2006 | 2007 | 2008 | 2009 | 2010 | 2011 | 2012 | 2013 | 2014 |
|---|---|---|---|---|---|---|---|---|---|---|---|---|---|
| 爱尔兰 | 59.6 | 59.8 | 60.8 | 62.4 | 63.3 | 64.5 | 64.2 | 61.8 | 60.2 | 59.4 | 59.4 | 60.3 | 61.2 |
| 意大利 | 44.9 | 45.6 | 48.5 | 48.5 | 49.6 | 49.9 | 50.6 | 49.7 | 49.5 | 49.9 | 50.5 | 49.9 | 50.3 |
| 拉脱维亚 | 62.3 | 63.2 | 63.5 | 64.5 | 68.4 | 70.3 | 71.9 | 66.5 | 64.5 | 65.3 | 66.4 | 67.7 | 68.5 |
| 立陶宛 | 63.9 | 65.6 | 65.3 | 66.6 | 68.0 | 69.1 | 68.7 | 67.2 | 65.0 | 66.6 | 67.9 | 68.6 | 70.6 |
| 卢森堡 | 55.4 | 55.1 | 56.2 | 58.4 | 59.4 | 61.0 | 60.1 | 61.5 | 62.0 | 61.9 | 64.1 | 63.9 | 65.5 |
| 马耳他 | 34.4 | 34.9 | 34.3 | 34.8 | 35.7 | 37.7 | 39.4 | 40.0 | 41.6 | 43.8 | 46.6 | 49.8 | 51.9 |
| 荷兰 | 66.8 | 66.9 | 66.9 | 67.6 | 69.0 | 70.7 | 72.2 | 72.7 | 70.8 | 70.4 | 71.0 | 70.6 | 69.7 |
| 波兰 | 51.4 | 51.2 | 51.2 | 51.7 | 53.1 | 55.5 | 57.3 | 57.6 | 57.3 | 57.2 | 57.5 | 57.6 | 59.4 |
| 葡萄牙 | 65.7 | 65.8 | 65.9 | 66.0 | 66.3 | 66.3 | 67.1 | 66.1 | 65.6 | 64.6 | 63.0 | 62.3 | 64.2 |
| 罗马尼亚 | 56.8 | 57.0 | 57.4 | 56.9 | 58.5 | 57.9 | 57.3 | 56.3 | 56.5 | 56.2 | 56.7 | 56.5 | 57.3 |
| 斯洛伐克 | 57.2 | 58.4 | 56.7 | 56.7 | 57.5 | 58.7 | 60.3 | 58.2 | 57.4 | 57.4 | 57.3 | 57.8 | 58.6 |
| 斯洛文尼亚 | 63.8 | 62.8 | 65.4 | 66.2 | 66.5 | 67.1 | 68.5 | 67.9 | 66.5 | 64.8 | 64.6 | 63.0 | 63.6 |
| 西班牙 | 48.3 | 50.2 | 52.1 | 55.1 | 57.1 | 58.6 | 58.9 | 56.8 | 56.3 | 56.1 | 54.6 | 53.8 | 54.8 |
| 瑞典 | 76.6 | 76.0 | 75.3 | 75.5 | 75.8 | 77.1 | 77.2 | 75.7 | 75.0 | 76.5 | 76.8 | 77.2 | 77.6 |
| 英国 | 67.5 | 67.7 | 68.0 | 68.5 | 68.6 | 68.4 | 68.8 | 68.2 | 67.9 | 67.8 | 68.4 | 69.3 | 70.6 |

资料来源:欧盟统计局,http://ec.europa.eu/eurostat/web/main/home.

的 15%，这已经成为制约其他方面性别平等的重要因素，而且即使在发达的欧洲地区，在参政领域的性别差距状况也并不乐观，①解决妇女参政问题已经成为欧盟的一项刻不容缓的社会任务。这可以从欧盟各成员国妇女选举权的获得情况反映出来。(见表 3-6)

表 3-6　　　　欧盟各成员国议会选举女性人数及比例

| 国名 | 选举体制 | 最近一次议会选举妇女人数 | 所占比例 |
|---|---|---|---|
| 奥地利 | List PR | 61/183 | 33.30% |
| 比利时 | List PR | 59/150 | 39.30% |
| 克罗地亚 | List PR | 36/151 | 23.80% |
| 塞浦路斯 | List PR | 6/56 | 10.70% |
| 捷克共和国 | List PR | 39/200 | 19.50% |
| 丹麦 | List PR | 70/179 | 39.10% |
| 法国 | TRS | 155/577 | 26.90% |
| 德国 | MMP | 229/630 | 36.30% |
| 希腊 | List PR | 69/300 | 23.00% |
| 匈牙利 | MMP | 19/199 | 9.50% |
| 波兰 | List PR | 110/460 | 23.90% |
| 爱尔兰 | STV | 25/166 | 15.10% |
| 意大利 | List PR | 179/630 | 28.40% |
| 立陶宛 | Parallel | 34/141 | 24.10% |
| 卢森堡 | List PR | 14/60 | 23.30% |
| 马耳他 | STV | 10/70 | 14.30% |
| 荷兰 | List PR | 58/150 | 38.70% |
| 波兰 | List PR | 110/460 | 23.90% |
| 葡萄牙 | List PR | 61/230 | 26.50% |

---

①　周琰：《欧盟国家保障两性平等参政法律制度研究》，《中国人民公安大学学报》(社会科学版) 2007 年第 3 期。

续表

| 国名 | 选举体制 | 最近一次议会选举妇女人数 | 所占比例 |
|---|---|---|---|
| 罗马尼亚 | MMP | 55/412 | 13.30% |
| 斯洛伐克 | List PR | 28/150 | 18.70% |
| 斯洛文尼亚 | List PR | 32/90 | 35.60% |
| 西班牙 | List PR | 126/350 | 36.00% |
| 瑞典 | List PR | 152/349 | 43.60% |
| 英国 | FPTP | 143/650 | 22.00% |

资料来源：Global Database of Quotas for Women, http：//www. quotaproject. org/system. cfm.

为了提高女性参政比例，欧盟各成员国普遍采取诸如强制性的或建议性的候选人、席位配额制和最低比例等"积极性差别待遇原则"措施，这显著提高了女性参政率。此外，许多国家也在法律方面采取了相应的措施。

在候选人席位配额制方面，各国也采取了相应的举措。如1993 年意大利对地区选举进行了一些改革，提出两项改革措施：第一，规定候选人名单中同一性别的人数不得超过总人数的 2/3；第二，修改选举规则，在全部议席中，75%由投票产生，其余的25%则通过比例代表制或政党提名方式产生。在这 25%的政党提名的名单中，男女候选人必须呈"Z"字形交叉排列，且必须按照1∶1的比例严格执行。2004 年，由意大利机会平等部主办的一个名为"为女性投票"的运动，借助国家电视台的广泛影响力在全国播出，试图改变公众对女性候选人的态度。在多方面的长期努力下，女性在意大利议会中的比例从 1999 年的 11.5%上升到 2004 年的 19.2%①（2015 年的最新数据是 28.40%）。另外一个例证是比

① Janneke Plantenga, Chantal Remery, Hugo Figueiredo, and Mark Smith, "Towards a European Union Gender Equality Index", *Journal of European Social Policy*, Vol. 19, No. 1, 2009, p. 22.

利时，该国于 1994 年 5 月通过了《性别比例选举法》，规定某一性别的候选人不得超过 2/3 的配额。2002 年，比利时政府又提出了宪法修正案，在平等参政方面采取了以下两种方式：第一，在 2003 年大选提名名单的前三位中，必须要由不同性别的候选人构成，而且每一份候选人名单上的性别比例之差不得超过 1；第二，在此后选举的提名名单的前两位必须由男女两性构成，且性别比例之差不能超过 1。新政策实施后，比利时联邦议院中的女性比例从 1995 年的 12% 上升到 1999 年的 23.3%，到 2006 年又增加到 35%，而在参议院中的比例则增加到 37.5%①（2015 年的最新数据是 39.30%）。

总之，在各成员国的共同努力下，欧盟成为世界上女性参政率最高的地区，欧盟性别政策也取得了一定的成效。以欧盟委员会委员为例，在 1957 年《罗马条约》通过时，委员会内部并没有女性委员。但到 1997 年，20 名委员中有 5 名为女性。目前，欧盟委员会的 27 名委员中有 8 名为女性。欧洲议会中女性所占席位的百分比也从 1991 年的 19% 增加到 1999 年的 30%。根据《2006 年全球社会性别差距报告》显示，欧盟的 15 个老成员国在参政领域的性别平等状况是最好的，其中包括德国总理，比利时、荷兰、希腊议长均由女性担任。②这些成果为保障性别政策的进一步发展以及欧洲一体化的进一步深化发挥了积极的作用。同时，欧盟性别政策在具体实践过程中对欧洲法院各项原则的施行和各层面的协调合作，特别是成员国的积极配合也发挥了促进作用，使欧盟的性别政策在不断发展的过程中形成了自己的独特性。

### 三、取得的成就

欧盟性别平等政策作为欧盟社会政策的一个重要部分，在经过

---

① 周琰：《欧盟国家保障两性平等参政法律制度研究》，《中国人民公安大学学报》（社会科学版）2007 年第 3 期。

② Global Database of Quotas for Women，http：//www. quotaproject. org/system. cfm.

60 多年的发展之后，成为欧盟社会政策最为成功的一个领域。在逐渐走向"主流化"的同时，也将欧洲的性别观念转变推到一个新的阶段。具体来讲，欧盟性别政策主要在以下几个方面取得了比较明显的成效。

### （一）性别差距的缩小

欧盟性别差距的缩小主要体现在三个方面：第一，就业率和失业率方面的性别差距日益缩小。欧盟的女性就业率一直低于男性就业率，从欧盟共同就业政策实施以来，各个成员国妇女就业率稳步上升，"欧盟总体女性就业率的平均水平从 1997 年的 50.6% 上升到 2014 年的 63.5%"。①在成员国中，北欧的丹麦、瑞典、芬兰等国家的女性就业率最高，而南欧的希腊、西班牙和意大利的女性就业率最低。与此同时，欧盟女性失业率也有降低的趋势。② 这些变化标志着性别差距在欧盟逐步缩小，而且性别差距在就业问题上的改善直接关系着其他领域的性别平等问题。

第二，职业和部门的性别差距逐步缩小。根据欧盟委员会公布的统计资料显示，欧盟各成员国中，女性在各个决策部门中所占比例远远不及男性，从事科研及拥有教授职位的女性人数也大大低于男性。为了改变这种情况，各成员国纷纷进行了改革。通过各国的积极行动，一些部门和职业中男女雇员比例失衡的现象已有所改善。而在欧盟和成员国层面，对于女性在政治和经济决策过程中参与不足的情况，欧盟委员会则要求政府、政党和社会伙伴行动起来，以确保男女在所有社会方面决策中的平衡参与。近年来，妇女对决策过程参与不足的情况已有一定程度的改善，并在参政议政方面也取得了明显的进步。

第三，同工同酬方面取得了很大进步。在同工同酬方面，欧盟

---

① 欧盟统计局，http：//ec. europa. eu/eurostat/web/main/home.

② Claire Annesley, "Lisbon and Social Europe：Towards a European Adult Worker Model Welfare System", *Journal of European Social Policy*, Vol. 17, No. 3, 2007, pp. 197-200.

早在《罗马条约》就已提及，即"119条款"。虽然最初成员国在该问题上并没有达成共识，所以在同工同酬的实施方面没有进展，但是经过20世纪60年代的谈判与协商后，共同体最终制定了落实"119条款"的最后期限，要求所有成员国在1964年6月前实现男女同工同酬。①进入20世纪70年代后，同工同酬问题进入全面发展阶段，展开了许多专项社会行动计划，并建立健全了许多二级法律体系。进入欧盟阶段后，从1999年开始，欧盟要求各成员国采取缩小性别工资差距的政策，目的是使保障男女享有平等待遇的权利得到法律的认可。通过上述的不断努力，欧盟的性别工资差距不断缩小。

### （二）性别歧视现象的减少

性别歧视本身是一种不公正的社会现象，它使女性处于相对弱势的社会地位，从而影响其各项权利的实现和社会利益的增进。共同体在建立之初，就将"反对性别歧视"作为实现性别平等的一个重要方面载入共同体条约，并致力于通过增加女性的收入和就业机会等，实现"性别平等"的目标。此后，欧盟又通过不断完善反性别歧视的法律基础，健全了"性别平等"方面的一系列二级立法，加强了对性别歧视现象的干预。目前，欧盟性别歧视的现象已经大大减少，直接或公开的性别歧视现象几乎消失。

### （三）性别政策的主流化

欧盟理事会对性别主流化的解释是，"性别主流化"实际上要求"政策方面的再组织、提高、发展和评价，通过将参与者合理地纳入政策制定，从而使一种性别平等的视角被整合进所有政策的任何层面和任何发展阶段"。②简而言之，"性别主流化"强调，应

---

① Robert R. Geyer, *Exploring European Social Policy*, Cambridge：Polity Press，2000，pp. 106-107.

② Emanuela Lombardo, "Integrating or Setting the Agenda? Gender Mainstreaming in the European Constitution Making Process", *The Author*, Vol. 5, No. 2, 2005, p. 5.

该将性别平等纳入共同体的所有政策领域中，而不应该只局限于某一项专门的政策。对"性别主流化"的理解，我们要把握三点：第一，它不是一种专门的政策或方法，而是一种视角；第二，它强调一个动态的过程，而不是静止不变的观念；第三，它要求各领域、各层面的相互协调，而不是独立地完成。①

在1993年的社会政策绿皮书中，欧盟委员会首次提出了实现性别政策主流化的一系列问题，其中包括：如何在教育与培训、研究与发展、就业与劳动力市场等政策领域中促进性别平等；如何扩大妇女参与的社会领域，尤其是以往其较少介入的领域；应采取何种措施来调和家庭与工作职责之间的矛盾；如何提高妇女在社会对话中的地位与作用等。②此后，在欧盟社会政策与就业政策体系中全面纳入"性别平等视角"，成为欧盟各种计划、决议、法案中必然要包括的条目。而"性别主流化"最明显的发展则体现在《阿姆斯特丹条约》中。条约第2条规定："共同体应该在所有的行动中消除不平等，促进男女之间的平等。"③ 1998年5月，欧盟举行了第一次关于妇女就业的会议，"性别政策的进一步主流化"成为这次会议的三个核心议题之一。④同年，欧盟在第一份"就业指南"中，再次强调了性别平等政策，"尤其是在共同就业政策的四项支柱框架中都明确涉及性别主流化政策"。⑤

"性别主流化"政策的提出，充分体现了欧盟性别政策组织与

---

① 田德文：《欧盟社会政策与欧洲一体化》，社会科学出版社2005年版，第58~59页。

② European Commission, *Green Paper on European Social Policy-Option for the Union*, 1993.

③ Emanuela Lombardo, "Integrating or Setting the Agenda? Gender Mainstreaming in the European Constitution Making Process", *The Author*, Vol. 5, No. 2, 2005, p. 7.

④ Robert R. Geyer, *Exploring European Social Policy*, Cambridge：Polity Press, 2000, p. 127.

⑤ 杨雪：《欧盟共同就业政策研究》，中国社会科学出版社2004年版，第180页。

世界妇女组织的交流与协作，也是欧盟性别政策自身发展历程的一个里程碑。它的出现标志着欧盟性别政策新发展契机的到来。直到今天，"性别主流化"仍然是欧盟性别政策的主要发展原则和目标，并且由于它涉及欧盟各个层面、各个领域的协调与合作，从而对欧盟的一体化具有特别重要的意义。"性别主流化"政策的提出对政治、经济和社会方面都产生了很大的影响。首先，欧盟性别平等政策早已突破经济领域的范畴，它通过对男女在政治、经济、公民权利、社会权利等方面的权利保障来增强自身的合法性，对欧盟政治领域的联合进程产生了积极的影响。其次，欧盟性别平等政策提升了妇女的就业水平，提高了经济效益，从而推动了经济一体化的发展。最后，性别平等作为一项基本的社会权利，而欧盟一直致力于促进社会公正，提高妇女地位，这在一定程度上也缓解了社会矛盾，同时推动了欧洲社会的一体化进程。

## 第四节 欧盟教育与培训政策

教育与培训政策也是欧盟社会政策的重要内容，虽然其发展的历史并不是很长，但是整体政策实施效果比较明显。总体来看，欧盟教育与培训政策的发展大体上以《马约》为界分为两个阶段：第一阶段的发展主要致力于提高劳动力的质量；第二阶段的发展则主要关注解决失业问题。欧盟教育与培训政策的主要内容包括职业教育与培训、职业资格认证、终生学习等，而且其整体发展过程遵循了一些基本的发展原则，形成了一些独特的教育理念。

### 一、发展概况

欧盟教育与培训政策最早起源于 1963 年，当时共同体发布指令要求成员国实行"共同的职业教育和培训政策"。1976 年又发布了一个实施"共同体行动计划"的决议。1989 年《社会权利宪章》签订之后，共同体发布决议要求成员国对劳动者实行"持续的培训计划"。同年，共同体委员会发布了 1989—1992 年"教育与培训中期指针"。①这一阶段，欧盟教育与培训政策的发展主要以提高劳动者的质量为目标，而且整体发展相对分散，持续性不强。

进入欧盟阶段后，欧盟教育与培训政策主要以指令、计划等形式提出概念、建立规范、组织行动，以达到整合成员国政府相关政策的目的。②1992 年《马约》中对教育、职业培训和青年人问题给予了特别关注，对《罗马条约》中的第 126 条和第 127 条进行了修改，并单独列出"教育、职业培训与青年"一章，这是欧盟教育和培训政策发展的一个重要里程碑。为了全面推进"欧洲维度"的建设，1993 年欧盟委员会发布了白皮书，将开展"欧洲意识教育"提高到法律层面。1995 年，委员会发表题为《教学与学习：走向一个学习社会》的白皮书，提出"学习型社会"（Learning Society）的概念。1997 年，委员会又发布了《走向知识欧洲》的通讯，提出"知识欧洲"（a European of Knowledge）的概念。这些概念的提出是欧盟在成员国政策实践的基础上，整合教育与培训政策、创建欧盟政策区域的积极行动，③对"发展教育的欧洲规模与深度"具有非常积极的作用。另外，由于这一阶段的教育与培训政策的目标主要立足于解决失业问题，也使其在欧盟社会政策中的重要性日益凸显。

2000 年的"里斯本战略"在欧盟共同教育与培训政策方面制订了详细的工作计划，其目标是到 2010 年，将 18～24 岁年龄段完成中等教育后不能继续接受教育和培训的人数减少 50%，同时要促进学校和科研机构在教学资源方面的共享，发展终生教育和培训，完善欧盟成员国之间在能力证书制度方面的建设，促进教育工作者和学生的交流和合作。此外，还要通过网络技术加强就业和培

① 田德文：《欧盟社会政策与欧洲一体化》，社会科学文献出版社 2005 年版，第 51 页。

② 田德文：《欧盟社会政策与欧洲一体化》，社会科学文献出版社 2005 年版，第 51 页。

③ Corden A. and Duffy K., "Human Dignity and Social Exclusion", in R. Sykes and P. Alcock (eds.), *Developments in European Social Policy: Convergence and Diversity*, Cambridge: The Policy Press, 1998, p. 102.

训市场的相互配合。①另外，在 2002 年巴塞罗那首脑会议上，欧盟明确提出，教育是欧洲社会模式的重要基石之一，争取到 2010 年，使教育成为"世界质量的参照系"。②

此外，为了实现"里斯本战略"提出的目标，欧盟又启动了"哥本哈根进程"，促进欧洲各国在教育与培训政策方面的协调与合作。"哥本哈根进程"从 2002 年至 2010 年分三个阶段实施，它为提升欧盟的教育与培训质量，完善教育与培训机制均发挥了积极作用。2010 年，欧盟通过了"欧洲 2020 战略"，该战略明确提出的第四项发展指标是"未完成基本教育人数和退学率从当前的 15%降低至 10%以内，2020 年 30 岁至 34 岁年轻人获得高等教育文凭的比例从 31%提高到至少 40%"。③由此可见，教育与培训政策在欧盟社会政策中的地位与作用也日益重要。

总体而言，随着欧洲一体化的发展，欧盟逐渐意识到发展教育的意义，不仅提出了一系列教育发展目标，同时也推动了教育行动计划的实施力度，使不同层面的欧洲公民获得了职业教育和培训机会，从而提高了他们在就业市场中的竞争力，为缓解失业压力发挥了积极作用。同时，欧盟教育与培训政策的整合程度也在这个过程中得到了提升。

## 二、主要内容

### (一) 职业教育和培训项目

随着欧洲单一市场的正式建立，欧盟内部实现了商品、服务和劳动力的自由流动，内部经济联合也更加紧密。与此同时，单一市场的建立也增加了各成员国之间的竞争压力。另外，知识经济的兴

① 管新平、何志平：《欧盟概况》，华南理工大学出版社 2003 年版，第 250 页。
② 马晓强、雷钰：《欧洲一体化与欧盟国家社会政策》，中国社会科学出版社 2008 年版，第 233 页。
③ 陆伟：《欧洲 2020 战略：解读与启示》，《欧洲研究》2011 年第 1 期。

起也引起了就业结构的变化和调整，促使就业结构从传统行业向服务产业、信息产业等新兴产业转变，而这些新兴产业对工人的要求也在提高，不仅要掌握相关的技术，还要能够快速适应不断变化的工作环境。因此，为了提高欧盟的国际竞争力，保持较高的就业水平，促进欧盟层面的职业教育和培训政策成为适应新兴产业、职业变化的必然要求。①因为它不仅能够提高人们与工作相关的专业知识，也能为其适应职业转变作好各方面的准备。欧盟层面一直非常重视这些问题，多次提出要通过职业教育来提高欧洲人适应产业结构变化的能力，也对成员国提出了各方面的要求，要求其不仅要预测科技的发展趋势及其对职业的影响，而且要预测在各种环境因素发生变化的情况下经济的发展趋势。②

从1994年开始，欧盟积极建设"欧洲教育维度"，在对原有的教育培训项目进行整合的基础上，提出了"苏格拉底计划"（Socrates）和"莱奥纳多·达·芬奇计划"（Leonardo da Vinci）两个项目。

"苏格拉底计划"是一个综合性的教育计划，是欧盟设计的综合教育计划，其内容包括从幼儿教育到成人教育的全部教育内容，不仅囊括了之前的一些教育项目，而且又增加了几个新项目，共计八个项目，其中"夸美纽斯项目"（Comenius）主要是鼓励校际合作，建立校际伙伴关系，培训教师并提供继续教育，建立网络；"格龙维项目"（Grundtvig）则主要是为那些没有正式学历的青年人提供教育机会，在欧洲范围内开展合作项目，建立合作伙伴关系，促进流动性培训，建立专题联网，等等；而"阿特拉斯项目"（Atlas）则主要是为了促进远程教育发展而安排的。"苏格拉底计划"比较全面地涵盖了教育的各个领域。"苏格拉底计划"共分为两个阶段，执行年限为12年，从1995年开

① Linda Hantrais, *Social Policy in the European Union*, London：Macmillan Press Ltd. , 2000, pp. 136-137.
② 马晓强、雷钰：《欧洲一体化与欧盟国家社会政策》，中国社会科学出版社2008年版，第234页。

始到 2006 年结束。第一阶段（1995—1999）：耗资 8.5 亿埃居，资助了近 27.5 万欧洲公民接受跨国教育，包括大学生、小学生、教师、中小学校长、教职工以及教育决策者等与教育相关的各个层次的群体。还为不同层次、不同类型的学校提供资助①，以提高跨国教育的质量。第二阶段（2000—2006）：这一阶段是在第一阶段的基础上又增加了一些新的项目，耗资 18.5 亿欧元。这一阶段的重点是普及终生学习的教育理念，推动教育方面的合作与交流，从而实现并维护各国在教育方面的共同利益，努力促进教育资源的共享。②

此外，就是"莱奥纳多·达·芬奇计划"（简称"达·芬奇计划"），该项目的主要目的是提高职业培训的质量，推动成员国范围内的职业教育一体化进程，通过区域合作增强实力，提升欧盟国家职业教育在国际上的整体竞争力。"达·芬奇计划"也由两代计划构成。第一代"达·芬奇计划"（1994—2006）：这一阶段耗资总额为 22.6 亿欧元，31 个国家参与其中，累计实施了 2.5 万个职业教育项目，使近 50 万大学生和青年人获得异地培训的机会，约 8 万名教师和培训人员参与跨国交流，7.7 万个单位和合作伙伴得到贷款资助。其显著的实施效果让"达·芬奇计划"全球闻名。③第二代"达·芬奇计划"（2007—2013），是欧盟对第一代"达·芬奇计划"的有效整合和延续，目标是让 31 个计划参与国在新时期实现职业教育领域的"超国家层面合作"，构建统一的欧盟职业教育质量保障框架，提高国与国之间的职业资格证透明度，降低职业教育培训者在跨国流动中的门槛，从而推动整个欧洲"知识型社会"的形成。显然，欧盟希望通过第二代"达·芬奇计

---

① Michael Gold, *The Social Dimension：Employment Policy in the European Community*, London：Macmillan, 1993, p.192.

② Linda Hantrais, *Social Policy in the European Union*, London：Macmillan Press Ltd. , 2000, p.140.

③ ECORYS Nederland BV. Final Evaluation of the Leonardo da Vinci II Programme, http：//ec. europa. eu/dgs/education _ culture/evalreports/training/2007/joint/leonardo_en. pdf.

划"的实施，继续提高欧洲公民，特别是欧洲青年在各级各类初级职业培训方面的技能，增强他们的社会适应力，提高他们再就业的能力，加强职业培训本身的创新性，最终加快欧洲一体化进程。①

"苏格拉底计划"和"莱奥纳多·达·芬奇计划"的实施使欧盟教育与培训政策的发展水平又上了一个新台阶，其不仅能有效地推动欧盟各成员国的经济、政治、文化和科技的发展，而且必定会对世界其他国家产生重大的影响。②

### (二) 职业资格互认

在欧盟范围内实现职业资格的互认是保障劳动力自由流动的重要因素，因为各成员国都有自己的一套职业资格认证标准，它们之间的差异性形成了劳动力流动障碍，不利于经济一体化的发展，因此为了促进劳动力的自由流动，欧盟在联盟层面整合了成员国各不相同的职业资格认证，并逐步建立了学历与职业资格互认制度。在该问题上欧盟是先规定行业的最低标准，然后由市场力量来确保从业人员的质量。③

事实上，早在欧盟成立之前，共同体在一些行业中已经初步实施了资格互认制度。共同体在 20 世纪六七十年代就发布了 60 多项指令，要求在各个行业中推动资格互认。进入 20 世纪 80 年代后，共同体又发布指令，要求在成员国政府或职业组织管理的行业中，对三年以上的职业教育与培训实行统一认证。进入 20 世纪 90 年代后，欧盟在职业资格认证方面也发布了很多指令，因此在推动职业资格互认方面取得了很多突破，包括实现了业余职业教育证书的统

---

① ECORYS Nederland BV. Final Evaluation of the Leonardo da Vinci II Programme，http：//ec. europa. eu/dgs/education ＿ culture/evalreports/training/2007/joint/leonardo_en. pdf.

② 季艳艳：《欧盟伊拉斯谟计划（ERASMUS）的发展及成效研究》，上海师范大学硕士学位论文，2011 年，第 44 页。

③ 田德文：《欧盟社会政策与欧洲一体化》，社会科学文献出版社 2005 年版，第 54 页。

一认证，建立了职业资格认证机制，等等。①

进入 21 世纪后，欧盟开始实施联盟层面职业资格和能力证书的"欧洲之路培训"（Europass Training）计划，所涉及的范围也非常广泛。此后，欧盟在《哥本哈根宣言》中细致地提出了针对非正规或非正式学习的共同认证原则、评价和认证方法等。此外，欧盟还对非正规和非正式教育的认证信度和效度提出了具体要求。2004 年，欧盟又通过了"职业教育与培训共同质量保证体系框架"，在法律上保障了欧盟国家建立完善的职业教育质量保证体系。2005 年，欧盟委员会通过了"适应终生学习要求的欧洲资格框架"文件，又进一步细化了资格互认制度，将不同行业和级别的资格互认制度联系起来以满足不同人员对资格认证的需求。

总体上看，职业资格互认制度作为欧盟职业教育和培训政策的重要内容之一，它的根本发展方向是实现成员国之间培训的"标准化"，并建立"欧洲职业资格"。②

### 三、发展理念

世界形势的变迁、信息技术的发展以及知识在经济发展中举足轻重的作用，使得欧盟越来越关注教育与经济之间的密切关系，并将教育与培训视为促进经济发展的一种有效手段。教育不再是经济一体化的附属品，而是经济一体化的功能性前提。③而随着知识经济时代的来临和全球化的发展，欧盟希望在推动欧洲一体化的同时，促进各成员国在教育领域的交流与合作。作为超国家性质的教育形态，欧盟教育政策奉行以下三大基本理念，并制定了现行的教育政策。

---

① Michael Gold, *The Social Dimension: European Policy in the European Community*, London: Macmillan, 1993, p. 194.

② 田德文：《欧盟社会政策与欧洲一体化》，社会科学文献出版社 2005 年版，第 55 页。

③ Linda Hantrais, *Social Policy in the European Union*, London: Macmillan Press Ltd., 2000, p. 5.

### （一）投资于人的理念

劳动力在现代市场经济条件下已经演变为一种资本，称为人力资本。它是用劳动者的数量和质量表示的资本，是经由投资形成的，由劳动者的体力、知识和技能所构成的资本，是体现劳动者自身的资本。① 人是社会生产力的第一要素。在知识经济时代，"人所拥有的知识和技能是一种宝贵的财富"这一理念，已经被人们所认可。因此，"投资于人"的理念成为当今时代的必然要求。目前，投资人力资本的主要方式就是通过正规或非正规的教育和培训，使人获得知识和技术，从而使人的自身增值并创造更大的价值，而学校就成为专门进行教育和培训的机构，教育则成为人力资本增值的重要手段。在"投资于人"这一理念的指导下，欧盟率先将人本身作为一种经济要素来看待，并努力通过教育来不断提升人的价值和效用。

### （二）欧洲公民意识理念

"欧洲公民"概念是《马约》中提出的核心概念之一，旨在鼓励公民参与欧洲一体化的发展，以巩固和加强欧洲公民的"身份认同"。欧洲公民教育是欧洲教育政策的核心内容，主要目的是使欧洲人逐渐认识自己作为欧洲公民的权利、义务和责任，并尊重他人的权利，从而形成"积极的公民身份"，即承认欧洲共同文化遗产，忠诚于欧洲联盟，并享有自由迁移权和参政权。② 此外，欧洲一体化的发展需要不断增强欧洲公民意识，增强欧洲公民对欧盟的归属感。而欧盟教育与培训政策是实现这些目标的重要手段，同时欧盟也将其作为一种重要的发展理念来予以实践。

---

① Alan Butt Philip, "European Social Policy after Maastricht: The Strengthening of the Social Dimension", *Journal of European Social Policy*, Vol. 12, No. 2, 1992, p. 122.

② Monica Threlfall, "European Social Integration: Harmonization, Convergence and Single Social Areas", *Journal of European Social Policy*, Vol. 13, No. 3, 2003, p. 124.

20 世纪 80 年代，本着"提高青年人的欧洲认同感"的想法，共同体提出了"欧洲维度"（European Dimension）这一概念，具体内容包括：第一，加强青年人对有关欧共体和各成员国的历史、文化、经济和社会等方面知识的学习，认识欧洲文明的价值，明确只有在欧洲文明的基础上欧洲才能发展，并特别强调民主、社会公正、尊重人权等基本社会原则的作用；第二，使青年人面向不断扩大的社会经济区域，逐渐产生对欧洲的认同感和优越感，为参与共同体社会经济发展作准备；第三，强调成员国之间的合作，推动欧洲联合取得实质性进展。①此外，1997 年通过的《阿姆斯特丹条约》中也特别指出，增强欧洲意识是欧盟教育的主要目标之一，同时也是欧洲公民建设的有效途径之一。欧盟在教育政策中提倡和引入欧洲维度的理念，就是要在教科书和教学内容中越来越多地提及欧洲整体的概念，通过共同的教育政策，教授欧洲的语言，鼓励教师和学生的流动，促成各国文凭与学习经历的相互承认，加强教育间合作，培养欧洲意识途径，最终实现欧洲认同。②然而，2005年，法国和荷兰民众先后在公投中否决了《欧盟宪法条约》，直接暴露了欧洲认同缺失的问题。因此，欧盟仍然有必要通过强有力的政策措施，加大对教育的干预力度，增强欧洲认同感，从根本上推动欧洲一体化的进程。

### （三）终生学习理念

终生学习也是欧盟教育与培训政策所秉持的理念之一。随着知识经济时代的发展，终生学习成为社会成员的必然选择，因为只有不断接受教育与职业培训，才能不断适应日新月异的社会发展。欧盟在这方面走在了世界的前面，它不仅对该理念给予了高度重视，而且制定了实现终生学习的战略目标。

---

① 田德文：《欧盟社会政策与欧洲一体化》，社会科学文献出版社 2005年版，第 51 页。

② 王小海、刘凤结：《欧盟教育政策中的"欧洲维度"与欧洲认同构建》，《广东外语外贸大学学报》2014 年第 3 期。

在 20 世纪 90 年代，欧盟通过了一系列文件和指令大力贯彻终生教育和终生学习的理念，提出教育与培训要更好地应对 21 世纪的挑战。欧盟还把 1996 年定为"欧洲终生教育年"，开展对终生教育的广泛宣传和有关项目的实施。2001 年 11 月，欧盟委员会又通过了《促进实现欧洲终生学习》文件。文件强调要重视非正规或非正式教育在终生学习中的作用，要改变对学习时间和学习地点的传统认识，使"终生学习"与"全部生活"相联系，知识型社会也要求人们能够把学习过程和学习结果紧密联系起来。①

近些年来，欧盟在推动终生学习方面又有了一些新的进展，将终生学习的具体实施程序作了进一步细化，让更多愿意接受教育和培训的青年人能够享受欧盟在该领域带来的方便。此外，终生学习的理念已经在欧盟内部广泛传播，对每一个欧洲人都产生了一定影响，在欧洲国家逐渐实现"主流化"。

欧盟教育与培训政策的发展始终遵循"辅助性原则"与"协调性原则"。两大原则虽然在一定程度上限制着欧盟教育与培训政策的发展，但同时也在某种意义上反映出欧盟教育与培训政策独特的发展路径。此外，在欧盟教育与培训政策的发展过程中，始终将投资于人的理念、欧洲公民意识理念、终生学习理念贯穿其中，从而将增强欧洲认同和教育与培训政策衔接起来，有效促进欧洲一体化的不断完善。

## 四、存在的问题

职业教育和培训政策也是欧盟劳工政策的主要内容之一。随着欧洲一体化进程的深入发展，欧盟层面上的教育和培训政策日臻完善，其社会意义也逐渐凸显，并成为欧洲社会模式的基石之一。目前，欧盟教育政策已经具备了经济与社会的双重功效，并在一定程度上决定着未来欧盟社会政策的发展趋势。可以肯定的是，通过鼓

① Rajiv Prabhakar, "The Assets Agenda and Social Policy", *Social Policy and Administration*, Vol. 43, No. 1, 2009, pp. 54-56.

励各个成员国在联盟层面的合作，欧盟也将在职业教育和培训政策等教育问题上发挥越来越明显的作用。然而，不容忽视的是，在欧洲一体化进程中，欧盟教育政策的制定和实施仍将面临一系列困难。

### （一）欧盟教育与培训政策整合难度较大

虽然《马约》中曾提到，成员国的教育与培训制度无需作任何调整，但是理事会却要求，各成员国的普通与职业教育制度应该经历一个趋同的过程。这个要求似乎与"辅助性原则"相矛盾。尽管欧盟在各类条约中对"辅助性原则"所作的灵活解释为联盟机构积极介入教育领域提供了更合理的理由，欧盟也可以通过法律手段来敦促各国的职业教育与培训政策向趋同的方向发展，但是其始终承受着来自成员国多方面的压力，因为成员国并不会轻易让渡传统意义上应隶属于其内部事务的教育主权。《职业培训意向书》公布后，各成员国纷纷发表声明表示反对，不赞同欧盟委员会拥有更多的立法权，尤其是德国、丹麦和英国等国强烈要求欧盟应严格遵循"辅助性原则"，保护各成员国国家主权。在此情形之下，最能体现欧盟教育政策的"苏格拉底计划"和"达·芬奇计划"能否像欧盟所计划的那样，在迈向"知识型社会"的进程中发挥重要的作用，还是一个未知数。在欧盟当前的制度框架下，它只能通过财政援助拨款的方式，在联盟内部推行教育趋同政策，除此之外，欧盟事实上并不拥有更多的合法权限。[1]因此，在教育培训政策方面的整合难度仍然很大，这成为制约其发展的重要因素。

### （二）政策实施中的问题

现代科技革命使得技能的更新速度不断加快，而且由于劳动力在掌握信息方面存在的局限性，不可避免地会造成劳动力市场上的

---

① Giandomenico Majone, "The European Union Between Social Policy and Social Regulation", *Journal of Common Market Studies*, Vol. 31, No. 2, 1998, pp. 158-161.

技能短缺现象。各成员国政府本应利用其掌握的信息和资源对劳动力进行适当的技能培训，这一方面可以缓解因技能短缺而产生的劳动力市场压力，另一方面也可以传达政府产业调整信息，引导劳动者学习或掌握更有竞争力的技能，但是成员国在采取行动方面往往比较滞后。这种行动的滞后不仅会对政府干预的权威性造成负面影响，而且也直接影响欧盟教育与培训政策的顺利实施，从而影响它的政策效果，并最终侵蚀欧盟的合法性。

### （三）教育中的急功近利问题

在职业培训领域，普遍存在急功近利的现象。按照欧盟的规定，企业主、社会合作者、行会和专业团体有权参与职业教育和培训课程设置、内容的设计和教学等，各方应该综合考虑职业教育人员、课程、内容等多方面的实际情况，作出最适合的安排。但是在设计和选择课程时，企业主往往过多地考虑企业自身的利益，而不顾及学生的长远利益，培训反而有可能不利于学生未来职业生涯的发展。因为企业主安排在职培训的主要目的是提高企业雇员的生产技能，从而增强企业的竞争力，最终获得更多的利润，这是一个建立在严格的成本利润基础上的纯经济行为。相反，政府对职业培训干预的目的则是要使不同劳动者都能获得持续的就业能力，希望通过扩展职业教育课程的内容，加大对职业教育的投入，增加专业培训中的通用知识等方式，使劳动者更好地适应未来的变化，并为继续教育作好充分准备。上述两者出发点的差异就需要政府在该领域必须进行适度的干预，通常主要通过立法来保障劳动者拥有接受培训的权利，或者强制企业主缴纳一定数额的培训费用，由政府组织安排培训等方式来实现。

# 第四章　欧盟社会政策发展中的
## 主要成就与问题

在欧盟社会政策的发展过程中，虽然其间历经坎坷，但是就政策本身来讲，总体上保持了不断细化、体系化、完善化的发展趋势。欧盟社会政策不仅将政策内容扩展到更广的范围，也使更广泛的欧洲民众能够受惠于政策的实施。独具创意的理念创新和接踵而至的实践突破又将欧盟社会政策的发展推向一个新的水平。在此过程中，欧盟社会政策也为自身的发展确立了完整的法律基础，欧盟的社会权能也实现了一定程度的强化。可以说，这是一个相得益彰、相互促进的互动过程。当然，在取得比较显著的成就之外，我们还应该清醒地认识到欧盟社会政策发展中面临的问题与挑战，长期的经济低迷以及日益严峻的社会问题直接增加了社会整合的难度，加之欧盟大规模的扩大更加剧了这种态势。此外，超国家权力的软弱以及欧洲认同的薄弱都从更深层次制约着社会政策的发展。因此对于欧盟社会政策的发展，我们应该以一种客观、全面的态度去审视之。

## 第一节　欧盟社会政策发展取得的主要成就

欧盟社会政策不仅在发展中形成了独特的路径，而且在政策内容、政策对象、法律基础、政策理念与实践、欧盟社会权能等方面都取得了比较显著的成就。对这些成就进行细致的梳理，既是对已有发展成果的总结与评估，也可以为未来的发展指明方向。

## 一、政策内容的扩展与深化

### （一）政策内容的扩展

　　社会政策作为一种最基本的政策类型，政策内容的扩展是其发展的主要标志之一。欧盟社会政策在 60 多年的发展过程中，在政策内容方面实现了一定的丰富和拓展。1951 年，在社会政策刚刚启动之际，政策内容只涉及与煤、钢产业工人的工作和流动等有关的各项基本权利，范围十分狭窄，而且与经济一体化直接相关。然而随着欧洲一体化的持续扩大与深化，社会政策实践也逐步推进，人们对社会政策的认识也发生了转变，因此政策内容的范围也逐渐超越这些基本领域，扩展到更大的范围。1957 年的《罗马条约》在前期的发展基础上提出了欧盟社会政策的初步发展框架，同时在政策范围上对共同体内工人跨国流动的权利保障、就业和再就业、职业培训、男女工人平等等方面作出了原则性规定。20 世纪六七十年代，虽然欧盟社会政策的发展比较缓慢甚至停滞，但是在政策内容上又将工作安全与卫生、福利等纳入其中。20 世纪 80 年代，社会政策又扩展了改善工作环境、鼓励劳资对话、促进男女同工同酬等内容。进入 20 世纪 90 年代后，社会政策不仅扩展了诸如教育与培训、青年人政策、公共文化与健康、消费者保护等内容，并全面介入就业政策、社会保护和社会容纳等新的政策领域。在 21 世纪的第一个 10 年中，欧盟社会政策在"里斯本战略"的指引下，把消除贫困、促进就业等作为欧盟关注的重点领域，同时加强了各成员国之间的合作与协调。2010 年，新提出的"欧洲 2020 战略"则将多项社会政策（包括就业、教育与培训、减少贫困等）纳入其中，这意味着欧盟未来还将重点推进上述领域的发展，为欧盟社会政策的发展开辟新的空间。经过这些阶段性的扩展，欧盟社会政策不仅在内容上得到了充实，而且其整体发展水平相应得到了提升。

### （二）政策内容的深化

欧盟社会政策不仅在政策内容的范围上实现了扩展，而且在一些具体的政策内容上也实现了深化。一方面，在传统的社会政策领域，如劳动力自由流动、男女同工同酬、职业健康和安全等方面，欧盟社会政策对既有的指令作了进一步更新，①使其能够更好地适应政策实践的发展；另一方面，欧盟把就业政策置于社会政策的中心位置，并细化了就业政策的实施细则，使原有的相对笼统的政策内容更具操作性，从而便于政策的实施。例如，在就业问题上，欧盟各成员国达成了如下共识：（1）与欧盟经济政策相协调，调整各国自身的就业政策。（2）促进劳动力市场的调整，使之对经济变化迅速作出反应。（3）加强对成员国政策的多边协调与监督。由各国首脑每年审查欧盟的就业形势，并与经济与社会委员会等相关组织进行协商，在此基础上，根据执委会的建议，以"多数表决"的方式为各成员国制定就业指导方针，于年底审查其具体实施情况，并向各成员国提出建议。（4）部长理事会和委员会向各成员国首脑提交年度就业报告，委员会同时考虑制定下一年度的就业指导方针。（5）增加对重点就业项目的经济资助。②这些政策措施的出台均表明了欧盟在解决就业问题上的积极态度，在政策实施上的手法也更加成熟，这不仅是欧盟社会政策的一个新发展，同时也是其政策内容深化的集中体现。

总而言之，欧盟社会政策是一个持续成长的范畴，政策内容具有开放和包容的特点。③因此，随着政策实践的逐步推进，将有越来越多的政策内容和有关的政策行动纳入其中，政策的实施和执行也会更趋细化并日臻完善。

---

①　田德文：《欧盟社会政策与欧洲一体化》，社会科学文献出版社 2005 年版，第 19 页。

②　周弘主编：《1997—1998 年欧洲发展报告》，中国社会科学出版社 1998 年版，第 48 页。

③　Mary Daly, "EU Social Policy after Lisbon", *Journal of Common Market Studies*, Vol. 44, No. 3, 2006, p. 475.

## 二、政策对象的扩大

伴随着欧洲一体化的推进，欧盟社会政策不仅在政策内容上实现了扩展与深化，而且在政策对象上，即政策所覆盖的人员范围也不断扩大，从而使更多的欧洲民众被纳入欧盟社会政策体系，享受更广泛的社会权利和一体化发展带来的切实利益。1951 年《建立欧洲煤钢共同体条约》只是对煤钢工人的基本社会权益作了规定，无论是人员数量还是行业范围都是非常有限的。而 1957 年《罗马条约》中社会政策所覆盖的对象不仅包括共同体内的煤钢工人，还包括其他经济部门的工人以及各国的移民工人。① 1986 年《单一欧洲文件》则正式把自由流动的对象扩大为"人员"，这一概念的变化就将共同体内所有的人都纳入其政策对象。此外，文件还特别规定了教师与学生在共同体内部自由流动的合法性。20 世纪 90 年代，欧盟社会政策的对象继续扩大，不仅包括一体化各行业的工人，还包括未成年人、青年人、老年人以及残疾人。进入 21 世纪以来，欧盟实现了历史上规模最大的一次扩大，无论在地域上还是国家数量上都是空前的。这次扩大虽然给包括欧盟社会政策在内的整体一体化发展带来了巨大挑战，但是仅从扩大的意义上来讲，东扩使欧盟社会政策的覆盖范围大幅度扩展，人口数量和行业领域都有相应的增加。

与之相对应的是，社会政策对象的权利也逐渐丰富，内容日趋具体。1961 年《欧洲社会宪章》不仅保护了许多行业内工人的基本权利，还对与流动工人相关的家庭、妇女和儿童的权利作了规定。1989 年《欧洲工人社会权利宪章》对工人的自由择业权（包括自由选择工作国家和行业的权利）、获得报酬权、享受社会保障权、自由结社和参与劳资谈判的权利、要求提高生活质量的权利、享受职业培训的权利、男女同工同酬的权利以及对于未成年人、老

---

① 移民工人主要分为两类：一类是从欧盟之外的第三国进入欧盟某一成员国工作的人；另一类是在欧盟内部从一个成员国进入另一个成员国工作，或从一个地区到另一个地区工作的人。

年人、残疾人等弱势群体的基本权利的保障等，都作出了更加具体、明确的规定，并对之前的社会政策目标进行了整合。1992 年《马斯特里赫特条约》提出要建构"欧洲联盟公民"资格，并确定"公民权利"，这是欧盟社会政策向"社会欧洲"迈出的前进步伐。21 世纪以来，欧盟仍然在"社会欧洲"的道路上不断努力，虽然遭遇了很多困难与挫折，但是这种发展趋势已经形成，未来必将会有更广泛的社会权利，且覆盖更广泛的人群。

欧盟社会政策对象的扩大以及相应社会权利的扩展对欧盟的发展具有非常重要的意义。首先，社会政策本身具有普遍性的特点，即它所针对的对象应该是全体公民，这就要求欧盟要努力将其政策的范围覆盖到每一位欧洲民众。当然从目前来看，这对于欧盟来说还只是一个目标，但至少可以看出，欧盟已经在一步步向这个目标靠近。其次，欧盟对欧洲公民社会权利的保障，既是对主权国家社会权利的扩展，也是对主权国家社会权利的补充，受益者都是享受权利的欧洲普通民众，这对于提高欧盟的合法性以及塑造欧盟亲民的形象非常有益。

### 三、法律基础的夯实

欧盟社会政策的发展不仅依赖欧盟层面相关机制的规范，也依赖相应法律法规的保障，可以说，欧盟社会政策的发展历程也是其法律基础不断强化与夯实的过程。20 世纪 50 年代，欧盟三大基础条约对保障工人基本权利作了基本规定，但条约在表述上是非常谨慎而且模糊的，①也并没有对违约的问题作出明确处罚或更具约束力的规定，从而给主权国家的违约行为留下了空间。1961 年《欧洲社会宪章》首次详细地规定了共同体公民所享有的基本社会权利，但是由于《欧洲社会宪章》不具备法律约束力，因此导致其对公民基本权利的保障只能流于形式。同样，1989 年《欧洲工人基本社会权利宪章》虽然也对工人权利作了细致的规定，但由于

---

① Linda Hantrais, *Social Policy in the European Union*, London：Macmillan Press Ltd.，2000, p. 28.

同样的问题导致其未能发挥实际的作用。1992 年,《马约》以附件的形式增加了一个关于社会政策的《社会协定》,其中系统地阐释了欧盟社会政策的发展框架,但由于英国在该问题上持反对意见,从而导致了条约的分裂,①因此,《社会协定》仍不具备法律效力。直到 1997 年《阿约》的签订,新上台的英国工党主动放弃了英国奉行的"选择退出"立场,才将《马约》的《社会协定》纳入了《阿约》,从而赋予欧盟社会政策完全法律地位。另外,《阿约》还在第 136 条中声明,即共同体社会政策是基于 1961 年《欧洲社会宪章》与 1989 年《共同体工人基本权利宪章》中对于"欧洲社会权利"的界定建立起来的,②并将它们纳入共同体基础条约体系,从而奠定了共同体社会政策发展所需的法律基础。③此后,2004 年《欧盟宪法条约》开辟了专门章节设立《欧盟基本权利宪章》,最终将《欧洲社会宪章》的内容上升到了宪法的层面。可以说《欧盟宪法条约》赋予欧盟社会政策以完善的宪法基础,这是欧盟社会政策从诞生以来自始至终都在追求的目标。④遗憾的是,《欧盟宪法条约》遭到了法国和荷兰民众的否决。不过,欧盟经过两年多的反思,在各成员国之间努力协调,最终于 2007 年年底通过了简化版的《里斯本条约》,而且新条约中基本保留了《欧盟宪法条约》有关社会政策的内容。对于欧盟社会政策来说,完全法律地位的获得使它的发展迈入了一个崭新的阶段。此后,不仅政策发展更加规范、系统,而且政策执行也有了更多的保障,从而全面有力地推动了欧盟社会政策的完善。

另外,欧盟社会政策的法律体系也在不断完善。从一体化早期

---

① 郑春荣:《欧洲社会一体化进程述评》,《德国研究》2003 年第 2 期。

② 田德文:《欧盟社会政策与欧洲一体化》,社会科学文献出版社 2005 年版,第 22 页。

③ 田德文:《欧盟社会政策与欧洲一体化》,社会科学文献出版社 2005 年版,第 24 页。

④ Andreas Follesdal, Liana Giorgi and Richard Heuberger, "Envisioning European Solidarity Between Welfare Ideologies and the European Social Agenda", *Innovation*, Vol. 20, No. 1, 2007, p. 79.

的《建立欧洲煤钢共同体条约》、《罗马条约》，到《马约》、《阿约》以及专门的《社会协定》和条约中的"社会政策"章节，欧盟社会政策逐渐走上规范化、法制化、多元化的轨道。随着政策实践的深入，欧盟社会政策的立法也逐渐变得多种多样，条约已不仅仅是社会政策的唯一法律形式，包括各种反映共同体条约的原则、理事会或委员会的决议、建议、指示等二级立法，以及一些社会行动计划大量涌现。因此，成员国如果签署了条约或其他法律文件，就意味着这些条约或条款都将成为共同体的法律并适用于各个成员国。在政策实施过程中，条约、部长理事会决议、条例等都具有相应的法律效力，指示、建议、观点等也具有一定的政治约束力。同时，这些条约、决议、条例也为欧盟社会政策的对象、目标、原则和内容等提供了法律上的依据。①法律体系的完善也从一个侧面反映了欧盟社会政策的发展程度和水平。

## 四、政策理念的创新

欧盟社会政策在政策理念方面也实现了持续的创新。第一，"欧洲社会模式"（European Social Model）的提出是其在政策理念上实现的一次重大突破。2000 年委员会通过了《社会政策议程》，第一次明确提出"欧洲社会模式现代化"的概念，强调要把经济政策、社会政策和就业政策三者置于同等地位，并对它们之间的互动关系作了非常明确的阐释。（见图 4-1）首先，从总体上讲，经济政策、社会政策以及就业政策三者之间是相互制约、相互影响的关系。其次，经济政策是社会政策、就业政策发展的动力基础，同样，后两者也对增强经济竞争力发挥了积极作用。再次，经济实现快速增长、就业率持续增加是提升社会质量的关键要素，社会聚合水平的提高不仅有益于增加就业，也有助于经济政策的顺利推进。最后，充分就业不仅是经济发展的首要标志，也是社会政策发展的

---

① Monica Threlfall, "European Social Integration: Harmonization, Convergence and Single Social Areas", *Journal of European Social Policy*, Vol. 13, No. 2, 2003, pp. 131-132.

根本基础；而后两者的健康发展也是提高就业水平和工作质量的有效途径。①

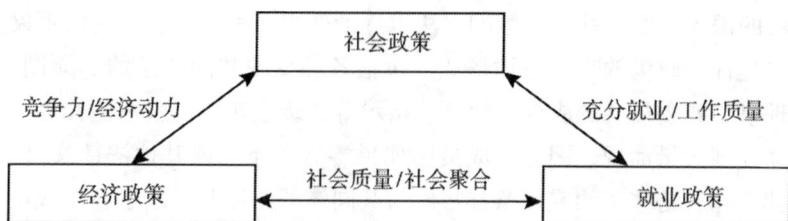

图 4-1 《社会政策议程》中关于"欧洲社会模式"的图解
资料来源：田德文：《欧盟社会政策与欧洲一体化》，社会科学文献出版社 2005 年版，第 26 页。

第二，"社会空间"概念的提出也是欧盟社会政策理念创新的具体体现。"社会空间"最早由前法国总统密特朗提出，之后德洛尔在推进"社会空间"的实践中作出积极贡献。"社会空间"的核心在于强调在共同体内部建立统一市场的同时，必须要有相应的社会政策作为补充，同时也希望通过立法途径给予社会政策一定的法律地位。虽然这种努力当时并没能获得所有成员国的认可，但是这种理念的提出对于 20 世纪 80 年代欧盟社会政策的发展仍然具有非常积极的意义，因为在当时的社会情况下，欧盟社会政策在人们的观念中还只是属于经济一体化的附属品，"社会空间"的提出首次打破了这种传统观念上的限制，并引起了人们对这个问题的讨论，从而加深了对欧盟社会政策作用的认识，为 20 世纪 90 年代后观念的转变奠定了基础。

第三，在社会政策的执行理念上，欧盟将"开放式协调方法"作为主要的政策执行方式。所谓"开放式协调方法"主要指的是：欧盟吸收更多行为主体参与政策制定，加强彼此之间的合作，为交流最佳政策实践降低交换成本，并经常性地、制度化地对政策的执

① 严双伍、石晨霞：《欧盟社会政策发展中的特点、成就与问题》，《武汉大学学报》（哲学社会科学版）2012 年第 1 期。

行进行评估和监督的一种方法。①

"开放式协调方法"最初主要应用于就业领域，随后才扩展到社会政策的其他方面。在"开放式协调方法"提出前的很长一段时间内，欧盟社会政策主要是通过指令（Directives）的方式来执行，是一种"硬"协调；《阿约》之后，欧盟则开始更多采用更为灵活的"开放式协调方法"。与指令相对应的"开放式协调方法"，是一种"软"协调，它的优势在于灵活、务实，在指令、法律等"硬"的协调失灵的情况下，这种方式能够避免政策执行的停滞。此外，"开放式协调方法"强调成员国之间的相互影响作用，它所确立的政策目标是通过共同讨论决定的，而且政策目标也是通过相互评估的途径来实现。在此过程中，欧盟的超国家机构并不扮演决策机构的角色，而是某种意义上的组织机构和协调机构，因此这种方式能够最大限度地融合欧盟内部广泛的多样性。随着联盟的扩大，内部的多样性随之增加，"开放式协调方法"也会越来越多地应用于成员国之间差异较大的政策领域，②从而推动政策的协调。

从本质来看，"开放式协调方法"是欧盟在自身权能相对较弱的领域所采取的一种灵活应对方式，旨在加强对成员国政策的协调。而这种"软"协调也有助于克服成员国间的政策差异，促进它们的政策趋同。③此后的发展成果和事实证明，"开放式协调方法"是推动欧盟社会政策发展的一种有效的方式。

## 五、政策实践的突破

欧盟社会政策在实践中也取得了不俗的成绩。第一，由于欧洲许多国家从 20 世纪七八十年代开始就被严峻的失业问题所困扰，

① 张浚：《开放式协调方法和欧盟推进全球治理的方式：以援助政策为例》，《欧洲研究》2010 年第 2 期。

② 张浚：《开放式协调方法和欧盟推进全球治理的方式：以援助政策为例》，《欧洲研究》2010 年第 2 期。

③ David M. Trubek and Louise G. Trubek, "Hard and Soft Law in the Construction of Social Europe: The Role of the Open Method of Coordination", *European Law Journal*, Vol. 11, No. 3, 2005, p. 350.

因此欧盟在进入 20 世纪 90 年代后将"促进就业"作为共同社会政策的中心任务，努力创造就业机会，对缓解失业压力发挥了积极作用。与此同时，欧盟在解决失业问题上的开支也在不断增加，据统计，1993—1999 年，欧盟的结构基金增加了 40%，用于解决持续的失业问题尤其是青年人失业，为青年人提供更多工作机会，降低欧洲民众在劳动力市场被排斥的危险，促进工人适应产业结构的调整和生产制度的变迁。1993 年，欧洲社会基金的预算总额比 1987 年翻了一番。1994—1999 年，社会基金针对各种项目的预算总额达到 470 亿欧洲货币单位。① 欧盟社会政策还为失业人员提供良好的职业培训和教育机会，显著提高了失业工人的再就业率。

第二，实现男女"同工同酬"，这也是欧盟社会政策的一项重要目标。欧盟一直以来都很尊重妇女在就业问题以及工资上的平等权利，并在政策实践中积极予以推动，取得了一定的成效。欧盟妇女的就业率持续提高，男女工资差距大的状况有了明显的改善。除了在工资领域的平等之外，欧盟也非常重视对妇女权利的保障，始终强调男女平等不仅是权利问题，同时也是促进社会进步和经济发展的重要组成部分，而且性别平等也有利于提高妇女参与政治、经济、社会、科学等各方面的水平。

第三，反对歧视也是欧盟社会政策的重要内容之一，并在实践中取得了不小的突破。反歧视的目标是尊重公民的基本社会权利，并保障公民平等享受这些基本的社会权利，尤其强调在雇佣关系中反对歧视，明确规定在雇佣关系中禁止因种族、宗教信仰、年龄或性别倾向的歧视。另外，对于那些合法居住在欧盟成员国的第三国公民，特别是长期居住者，也应实行同等待遇原则，以便使他们更好地融入东道国的社会。②

---

① Robert R. Geyer, *Exploring European Social Policy*, Cambridge：Polity Press，2000，p. 294.

② Robert Miles, Dietrich Thränhard（eds.），*Migration and European Integration：The Dynamics of Inclusion and Exclusion*，London：Pinter Publishers Ltd.，1995，pp. 325-326.

第四，欧盟在保障流动工人的人身健康与安全方面也取得了非常明显的成效。早在社会政策发展初期，欧共体就在保障工人健康与安全方面制定了最低标准，并对标准进行了多次完善。这些标准对保障工人的身体健康和生命安全发挥了不可忽视的作用。

另外，欧盟通过开展劳资对话，不仅增加了工人参与社会政策决策的机会，为工人争取到很多权利，而且能够有效协调劳资矛盾。此外，欧盟社会政策还为老年人、残疾人提供更多帮助，让各类弱势群体在社会的帮助下摆脱贫困与无助的状态，这些细致的社会政策都使欧盟成为发达地区的重要标志。

最后，欧盟的社会行动范围也不断扩展，行动计划的数量不断增多，这都有力地推动了各项社会政策的实施，成为欧盟社会政策发展的具体体现。

### 六、欧盟社会权能的增强

随着实践的推进，欧盟在社会政策领域的权能也有所增强。首先，决策机制不断完善。三大基础条约规定，共同体在社会政策领域的主要功能是"协调各成员国之间的合作，在某些特定的社会问题上进行沟通、磋商和研究，发挥欧洲社会基金的作用"。在这个发展阶段中，共同体除了在促进人员流动的社会保障问题上能够作出一些安排之外，它的社会权能（Social Competences）是非常有限的，也是软弱的。① 20 世纪 80 年代后，《单一欧洲文件》的签订正式确立了部长理事会"有效多数"表决制的合法地位。此后，"有效多数"表决制不仅适用于建设单一市场的问题，而且适用于一些社会政策问题，例如《单一欧洲文件》中规定，"在保护雇佣工人的权利、改善工作环境、健康与安全、保护消费者、区域发展基金、完成与建设内部统一市场相关的立法（税收除外）以及特

---

① Wolfgang Streek，"Neo-Voluntarism：A New European Social Policy Regime?"，*European Law Journal*，Vol. 1，No. 1，1995，p. 39.

殊项目等领域，由理事会以'有效多数'表决"。①后来，工作时间安排也由"有效多数"表决制决策。这种决策机制上的变化在一定程度上强化了共同体社会政策的实施力度。但条约也明确指出，在与各成员国利益密切相关的其他社会政策问题上，如人员自由流动、工人基本社会权利保障、第三国移民待遇、医疗保障和公共健康等，仍然需要部长理事会一致同意。此后，1997年《阿约》又在该问题上对《马约》进行了修改，联盟决意在共同社会政策的决策机制中进一步扩大"有效多数"表决制的适用范围，从而在社会政策领域强化了欧盟的超国家权力。条约中规定，欧盟理事会在改善工作环境、工作条件，促进性别平等以及解决长期性失业问题等政策领域中适用"有效多数"表决制。但条约同时也规定，在涉及社会保障、针对合同期满工人的保护、集体谈判、移民工人的就业条件、资助创造就业机会等政策领域，继续适用"一致通过"的决策机制。②尽管如此，在整个欧盟社会政策的发展过程中，"有效多数"表决制的适用范围和领域还是越来越广。决策机制的完善不仅意味着欧盟达成社会领域的共识更加容易，也意味着欧盟在推动该问题上的权能不断扩展，更标志着欧盟社会层面一体化程度的加深。③

其次，欧盟在社会政策领域权能的界定更加明确。随着欧盟社会政策完全法律地位的获得，条约对欧盟的权能进行了细致的划分，尤其是在《里斯本条约》中，条约清晰界定了联盟的社会权能，同时为欧盟社会政策的发展划定了清晰的范围。如条约第12条规定，在联盟有权作出规定的领域中，各成员国将"协调经济

---

① 欧共体官方出版局编，苏明忠译：《欧洲联盟法典》（第二卷），国际文化出版公司2005年版，第57页。

② European Commission，"Protocol on Social Policy"，*Social Europe*，No. 2，1993，pp. 89-90. 转引自田德文：《欧盟社会政策与欧洲一体化》，社会科学文献出版社2005年版，第28页。

③ European Commission，"Protocol on Social Policy"，*Social Europe*，No. 2，1993，pp. 89-90. 转引自田德文：《欧盟社会政策与欧洲一体化》，社会科学文献出版社2005年版，第31页。

与就业政策";第 14 条明确规定共同体社会政策为联盟和各成员国的"共享权能"领域;第 15 条规定联盟将"采取措施确保成员国就业政策的协调"以及"可以采取主动措施以确保成员国社会政策的协调"。① 对欧盟权能细致而明确的划分,是欧盟社会政策领域发展成熟的一种表现,因为只有明确了欧盟的基本权力范围和领域,才能使政策的制定、实施、评估等系统过程更加顺利,相应的责任也更加明确。一旦在某些问题上出现权能竞争的情况,也有明确的规定来保证有据可查,从而简化了协调矛盾的过程。

最后,欧盟社会权能得到进一步增强。综观整个欧盟社会政策的发展历程,欧盟权能的扩大路径清晰可见。最初制定社会政策的权力来源于各成员国政府的认可。但随着一体化的进展,欧盟成立了相对独立的决策及执行机构,反过来要求各成员国必须遵循欧盟的目标来调整其国内的政策与行为。②从法律效力来说,共同体或欧盟的立法具有优先于成员国国内法的地位,即成员国国内法律(甚至包括宪法)凡与共同体法相抵触或违背的,必须以后者为准;而且部分共同体法,例如基础性条约,还可以不经成员国立法的转换,在成员国国内即时生效和直接适用;任何成员国的自然人或法人都可以根据共同体条约或其他立法的有关规定,向欧洲法院起诉本国或他国的政府、机构或企业的违法行为,欧洲法院的裁决可在成员国国内强制执行;共同体法院对条约的解释和判例也可作为共同体法而得以在成员国中贯彻。③总之,在欧盟权能日益扩大的情况下,欧盟社会政策对成员国的影响也越来越大,各国政府势必要在观念上有所转变,将传统的社会政策置于欧洲层面来加

---

① European Commission, *Treaty of Lisbon*, http://www.consilium.europa.eu/showPage.aspx? id=1296&lang=en.

② Allan Cochrane, "Looking for a European Welfare State", in A. Cochrane and J. Clarke (eds.), *Comparing Welfare States: Britain in International Context*, London: Sage, 1993, p.265.

③ Peter Taylor-Gooby (ed.), *Making a European Welfare State? Convergences and Conflicts over European Social Policy*, London: Blackwell Publishing, 2004, pp.165-167.

以考虑。

从上述情形来看，经过 60 多年的发展，欧盟在社会领域的权能的确在不断增强，这是社会政策领域一体化深化的体现。但是相对而言，欧盟的社会权能始终受到"辅助性原则"的限制，因此不可能有大幅度的提升，而只是小范围的强化。

欧盟社会政策所取得的成就是多方面、多层次的，这既体现出欧盟社会政策体系的发展和完善，也体现出欧洲一体化的深化。与它所取得的成就相比，可能面临的挑战更多，而且与经济一体化的发展相比，欧盟社会政策与之的差距仍然很大，因此一体化的均衡发展还有很长的路要走。

## 第二节　欧盟社会政策发展面临的问题与挑战

欧盟社会政策虽然已经取得了很多成就，但它在发展中仍面临不少问题与挑战，如发展滞后的问题、东扩之后带来的诸多难题、严峻的失业和人口老龄化问题等。所有这些都对欧盟社会政策的发展提出了挑战，都要求其在未来的发展过程中必须有效应对。

### 一、发展相对滞后

从发展进程来看，无论是发展速度还是发展程度，社会政策一直是欧盟整体发展中一个相对缓慢、薄弱、滞后的环节。[1]一方面，从 20 世纪 50 年代初社会政策诞生以来到 70 年代上半期的 20 多年中，欧盟社会政策的发展主要围绕三大基础条约来进行，没有更多可参照的依据，因而无论从政策范围上或是发展程度上，社会政策的发展都比较有限。在 20 世纪 70 年代中期到 80 年代中期近 10 年的时间里，由于受到经济发展速度放慢和石油

---

① Stephan Leibfried and Paul Pierson (eds.), *European Social Policy: Between Fragmentation and Integration*, Washington, D. C.: The Brookings Institution, 1995, p. 175.

危机的影响，经济一体化发展进入调整期，欧盟社会政策除实施了几个社会行动计划外（包括 1974 年、1978 年和 1984 年社会行动计划），在立法和政策实践方面均没有大的突破。从 1986 年《单一欧洲文件》签订到目前为止的近 30 年里，虽然社会政策已经逐步走出低谷并取得了一些成就，但与经济一体化相比，其发展速度仍然显得微不足道，发展程度也非常有限。①直到现在，欧盟社会政策的主要内容在很大程度上仍然局限在与经济一体化相关的领域。此外，欧盟层面尚未形成一个强有力的机制来保障各项社会政策在各成员国的顺利实施，即便政策能够移植到成员国国内。由于程序比较复杂，加上时间上的拖延，因此政策实施也并不能达到预期的效果。另一方面，欧盟社会政策虽然已经经历了 60 多年的发展，但在传统社会政策的核心领域——社会保障政策上仍然没有涉足，这表明欧盟社会政策的发展还很粗浅，未来还有很长的路要走。

当然，欧盟社会政策发展滞后的主要原因在于其自身发展特点的限制，也有经济方面的外部因素。

### （一）欧盟社会政策本身的特点是其发展滞后的内在原因

导致欧盟社会政策发展滞后的内在原因为：

第一，社会政策长期以来的附属地位。欧盟社会政策的附属性简言之就是，在欧盟社会政策的发展过程中，长达 40 年的时间是完全围绕经济一体化所进行的，它所有的政策实践都是为了经济一体化的顺利发展，附属地位决定了它没有自己独立的发展空间，也没有受到特别的关注，因此发展滞后在所难免。虽然此后欧盟社会政策已经实现了从附属性向独立性的转变，但是，依附性关系不可能一时间完全割裂。而且，社会政策的发展也离不开经济一体化提供的基础和物质保障，因此这种独立地位的实现仅限于政策本身意义上的独立，并不意味着与经济一体化的完全

---

① 严双伍、石晨霞：《欧盟社会政策发展中的特点、成就与问题》，《武汉大学学报》（哲学社会科学版）2012 年第 1 期。

分离。①基于上述几点，可以认为欧盟社会政策发展滞后的问题短期内很难解决。

第二，社会政策一直以来都奉行"软"协调。所谓"软"协调是指欧盟社会政策的制定和实施主要通过"开放式协调方法"等"柔"性手段来进行，缺乏必要的"刚"性、强制性手段，尽管这是社会政策发展的一大特色，但是许多现实问题单靠"软"协调是无法快速、有效地解决的，因此这也成为欧盟社会政策发展滞后的重要因素。

### （二）经济发展缓慢是欧盟社会政策发展滞后的重要原因

从 20 世纪 90 年代初开始，欧盟经济始终增长乏力，这种状况与美国形成鲜明对比。（见表 4-1）经济发展状况不良，不仅直接影响欧洲经济一体化的推进，而且也间接制约了欧盟社会政策的发展。因为毕竟经济因素和社会政策之间总是有着千丝万缕的联系，经济发展不仅是应对失业的根本途径，而且也是共同财政资金的直接来源，像社会基金的运作、各种行动计划的实施都将受到经济发展状况的影响。②此外，欧盟社会政策的内容虽然不涉及最根本的再分配问题，但是社会政策仍然属于消费的范畴，因此，没有有力的经济增长作支撑，没有强劲的生产，社会政策这种消费便无从谈起。另外，经济一体化是推动欧盟社会政策发展的直接动力，经济一体化受挫，必然会影响社会政策的顺利推进。总之，经济长期低迷是对经济一体化的考验，也是对欧盟社会政策的挑战。

除经济发展缓慢之外，经济发展的不平衡也是造成欧盟社会政策发展滞后的重要原因之一。伴随着欧盟的不断扩大，成员国之间经济发展失衡的状况也持续恶化。从目前的发展情况来看，由于欧

---

①　Wolfgang Streeck, *Social Institutions and Economic Performance*: *Studies of Industrial Relations in Advanced Capitalist Economies*, London: Sage Publications, 1992, pp. 233-236.

②　杨逢珉：《欧盟推行社会政策的实践与障碍》，《世界经济与政治》1997 年第 2 期。

**表 4-1** **2003 年以来三大主要经济体实际 GDP 增长率**

单位：%

| 年份<br>国家和组织 | 2003 | 2004 | 2005 | 2006 | 2007 | 2008 | 2009 | 2010 | 2011 | 2012 | 2013 | 2014 |
|---|---|---|---|---|---|---|---|---|---|---|---|---|
| 欧盟 28 国 | 1.5 | 2.5 | 2.0 | 3.4 | 3.1 | 0.5 | -4.4 | 2.1 | 1.7 | -0.5 | 0.2 | 1.4 |
| 欧元区 19 国 | 0.7 | 2.3 | 1.7 | 3.2 | 3.0 | 0.5 | -4.6 | 2.0 | 1.6 | -0.8 | -0.3 | 0.9 |
| 日本 | 1.7 | 2.4 | 1.3 | 1.7 | 2.2 | -1 | -5.5 | 4.7 | -0.5 | 1.4 | 1.6 | 0 |
| 美国 | 4.9 | 6.6 | 6.7 | 5.8 | 4.5 | 1.7 | -2.0 | 3.8 | 3.7 | 4.1 | 3.1 | 4.1 |

资料来源：欧盟统计局，http://ec. europa. eu/eurostat/web/main/home；日本统计局，http://www. stat. go. jp；美国商务部，http://www. bls. gov/home. htm.

盟遭受金融危机的重创，内部各国经济发展不一，欧盟经济一体化必然面临严峻的考验。在这种状况下，很难期待欧盟社会政策能够实现快速发展。

## 二、欧盟东扩带来的问题

20 世纪 90 年代初，东欧剧变、苏联解体，欧盟为实现其"统一欧洲"的梦想，以及出于战略安全上的考虑，着手将中东欧国家纳入其中。经过 10 多年的前期准备、条约调整、后期积极协调等，欧盟终于在 2004 年和 2007 年完成了历史上规模最大的扩大。但欧盟东扩除了使其在"统一欧洲"梦想的道路上向前迈出了一大步，获得了一些战略缓冲之外，短期内带给欧洲一体化的问题也很多，尤其是对欧盟社会政策的发展造成了非常大的冲击。

### （一）巨大的经济差距

2004 年，随着大批经济发展水平良莠不齐的中东欧国家加入欧盟，欧盟整体的贫富差距被骤然拉大。新入盟的成员国无论在人均国民生产总值、整体经济发展水平，还是在具体的就业水平、失业率和劳动力成本方面，都和老成员国存在着巨大的差距。（见表 4-2，以 GDP 为例）而且新入盟国家的经济发展水平也是参差不齐。这些巨大的经济差距无疑增加了欧盟社会政策的发展难度。

第一，从新老成员国的对比来看，新入盟国家的总体经济发展水平明显低于老成员国。有资料显示，新入盟国家的人均 GNP 只有欧盟的 15.53%，人均工资也只有老成员国人均工资的 20% 左右。与此同时，新老成员国在经济结构方面也存在巨大差距，如在产业结构方面，新入盟国家的服务业平均占其总产值的比重为 63%，而老成员国的平均比重达到 71%；新入盟国家的农业占总产值的比重为 4%，老成员国为 2%；两者在进出口比重等问题上也存在很大差距。这种结构性的差异不可能在短时间内消除。①另外，新成员国入盟后，欧盟经济规模虽然有所扩大，但人均 GDP 却呈现下降态势。新入盟的 12 国普遍较为贫穷，以当时币值汇率换算，合计 12 国的 GDP 仅占原欧盟 15 国 GDP 的 5%，购买力也仅为原欧盟 15 国的 10%，这导致欧盟东扩后区域内人均 GDP 降低了16%。②换言之，以人均购买力来看，东扩后的欧盟虽然人口增加，版图扩展，但实际的经济购买力反而降低了。而且在新入盟的中东欧国家成功转型、经济实现快速发展之前，这一状况还要持续很长时间。

第二，新入盟国家的经济发展水平也参差不齐，其中只有塞浦路斯、斯洛文尼亚等相对富裕的国家，人均 GDP 最多也只是达到欧盟平均水平的 60% 以上；而像拉脱维亚、波兰等发展相对落后的国家，人均 GDP 甚至还不及欧盟平均水平的 50%。③另外，据世界银行和欧盟委员会提供的数据显示，以斯洛文尼亚和塞浦路斯为代表的富裕国家发展较快，最快要花 10—20 年的时间可以达到欧盟 15 国平均水平的 75%，而其余发展落后的新入盟国家则可能至少要花 30 年时间才能达到这一水平，由此可以看出它们之间的差距也非常明显。

显然，欧盟内部成员国之间经济发展水平的不平衡情况在很长一段时间内将限制欧盟经济总体发展速度，影响其整体经济发展水平，经济上的差异也将增加新老成员国之间的矛盾，削弱它们相互之间的凝聚力，欧洲一体化的发展也因此而受阻，甚至有人认为一体化进程会出现倒退。正如卢森堡前首相让-克洛德·容克所警告："我们将会拥有一个与现有的 15 国的欧洲显著不同的 27 国的欧洲。

---

① 张楠：《欧盟东扩及其面临的挑战》，《江苏社会科学》2007 年第 7 期。

② 冯剑：《欧盟东扩的受益、代价及其影响》，《开放导报》2004 年第 3 期。

③ Nicholas Barr, *Labor Markets and Social Policy in Central and Eastern Europe: The Accession and Beyond*, Washington, D.C.: World Bank, 2005, pp. 116-117.

表 4-2　　　　　　　　　　　欧盟新老成员国 GDP 比较

单位：百万欧元

| 国家和组织 | 2003 | 2004 | 2005 | 2006 | 2007 | 2008 | 2009 | 2010 | 2011 | 2012 | 2013 | 2014 |
|---|---|---|---|---|---|---|---|---|---|---|---|---|
| 欧盟 28 国 | 10 493 789.6 | 11 022 328.8 | 11 510 087.9 | 12 177 005.1 | 12 909 441.5 | 12 993 621.0 | 12 249 585.5 | 12 794 296.1 | 13 177 263.3 | 13 428 968.2 | 13 541 722.8 | 13 944 015.3 |
| 欧元区 19 国 | 7 828 983.2 | 8 163 461.3 | 8 459 274.8 | 8 903 916.5 | 9 401 390.8 | 9 634 224.9 | 9 288 123.7 | 9 544 572.1 | 9 803 222.4 | 9 849 134.4 | 9 952 775.2 | 10 126 889.1 |
| 奥地利 | 230 999.2 | 241 505.0 | 253 009.3 | 266 478.0 | 282 346.9 | 291 930.4 | 286 188.4 | 294 627.5 | 308 630.3 | 317 055.8 | 322 878.3 | 329 295.6 |
| 比利时 | 282 637.0 | 298 711.0 | 311 481.0 | 326 662.0 | 344 713.0 | 354 066.0 | 348 781.0 | 365 101.0 | 379 106.0 | 387 419.0 | 392 699.0 | 400 643.0 |
| 保加利亚 | 18 735.9 | 21 042.2 | 24 001.6 | 27 349.8 | 32 708.0 | 37 373.3 | 37 245.0 | 37 723.8 | 40 955.1 | 41 693.3 | 41 911.8 | 42 750.9 |
| 克罗地亚 | 30 702.7 | 33 464.5 | 36 508.4 | 40 197.8 | 43 925.8 | 48 129.8 | 45 090.7 | 45 004.3 | 44 708.6 | 43 933.7 | 43 561.5 | 43 084.8 |
| 塞浦路斯 | 12 788.3 | 13 848.0 | 14 946.2 | 16 140.7 | 17 453.8 | 18 822.0 | 18 482.3 | 19 117.7 | 19 547.1 | 19 468.9 | 18 064.6 | 17 393.7ᵖ |
| 捷克共和国 | 87 959.6 | 95 878.5 | 109 394.0 | 123 743.2 | 138 004.0 | 160 961.5 | 148 357.4 | 156 369.7 | 163 583.2 | 160 706.6 | 156 932.6 | 154 738.7 |
| 丹麦 | 193 353.4 | 202 317.4 | 212 906.5 | 225 592.0 | 233 439.5 | 241 087.3 | 230 213.3 | 241 516.9 | 246 074.7 | 252 915.2 | 255 235.4 | 260 581.6 |
| 爱沙尼亚 | 8 708.9 | 9 707.1 | 11 262.3 | 13 521.7 | 16 246.4 | 16 517.3 | 14 145.9 | 14 718.5 | 16 667.6 | 18 006.0 | 19 014.9 | 19 962.7 |
| 芬兰 | 151 569.0 | 158 477.0 | 164 387.0 | 172 614.0 | 186 584.0 | 193 711.0 | 181 029.0 | 187 100.0 | 196 869.0 | 199 793.0 | 202 743.0 | 205 178.0 |
| 法国 | 1 637 438.0 | 1 710 760.0 | 1 771 978.0 | 1 853 267.0 | 1 945 670.0 | 1 995 850.0 | 1 939 017.0 | 1 998 481.0 | 2 059 284.0 | 2 086 929.0 | 2 116 565.0 | 2 132 449.0 |
| 德国 | 2 220 080.0 | 2 270 620.0 | 2 300 860.0 | 2 393 250.0 | 2 513 230.0 | 2 561 740.0 | 2 460 280.0 | 2 580 060.0 | 2 703 120.0 | 2 754 860.0 | 2 820 820.0 | 2 915 650.0 |
| 希腊 | 178 904.9 | 193 715.9 | 199 242.3 | 217 861.6 | 232 694.6 | 241 990.4 | 237 534.2 | 226 031.4 | 207 028.9ᵖ | 191 203.9ᵖ | 180 389.0ᵖ | 177 559.4ᵖ |
| 匈牙利 | 75 174.4 | 83 496.8 | 90 543.0 | 91 345.0 | 101 605.9 | 107 503.1 | 93 670.7 | 98 198.4 | 100 704.5 | 98 972.8 | 101 273.3 | 104 239.1 |
| 爱尔兰 | 145 779.4 | 156 176.6 | 169 977.7 | 184 923.3 | 197 053.7 | 187 547.2 | 169 431.7 | 166 157.5 | 173 940.0 | 174 844.2 | 179 447.7 | 189 045.9 |
| 意大利 | 1 391 312.8 | 1 449 016.0 | 1 490 409.4 | 1 549 188.0 | 1 610 304.0 | 1 632 933.4 | 1 573 655.1 | 1 605 694.4 | 1 638 857.3 | 1 614 672.5 | 1 606 894.7 | 1 613 859.1 |
| 拉脱维亚 | 10 466.5 | 11 662.1 | 13 710.6 | 17 235.0 | 22 639.5 | 24 317.9 | 18 731.2 | 17 772.4 | 20 144.2 | 21 982.7 | 22 805.2 | 23 580.9 |

续表

| 年份<br>国家<br>和组织 | 2003 | 2004 | 2005 | 2006 | 2007 | 2008 | 2009 | 2010 | 2011 | 2012 | 2013 | 2014 |
|---|---|---|---|---|---|---|---|---|---|---|---|---|
| 立陶宛 | 16 668.7 | 18 237.4 | 21 002.4 | 24 079.2 | 29 040.3 | 32 696.3 | 26 934.8 | 28 027.7 | 31 263.1 | 33 334.7 | 34 962.2 | 36 444.4 |
| 卢森堡 | 25 877.3 | 27 660.5 | 29 733.5 | 33 409.3 | 36 766.1 | 37 647.4 | 36 268.2 | 39 525.5 | 42 226.9 | 43 574.1 | 46 541.1 | 48 897.5 |
| 马耳他 | 4 794.7 | 4 867.2 | 5 142.1 | 5 386.1 | 5 757.5 | 6 128.7 | 6 138.6 | 6 599.5 | 6 892.8 | 7 205.0 | 7 533.6 | 7 941.3 |
| 荷兰 | 506 671.0 | 523 939.0 | 545 609.0 | 579 212.0 | 613 280.0 | 639 163.0 | 617 540.0 | 631 512.0 | 642 929.0 | 645 164.0 | 650 857.0ᵖ | 662 770.0ᵖ |
| 波兰 | 192 274.3 | 204 848.0 | 244 822.0 | 273 418.0 | 313 654.1 | 363 691.8 | 314 689.4 | 361 744.3 | 380 176.9 | 389 273.3 | 394 601.8 | 410 844.6 |
| 葡萄牙 | 146 158.3 | 152 371.6 | 158 652.6 | 166 248.1 | 175 467.7 | 178 872.6 | 175 448.2 | 179 929.8 | 176 166.6 | 168 398.0 | 170 269.3 | 173 446.2ᵖ |
| 罗马尼亚 | 52 931.0 | 61 404.0 | 80 225.6 | 98 418.6 | 125 403.4 | 142 396.3 | 120 409.2 | 126 746.4 | 133 305.9 | 133 511.4 | 144 253.5 | 150 018.5ᵖ |
| 斯洛伐克 | 30 064.5 | 34 702.3 | 39 219.9 | 45 396.2 | 56 090.6 | 65 839.8 | 63 818.5 | 67 387.1 | 70 443.5 | 72 420.0 | 73 835.1 | 75 560.5 |
| 斯洛文尼亚 | 26 303.1 | 27 736.7 | 29 235.4 | 31 561.2 | 35 152.6 | 37 951.2 | 36 166.2 | 36 252.4 | 36 896.3 | 35 988.3 | 35 907.5 | 37 303.2 |
| 西班牙 | 803 472.0 | 861 420.0 | 930 566.0 | 1 007 974.0 | 1 080 807.0 | 1 116 207.0 | 1 079 034.0 | 1 080 913.0 | 1 070 413.0 | 1 042 872.0ᵖ | 1 031 272.0ᵖ | 1 041 160.0ᵖ |
| 瑞典 | 293 444.5 | 307 433.4 | 313 218.0 | 334 876.5 | 356 434.3 | 352 317.1 | 309 678.7 | 369 076.6 | 404 945.5 | 423 340.7 | 435 752.1 | 430 642.3 |
| 英国 | 1 719 826.9 | 1 849 390.0 | 1 945 624.5 | 2 063 309.5 | 2 168 911.7 | 1 908 370.2 | 1 667 594.9 | 1 813 331.2 | 1 866 018.3 | 2 053 612.8 | 2 042 895.0 | 2 253 310.9 |

注：p——临时数据；e——预估数据。
资料来源：欧盟统计局，http://ec.europa.eu/eurostat/web/main/home.

如果我们不为此变化做些努力的话，欧洲将不再是原来的欧洲，它会直接滑向一个自由贸易区。"①

总之，欧盟实现新一轮的东扩之后，巨大的经济差距是欧洲一体化面临的重大挑战，因为一体化从某种意义上被认为是一个"匀质化"的过程，而东扩却增加了它的异质性。对于无论在发展水平还是在发展程度上都还比较薄弱的欧盟社会政策来讲，更是如此。如何在存在巨大差距的成员国之间协调彼此的社会政策是欧盟社会政策面临的一大难题。

### (二) 巨大的社会差异

由于中东欧地区历来是东西方大国博弈的关键区域，许多中东欧国家可谓长期在夹缝中求生存，所以这一地区的国家在很长一段历史时期内都奉行追随大国的外交战略，在大国的荫庇下求发展，这必然使其自身的发展模式带有其他大国的色彩。例如在二战之前，中东欧国家当时主要受到俾斯麦发展模式的影响。②二战结束后，中东欧国家追随苏联，成为社会主义阵营的组成部分，其间在苏联的领导下大力推行社会主义发展模式、计划经济体制等，这对它们的影响非常深远，甚至在社会主义阵营解体，直至东欧剧变后，这种影响仍然存在，尤其在社会保障模式上，它们更加强调个人的责任，国家的责任相对较小，这与西欧国家政府主导的高福利模式形成鲜明对比。③这些差异既对其此后的国家改革造成了很大的阻碍，同时也使欧盟协调成员国之间的社会政策更加困难，不利于欧盟社会政策的发展。

除了发展模式上的差异之外，中东欧国家的社会发展水平也明

---

① 杨逢珉、张永安：《欧盟东扩进程及其困难》，《世界经济研究》2002 年第 1 期。

② 田德文：《欧盟社会政策与欧洲一体化》，社会科学文献出版社 2005 年版，第 213 页。

③ Petra Böhnke, "Are the Poor Socially Integrated? The Link Between Poverty and Social Support in Different Welfare Regimes", *Journal of European Social Policy*, Vol. 18, No. 2, 2008, p. 140.

显低于老成员国，这既有发展模式的原因，也有经济发展水平的因素。总之，这些国家在社会保障上的支出非常有限，社会支出占国民生产总值的比重普遍偏低，而大多数老成员国属于西方发达国家，较早地迈入了工业化社会，因此其福利水平和各类社会保障水平都比较高，这些差距无疑加大了欧盟社会政策的协调与实施的难度，而且这些结构性差异不可能在短期内得到消弭，因此这些问题会在很长一段时间内制约欧盟社会政策的整合。

### (三) 规模有限的社会基金

尽管欧盟社会政策不同于民族国家内部的社会政策，但是从本质上来说，它属于传统意义上的社会再分配范畴，因此，财政问题成为其必然要考量的现实因素。而欧盟东扩加重了欧盟的财政负担。在欧盟社会政策领域，社会基金的规模本来非常有限，随着中东欧国家的入盟，欧盟自有财源的增长幅度很难与社会基金的支出幅度相匹配。①因此在这个问题上，新老成员国的矛盾和分歧在所难免，争吵不断增多，这种状况显然不利于欧盟社会政策的发展。

从总体上看，欧盟东扩增加了欧盟社会政策的发展难度，其未来的发展既有赖于欧盟消化东扩的速度与成效，也有赖于中东欧新入盟国家在社会发展模式上向老成员国积极靠拢。② 此外，新老成员国应该在社会政策的发展问题上加强协商，努力扩大共识，避免因眼前利益分歧导致的无休止争吵。唯有这样，才能有效应对东扩对欧盟社会政策造成的挑战。

### 三、日益严峻的社会问题

欧洲是当今世界整体发展水平比较高的地区之一，尤其是西欧

---

① Gerda Falkner, "Forms of Governance in European Union Social Policy: Continuity and/or Change?", *International Social Security Review*, Vol. 52, No. 2, 2006, p. 84.

② Mark Kleinman, "The Future of European Union Social Policy and Its Implications for Housing", *Urban Studies*, Vol. 39, No. 2, 2002, p. 345.

和北欧地区的国家，它们最先迈入工业社会。包括社会福利、社会保险和社会救济等政策内容的起步也比较早，因此其社会政策的发达程度和福利水平都是比较高的。但从 20 世纪七八十年代开始，高福利带来的问题也越来越多，最终导致欧洲福利国家频频陷入危机。因此，欧洲国家纷纷对其社会政策进行改革，但是改革的效果并不明显，到目前为止，欧洲各国政府仍然被诸多社会问题所困扰，其中主要包括失业问题、人口老龄化问题、福利危机等。这些社会问题的凸显，虽然对欧盟社会政策的发展形成了很大的压力，但是也作为一种外部动力推动了欧盟社会政策的发展。

### （一）失业问题

失业问题是当今世界许多国家都面临的重大难题，几乎每一个国家都在为降低失业率、增加就业岗位而绞尽脑汁。因为失业问题对于普通就业者来说，它威胁着个人甚至一个家庭的生存和发展；对于社会来说，它直接影响着社会的稳定与团结，也影响着社会的和谐与发展；对于国家来说，不仅要遭受失业带来的直接经济损失，还要承担大量的失业保障、失业保险等社会支出，从而增加其财政负担。因此，无论从哪个角度来讲，失业问题都是非常严峻的社会问题，也牵动着每个国家的神经。

对于欧洲国家来说，在经历了 20 世纪五六十年代经济上的飞速发展之后，到 70 年代初进入了经济滞涨阶段，随之而来的是大规模失业问题的出现，这种情况在 80 年代有所缓和，进入 90 年代后又卷土重来。近些年来，这种状况也没有得到明显的改善，高水平的失业率仍然困扰着欧洲国家。从 2000 年到 2014 年的统计数据来看，欧盟 28 国的总体失业率基本保持在 8%～10%，其中 2014 年达到 10.2%，而欧元区 19 国的总体失业率在 2014 年更是高达 11.6%。（见表 4-3）

可以说，在欧洲一体化的进程中，欧洲在很长一段时间内都被此起彼伏的失业问题所困扰，这不仅是一个经济问题，更是一个社会问题。虽然共同体从 20 世纪 80 年代起就开始在失业问题上有所行动，努力协调成员国的就业政策，但是这种努力的直接效果并不

表4-3　欧盟各成员国失业率

单位：%

| 年份 国家和组织 | 2000 | 2001 | 2002 | 2003 | 2004 | 2005 | 2006 | 2007 | 2008 | 2009 | 2010 | 2011 | 2012 | 2013 | 2014 |
|---|---|---|---|---|---|---|---|---|---|---|---|---|---|---|---|
| 欧盟28国 | 8.9 | 8.7 | 9.0 | 9.2 | 9.3 | 9.0 | 8.2 | 7.2 | 7.0 | 9.0 | 9.6 | 9.7 | 10.5 | 10.9 | 10.2 |
| 欧元区19国 | 8.9 | 8.3 | 8.6 | 9.1 | 9.3 | 9.1 | 8.4 | 7.5 | 7.6 | 9.6 | 10.2 | 10.2 | 11.4 | 12.0 | 11.6 |
| 奥地利 | 3.9 | 4.0 | 4.4 | 4.8 | 5.5 | 5.6 | 5.3 | 4.9 | 4.1 | 5.3 | 4.8 | 4.6 | 4.9 | 5.4 | 5.6 |
| 比利时 | 6.9 | 6.6 | 7.5 | 8.2 | 8.4 | 8.5 | 8.3 | 7.5 | 7.0 | 7.9 | 8.3 | 7.2 | 7.6 | 8.4 | 8.5 |
| 保加利亚 | 16.4 | 19.5 | 18.2 | 13.7 | 12.1 | 10.1 | 9.0 | 6.9 | 5.6 | 6.8 | 10.3 | 11.3 | 12.3 | 13.0 | 11.4 |
| 克罗地亚 | 15.8 | 15.9 | 15.1 | 14.2 | 13.9 | 13.0 | 11.6 | 9.9 | 8.6 | 9.2 | 11.7 | 13.7 | 16.0 | 17.3 | 17.3 |
| 塞浦路斯 | 4.8 | 3.9 | 3.5 | 4.1 | 4.6 | 5.3 | 4.6 | 3.9 | 3.7 | 5.4 | 6.3 | 7.9 | 11.9 | 15.9 | 16.1 |
| 捷克共和国 | 8.8 | 8.1 | 7.3 | 7.8 | 8.3 | 7.9 | 7.1 | 5.3 | 4.4 | 6.7 | 7.3 | 6.7 | 7.0 | 7.0 | 6.1 |
| 丹麦 | 4.3 | 4.5 | 4.6 | 5.4 | 5.5 | 4.8 | 3.9 | 3.8 | 3.4 | 6.0 | 7.5 | 7.6 | 7.5 | 7.0 | 6.6 |
| 爱沙尼亚 | 14.6 | 13.0 | 11.2 | 10.3 | 10.1 | 8.0 | 5.9 | 4.6 | 5.5 | 13.5 | 16.7 | 12.3 | 10.0 | 8.6 | 7.4 |
| 芬兰 | 9.8 | 9.1 | 9.1 | 9.0 | 8.8 | 8.4 | 7.7 | 6.9 | 6.4 | 8.2 | 8.4 | 7.8 | 7.7 | 8.2 | 8.7 |
| 法国 | 8.6 | 7.8 | 7.9 | 8.5 | 8.9 | 8.9 | 8.8 | 8.0 | 7.4 | 9.1 | 9.3 | 9.2 | 9.8 | 10.3 | 10.3 |
| 德国 | 7.9 | 7.8 | 8.6 | 9.7 | 10.4 | 11.2 | 10.1 | 8.5 | 7.4 | 7.6 | 7.0 | 5.8 | 5.4 | 5.2 | 5.0 |

续表

| 国家和组织 | 2000 | 2001 | 2002 | 2003 | 2004 | 2005 | 2006 | 2007 | 2008 | 2009 | 2010 | 2011 | 2012 | 2013 | 2014 |
|---|---|---|---|---|---|---|---|---|---|---|---|---|---|---|---|
| 希腊 | 11.2 | 10.7 | 10.3 | 9.7 | 10.6 | 10.0 | 9.0 | 8.4 | 7.8 | 9.6 | 12.7 | 17.9 | 24.5 | 27.5 | 26.5 |
| 匈牙利 | 6.3 | 5.6 | 5.6 | 5.8 | 6.1 | 7.2 | 7.5 | 7.4 | 7.8 | 10.0 | 11.2 | 11.0 | 11.0 | 10.2 | 7.7 |
| 爱尔兰 | 4.3 | 3.9 | 4.5 | 4.6 | 4.5 | 4.4 | 4.5 | 4.7 | 6.4 | 12.0 | 13.9 | 14.7 | 14.7 | 13.1 | 11.3 |
| 意大利 | 10.0 | 9.0 | 8.5 | 8.4 | 8.0 | 7.7 | 6.8 | 6.1 | 6.7 | 7.7 | 8.4 | 8.4 | 10.7 | 12.1 | 12.7 |
| 拉脱维亚 | 14.3 | 13.5 | 12.5 | 11.6 | 11.7 | 10.0 | 7.0 | 6.1 | 7.7 | 17.5 | 19.5 | 16.2 | 15.0 | 11.9 | 10.8 |
| 立陶宛 | 16.4 | 17.4 | 13.8 | 12.4 | 10.9 | 8.3 | 5.8 | 4.3 | 5.8 | 13.8 | 17.8 | 15.4 | 13.4 | 11.8 | 10.7 |
| 卢森堡 | 2.2 | 1.9 | 2.6 | 3.8 | 5.0 | 4.6 | 4.6 | 4.2 | 4.9 | 5.1 | 4.6 | 4.8 | 5.1 | 5.9 | 6.0 |
| 马耳他 | 6.7 | 7.6 | 7.4 | 7.7 | 7.2 | 6.9 | 6.8 | 6.5 | 6.0 | 6.9 | 6.9 | 6.4 | 6.3 | 6.4 | 5.9 |
| 荷兰 | 3.7 | 3.1 | 3.7 | 4.8 | 5.7 | 5.9 | 5.0 | 4.2 | 3.7 | 4.4 | 5.0 | 5.0 | 5.8 | 7.3 | 7.4 |
| 波兰 | 16.1 | 18.3 | 20.0 | 19.8 | 19.1 | 17.9 | 13.9 | 9.6 | 7.1 | 8.1 | 9.7 | 9.7 | 10.1 | 10.3 | 9.0 |
| 葡萄牙 | 5.1e | 5.1e | 6.2e | 7.4e | 7.8e | 8.8e | 8.9e | 9.1e | 8.8e | 10.7e | 12.0e | 12.9 | 15.8 | 16.4 | 14.1 |
| 罗马尼亚 | 7.6 | 7.4 | 8.3 | 7.7 | 8.0 | 7.1 | 7.2 | 6.4 | 5.6 | 6.5 | 7.0 | 7.2 | 6.8 | 7.1 | 6.8 |
| 斯洛伐克 | 18.9 | 19.5 | 18.8 | 17.7 | 18.4 | 16.4 | 13.5 | 11.2 | 9.6 | 12.1 | 14.5 | 13.7 | 14.0 | 14.2 | 13.2 |

续表

| 年份<br>国家和组织 | 2000 | 2001 | 2002 | 2003 | 2004 | 2005 | 2006 | 2007 | 2008 | 2009 | 2010 | 2011 | 2012 | 2013 | 2014 |
|---|---|---|---|---|---|---|---|---|---|---|---|---|---|---|---|
| 斯洛文尼亚 | 6.7 | 6.2 | 6.3 | 6.7 | 6.3 | 6.5 | 6.0 | 4.9 | 4.4 | 5.9 | 7.3 | 8.2 | 8.9 | 10.1 | 9.7 |
| 西班牙 | 11.9 | 10.6 | 11.5 | 11.5 | 11.0 | 9.2 | 8.5 | 8.2 | 11.3 | 17.9 | 19.9 | 21.4 | 24.8 | 26.1 | 24.5 |
| 瑞典 | 5.6 | 5.8 | 6.0 | 6.6 | 7.4 | 7.7 | 7.1 | 6.1 | 6.2 | 8.3 | 8.6 | 7.8 | 8.0 | 8.0 | 7.9 |
| 英国 | 5.4 | 5.0 | 5.1 | 5.0 | 4.7 | 4.8 | 5.4 | 5.3 | 5.6 | 7.6 | 7.8 | 8.1 | 7.9 | 7.6 | 6.1 |

注:p——临时数据; e——预估数据。

资料来源:欧盟统计局,http://ec. europa. eu/eurostat/web/main/home.

明显。20 世纪 90 年代后，欧盟开始将就业政策作为其社会政策的中心议题来推进，在该问题上投入了大量资源，也进行过多方面的应对，但仍未得到有效改善。这一方面是由于失业问题本身就是一个比较棘手的问题，牵涉多个政策领域的相互配合和共同应对；另一方面也是由于欧盟社会政策在该问题上的作用主要在于对失业附带问题的应对，如对失业者的再就业培训、教育、提供信息咨询等，而解决问题的核心权力仍然掌握在主权国家手中，这使得它的作用受到了限制。但成员国在承受巨大失业压力的状况下，又试图将这种压力转嫁给欧盟层面来缓解国内的矛盾，因此事实上人们对欧盟解决失业问题又存有期待，但它的实际作用却又不能令人满意。①如果这种状况继续恶化，欧盟社会政策的效应将会遭到更多的质疑，从而影响欧盟社会政策的进一步发展。因此，在严峻的失业问题面前，欧盟作为一个在该问题上没有足够权能的超国家机构，它将承受更大的压力，面临更严峻的考验。（见图 4-2）

### （二）老龄化问题

根据国际标准，如果一个国家或地区的人口中 60 岁以上的人口比例达到 10%，或超过 65 岁的老年人口达到人口总数的 7%，就表明这个国家或地区已经进入老龄化社会。②随着社会医疗技术的发展和进步，人类的平均寿命在不断延长；而社会发展过程中又使得很多青年人奉行晚婚晚育的婚育观，甚至近些年又涌现出许多"丁克家庭"，这些社会因素又造成新生儿出生率降低。上述两个方面共同导致老年人口在人口总量中所占的比重持续上升，从而造成所谓的老龄化问题。老龄化问题的出现不仅直接减少了社会中的有效劳动力，而且大幅度增加了与老年人口相关的医疗、养老等社

① James S. Mosher and David M. Trubek, "Alternative Approaches to Governance in the EU: EU Social Policy and the European Employment Strategy", *Journal of Common Market Studies*, Vol. 41, No. 1, 2003, pp. 63-65.

② 陈友华：《人口老龄化与城市社区老年服务网络建设》，《南京大学学报》（哲学社会科学版）2002 年第 5 期。

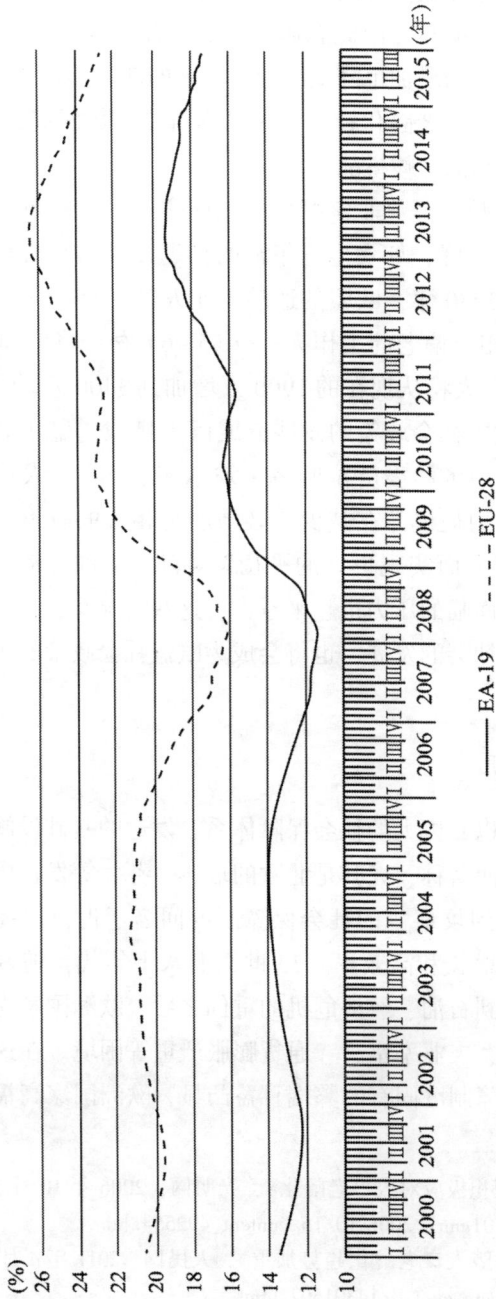

图4-2  欧元区19国和欧盟28国2000—2015年第三季度失业率情况

资料来源：欧盟统计局，http://ec.europa.eu/eurostat/statistics-explained/index.php/File:Unemployed_persons,_in_millions,_seasonally_adjusted,_EU-28_and_EA-19,_January_2000_-_September_2015.png.

会开支。尽管许多国家试图通过延长老年人退休年龄的方式来缓解压力，但是效果并不明显，因此总体上降低了社会的再生产能力。另外，老年人口比重的增加也降低了社会发展的活力和创造力。目前，许多国家都已进入老龄化社会，这已不再是少数国家的问题，而是全世界共同面临的严峻挑战。

欧洲是人口老龄化形势非常严峻的地区之一。据统计，随着人口出生率的持续下降，妇女生育年龄的推迟以及人口寿命的延长，从 2005 年到 2030 年，欧盟的适龄工作人口（15~64 岁）将下降 2000 万，而相对偏老的工作人口（55~64 岁）将增加 1400 万，超过 80 岁的老人将从现在的 1900 万增加到 3400 万。①因此，人口老龄化将对欧盟社会政策的发展造成巨大挑战。鉴于此，负责欧盟就业与社会事务的委员拉斯洛·翁尔多表示，"人口寿命增加的同时，劳动力规模却在减少，必须制定相应的政策，鼓励家庭在工作和生育方面实现更好的平衡"。②随着欧洲老龄化问题的持续加剧，欧盟面临的压力也越来越大，这些情况都会在一个较长时期内制约欧盟社会的发展，也将会成为欧盟社会政策的中心议题。

### （三）福利危机

欧洲国家历来以其庞大的社会保障体系、发达的基础设施以及高标准的生活水平而著称，尤其是北欧的瑞典、芬兰等发达国家一直以它们"从摇篮到坟墓"的社会保障制度闻名于世，但高福利的基础是经济的高增长和高效率。20 世纪七八十年代，随着经济发展的迅猛势头遭到石油、经济危机的重创之后，欧洲国家先后陷入了经济发展减速、失业率攀高、通货膨胀严重等困境。在这种情况下，西方社会保障制度固有的弊端日益凸显，欧洲国家高福利的

---

① 李力：《欧盟积极应对人口老龄化》，光明网，2006 年 10 月 15 日，http：//www. gmw. cn/01gmrb/2006-10/15/content_492554. htm.

② 吴乐珺：《欧盟人口老龄化趋势加重》，人民网，2011 年 4 月 2 日，http：//world. people. com. cn/GB/14301507. html.

压力越来越大，政府财政赤字严重，这些不可避免地导致欧洲国家陆续陷入程度不同的"福利国家危机"。①因此，许多国家开始重新审视它们的高福利政策，欧洲国家开始了一场空前的福利改革，改革的主要目标是削减国家的福利开支，增加个人和社会在福利保障中的比重。但是改革的难度可想而知，适应了高福利水平的民众不会轻易向政府妥协，改革推行不久就遭到民众的激烈反对，很快陷入困境，无法继续推进。因此高福利国家处于经济发展缓慢、福利开支庞大的两难境地。在这样一种境况下，我们很难期待欧盟社会政策能够在相关领域取得多大的突破。

另外，全球化的发展也带来了很多其他社会问题。如随着知识经济的兴起以及信息技术的迅猛发展，对高素质、高学历、懂技术人口的需求越来越多，而对普通工人也提出了更高的要求，因此，许多不能满足要求的工业人口被排斥在就业之外。此外，现代社会中，作为社会细胞的家庭也在发生着变迁，离婚率的攀升、单亲家庭的激增、家庭模式的多样化都是社会发展面临的问题。最后，除了上文已经提到的失业问题，由于职业结构和就业形式的变化，临时工、小时工、钟点工增多，家庭雇佣工、合作组织也不断增多，这些都打破了原有的就业和雇用模式。这些新情况、新问题也需要有相应的社会政策加以应对。

以上这些问题的出现不仅对成员国是一个巨大的挑战，而且对欧盟层面的社会政策也是一个考验，如何在本已严峻的现实问题上发挥欧盟的影响力、协调成员国的合作显得更加困难。

## 四、超国家权力软弱

上文分别从不同角度阐述了欧盟社会政策发展中面临的问题与挑战，但从根本上讲，制约其快速发展最直接的因素是欧盟层面在社会政策领域超国家权力的软弱。这种软弱主要体现在以下几个方面。

---

① 严幸智：《西方社会政策的历史沿革及其理论基础初探》，《社会》2001年第10期。

首先，辅助性原则（subsidiarity）的限制。辅助性原则最早提出于 20 世纪 70 年代。在共同体权能逐渐强化的背景下，各成员国担心共同体的权能过度膨胀，于是对共同体的权能进行限制。但这种限制直到 20 世纪 80 年代后才正式纳入《单一欧洲文件》中，在 1992 年《马斯特里赫特条约》中才作了具体的规定。《马约》第 3B 条对辅助性原则的规定如下："欧盟在本条约所赋予的权能范围内和为实现本条约所确定的目标而采取行动。在那些超出联盟专属权能的领域，联盟只有当出现下述情况时才根据辅助性原则采取行动：一方面，如果各成员国不能令人满意地实现拟议行动的目标；另一方面，考虑到拟议行动的规模和效果，只有共同体才能更好地实现拟议行动的目标。联盟所采取的任何行动都不能超出为实现本条约目标所需的范围。"①

欧盟社会政策作为一体化发展的社会领域，发展水平始终难有大幅度的提升，根本原因在于社会政策的发展始终受制于辅助性原则。欧盟社会政策强调政策的主体首先应该是较低层次的主权国家，只有当主权国家难以应对各类社会问题，或者它们认为在欧盟层面解决问题更加有效的时候，一项社会政策才有可能从成员国层面上升到欧盟层面。这一原则始终制约着欧盟大规模且实质性地介入社会政策领域，②也是欧盟社会政策未来发展的主要制度性障碍。

具体来讲，第一，从政策范围来看，辅助性原则为欧盟社会政策确定了基本的发展范围和界限，即只有当某项社会政策成为"与共同体事务相关"或"成员国共同关心"的问题的时候，欧盟才有可能采取行动。③尽管这是基于社会政策自身发展特点所作的现实选择，但其却限制了欧盟社会政策的发展，因为该原则从最初

---

① 欧洲联盟官方出版局编，苏明忠译：《欧洲联盟条约》，国际文化出版公司 1999 年版，第 14 页。

② 关信平：《欧洲联盟社会政策的历史发展——兼析欧盟社会政策的目标、性质与原则》，《南开学报》（哲学社会科学版）2000 年第 2 期。

③ 田德文：《欧盟社会政策与欧洲一体化》，社会科学文献出版社 2005 年版，第 274 页。

就为社会政策的发展划定了上限。第二，从欧盟的权能上看，辅助性原则从根本上限制了欧盟获得更大权力以解决社会问题的可能。从某种意义上说，一体化的发展本身就是一个一体化组织权能实现独立并逐渐强化的过程，与此相应的是民族国家进行主权让渡和共享程度不断加深。①从这个角度来说，辅助性原则确实极大地限制了欧盟权能的拓展，因此它可以被看作影响欧盟社会政策发展的关键因素。当然，辅助性原则也有它的优势，辅助性原则有利于提高政策的效率，为欧盟的行动划定明确的界限。这虽然适应了当时发展的现实，对社会政策前期的发展起到了积极的推动作用，但从长远角度来看，欧盟社会政策未来的发展要想取得更大的突破，就不得不超越辅助性原则的局限。

其次，条约的约束力软弱。共同体条约在对欧盟社会政策的规定上总是非常谨慎而且模糊，这其实也是欧盟超国家权力在这一问题领域软弱的体现。例如，《建立欧洲煤钢共同体条约》虽然在保障工人的工资水平方面作了明确的规定，但随后马上又附带了一个规定，即"某几个成员国在煤钢工业中采取的固定工资和福利的方法不应受本条约的影响"，这种情况意味着如果这些国家单方面压低工人工资，煤钢共同体根本无权对此加以干涉。而且对于成员国的违约行为，煤钢共同体也仅限于向成员国提出"建议"，而没有权力采取任何具有惩罚性质的措施。由此可以看到，该条约的规定事实上并不能约束各成员国的行为，这种没有实际约束力的规定也在一定程度上反映了共同体层面在发展欧盟社会政策问题上的软弱。此外，社会政策在制定和实施的过程中，欧盟历来强调要尊重各成员国内部的法律规定和实际情况；在欧盟的各种立法文件中，也经常会出现如下表述，如"在尊重成员国现有制度的前提下"或"充分尊重成员国之间的差异"等。1989 年出台的《工人基本社会权利宪章》，虽然标志着共同体首次自觉主动地将欧盟社会政策发展作为发展一体化的重要内

---

① Graham Room, "Social Policy in Europe: Paradigms of Change", *Journal of European Social Policy*, Vol. 18, No. 4, 2008, p. 347.

容提出来，在某种程度上扩展了工人的基本社会权利，但宪章中同时又规定了各成员国在宪章的实施过程中可以独立作出自己的决定，共同体的作用仅限于引导和协调，这再一次证明了共同体的超国家权力在成员国主权面前显得苍白无力。进入 20 世纪 90 年代后，尽管欧盟在社会政策领域的超国家权力伴随着《马约》、《阿约》以及之后一些条约的通过有所扩展，但从本质上讲，这些权力的扩展还是没能超越辅助性原则的局限，在条约约束力方面也未能有实质性的改变。

再次，政策实施不力。在欧盟社会政策的制定过程中，各成员国通过控制理事会来发挥决定性的作用。在政策实施方面，因为各成员国是共同体立法执行过程中的组织者和管理者，其决定性地位更是不可动摇。在政策执行过程中，欧盟各成员国的另外一项主要职责是协调国内利益集团，根据本国实际情况，把欧盟的法令移植到本国的法律制度框架中去。①在法令或政策移植的过程、移植的程序和时间等问题上，各成员国由于受到自身法律以及国内不同利益集团压力的影响，一般情况下移植时间都会存在不同程度的拖延，这对欧盟法令的权威和政策的按期实施造成了很大的影响。另外，为了适应各成员国在社会制度上的差异性，共同体法令具有相当的"灵活性"——只要不违背指令的基本原则，成员国可根据具体情况，采取适合自己国情的方式贯彻实施，这就造成即使法令能够移植成功，某些法令也可能早已变得面目全非。因为一般来讲，各成员国几乎都会遵循"辅助性原则"、"比例原则"②和"弹性原则"来确定本国落实指令的具体方式。另外，欧盟关于社会政策的法令一般在措辞上也含糊不清，经常以"充分的""足够的""适当的""令人满意的"等方式作出规定，这无疑是一种非

---

① 田德文：《欧盟社会政策与欧洲一体化》，社会科学文献出版社 2005 年版，第 109~110 页。

② 比例原则（Proportionality），主要是要求成员国政府与社会伙伴在欧盟指令的准备与法律移植过程中进行充分的合作。

强制性的表述，为成员国的自主性留下了一定的空间。①

最后，超国家权力适用范围有限。虽然经过几十年的发展，欧盟社会政策的内容实现了较大的丰富和扩展，但欧盟的超国家权力适用范围仍然比较有限，还有许多领域无法由欧盟社会政策统一协调。尤其对于社会政策的核心领域——社会保障方面，虽然共同社会政策发展之初就将其纳入了政策体系，也出台了许多文件，同时对跨国流动的工人应享受的社会保障也作了规定，但由于各成员国在该问题上的具体规定不同，导致欧盟截至 2015 年尚未真正介入社会保障领域，因此该领域的统一协调只能停留在条约文本上。此外，伴随着经济全球化的迅猛发展，移民问题也日益突出，尤其是从欧盟以外进入欧盟内的第三国移民日益增多，欧盟社会政策对这一群体却没有统一的保障，也没有具体的规定。此外，受到叙利亚问题的影响，近期欧盟国家对第三国移民、入境难民问题的不同处理与应对策略，也反映出欧盟内部各成员国对移民问题、难民问题的不同思考和认知，导致日益升级的难民危机无法得到有效缓解，这些也无不反映出欧盟在社会政策领域权力软弱的局限。

## 五、欧洲认同薄弱

欧洲一体化虽然取得了很多突破，尤其在经济一体化领域先后实现了自由贸易区、关税同盟、共同市场、经济联盟、货币联盟等一系列一体化发展目标，在政治一体化方面也逐渐将外交、防务等纳入欧盟统一协调的范畴，但经济一体化与政治一体化的推进并没有自然增进欧洲各国民众对欧盟的认同。②这一方面是由于在一体化发展之初，欧盟并没有意识到建立欧洲认同的重要性，再加上功能主义理论的长期影响，造成共同体的运作主要依靠一些政治精英

① Petra Böhnke，" Are the Poor Socially Integrated? The Link Between Poverty and Social Support in Different Welfare Regimes"，*Journal of European Social Policy*，Vol. 18，No. 2，2008，pp. 139-140.

② Paul Teague，*Economic Citizenship in the European Union: Employment Relations in the New Europe*，London: Routledge，1999，p. 257.

和技术精英，欧洲的普通民众并不能参与到欧洲的治理过程中，也不了解欧盟的具体运作过程，复杂的欧盟条约及法令还使得普通民众根本无法接近欧盟。另一方面则在于共同体将过多的精力和注意力集中于经济一体化的发展，无暇顾及其他问题。这样的发展模式经过长时间的积累逐渐导致了普通民众与精英之间的疏离，并将从根本上侵蚀欧盟的合法性。

根据欧洲有关的舆论调查显示，在加入欧盟是否是件好事的问题上，欧洲民众与精英之间在支持率上差别较大，只有48%的民众认为加入欧盟是件好事，而精英阶层在该问题上的支持率则高达96%，是民众支持率的两倍。在成员国加入欧盟后能否获益的问题上，精英与民众的支持率基本与上一问题保持一致，两个群体的支持率仍然悬殊，分别为45%和91%。在实行欧洲单一货币的问题上，调查数据非常详细，对该问题的调查分为非常赞成、有些赞成、有些反对、非常反对四个选项，总体来看，精英阶层的赞成率达到85%（其中包括非常赞成51%，有些赞成34%），普通民众的支持率是55%（包括非常赞成20%，有些赞成33%）。[1]在这个问题上，两个群体的支持率差距虽然有所缩小，但是从绝对值来看，这种差距短期内仍然难以弥合。

精英与民众之间相疏离只是问题的表面，其本质为欧洲一体化在发展过程中未能在普通民众之间形成共同体的意识，也未能在此基础上培养他们对于欧盟的认可与忠诚。[2]欧洲认同的薄弱不仅从整体上制约了欧洲一体化的顺利发展，也将成为制约欧盟社会政策未来发展的深层因素。首先，欧洲认同的薄弱加剧了社会政策发展的难度。从传统上来讲，社会政策本属于主权国家的内政，欧盟试图将社会政策的主体适度转移到主权国家之上的超

---

① ［德］贝阿特·科勒-科赫：《社会进程视角下的欧洲区域一体化分析》，《南开学报》（哲学社会科学版）2005年第1期。

② Maurice Roche and Rik van Berkel, *European Citizenship and Social Exclusion*, Farnham and Burlington：Ashgate, 1997, p. 163.

国家行为体，这也是打破传统的第一次尝试，人们对此的思想认识也很难转变，而欧洲认同的薄弱将使其变得更加困难。因为社会政策涉及的政策领域非常广泛，牵涉每个普通民众的根本利益和复杂的社会矛盾。在缺乏欧洲认同的情况下，人们不易接受新的变化，主权国家也不能置本国民众的切身利益于不顾而接受欧盟的安排，从而影响社会政策的整合。其次，欧洲认同的薄弱还会直接影响欧盟社会政策的实施。由于社会政策的对象直接指向普通民众，如果没有他们的支持与认可，超国家层面的法律、指令和政策都无法顺利地实施，最终将制约欧盟社会政策的进一步推进。

归根结底，欧洲一体化是基于欧洲民众基础之上的欧洲国家的联合，欧盟社会政策也是针对普通民众的政策领域，仅仅建立在一些政治、技术精英基础之上的欧盟终究不会走得很远。[①]从现实的角度讲，现代社会中，公民所获取的信息非常庞大，他们的素质不断提高，政治参与热情和参与能力都在提高，因此迫切需要欧盟改变原有的模式，对民众意愿加以关注和重视。当然，随着一些问题出现之后，欧盟经过一段时间的反思逐渐认识到许多问题不能单纯依靠经济一体化或其他物质性的手段来解决，只能通过增加民众对欧盟的信心，甚至内心的认同来解决。只有这样才能将这种潜藏在民众中的力量最大限度地调动起来，从而在根本上推动经济一体化、政治联合以及欧盟社会政策的发展。

欧盟社会政策所取得的成就是显著的，这些成果的获得从多角度、多层面提升了欧盟社会政策的发展水平和质量，也在一定程度上完善了欧洲一体化的发展。同时，这些成就也是欧盟社会政策未来发展的基础，直接影响着它的发展方向。但是，欧盟社会政策面临的问题也有很多，需要应对的挑战也很严峻。如何在既有的发展

---

① Hakan Ovunc Ongur, "Towards a Social Identity for Europe? A Social Psychological Approach to European Identity Studies", *Review of European Studies*, Vol. 2, No. 2, 2010, p. 143.

基础之上，维护好已有的成果，并通过协调各种分歧与矛盾，妥善处理存在的问题是其当前需要解决的关键问题，这也影响着未来的发展前景。

# 第五章　欧盟社会政策的作用与影响

从社会政策本身的价值来讲，它的作用非常具体而广泛，影响范围也比较大。但是就欧盟社会政策目前的发展状况来看，它的主要作用和价值仍然体现在它与经济一体化的互动关系中。尽管欧盟社会政策已经实现了独立发展，但它仍然无法完全割裂其与经济一体化的关系，正是它们之间的紧密关系决定了欧盟社会政策的主要价值和功能定位，即保障经济一体化。此外，欧盟社会政策更深层的作用和价值体现在欧洲认同的建构方面，这主要表现为它在促进民权，增进民利，保障民生等方面的积极作用。

## 第一节　欧盟社会政策与欧洲经济一体化

欧盟社会政策在诞生后的很长一段时间内都是附属于经济一体化的，之后才逐渐走向独立。可以说，整个欧盟社会政策的发展过程，既是一个政策体系建构和完善的过程，也是一个逐渐独立于经济一体化的过程。尽管如此，到目前为止，欧盟社会政策与经济一体化之间的关系仍是最为直接和紧密的。一方面，经济一体化发展催生了欧盟社会政策，并在发展过程中为其提供了物质保障和根本动力，因此如果没有经济一体化的发展，欧盟社会政策就无从谈起。另一方面，欧盟社会政策也对经济一体化的发展产生了重要影响，既为其创造了良好的发展环境，也保障了它的顺利发展。当然，两者之间在一定情况下也存在相互制约的关系。

## 一、欧盟社会政策与经济一体化的关系演变

### （一）欧盟社会政策附属于经济一体化

在欧盟社会政策的发展过程中，很长一段时期内它都附属于经济一体化的发展，这主要受到以下几个因素的影响。

从理论上讲，新功能主义历来强调一体化应该首先从技术、经济等易于整合的领域开始，而后逐渐"外溢"（Spill-over）到其他领域。在该理论的指导下，一体化启动之初，欧洲国家的主要精力是促进各国在经济领域，尤其是煤炭、钢铁等行业的合作与协调，其他方面的联合只是作为经济联合的辅助性补充，并为其服务。这必然造成欧洲一体化过程中不同领域发展的非同步性，即经济一体化的发展领先于其他领域，而包括社会政策一体化在内的其他领域的整合则远远滞后于经济一体化。这从理论上造就了欧盟社会政策的附属地位。

从现实角度讲，经济政策与社会政策分别解决的是效率与公平问题，两者之间的关系早已不是一个新话题。经济发展是基础和前提，只有经济发展了，才能为社会发展提供足够的资源；社会发展是经济发展的保障，有了好的社会政策，才能提高经济发展的质量和社会的整体水平。虽然当今社会非常强调经济政策与社会政策的相互协调与配合，但是一般情况下，在社会发展初期，总是不可避免地将发展经济作为最核心的内容。只有当社会财富累积到一定程度后，才会开始重视社会政策的发展，以及经济政策与社会政策之间的协调，这是很多国家在发展中都会经历的过程。将此逻辑推广至欧洲一体化的发展，也就不难理解"经济一体化领先于欧盟社会政策"的发展现状，这也是欧盟社会政策处于附属地位的现实原因。

从一体化的历史背景来看，鉴于欧洲地区是二战的主要战场，战争使得各国经济都遭到了严重破坏，战争结束后，欧洲国家面临的主要问题是恢复生产，保障经济逐步复苏。因此，欧洲各国联合的主要目的之一即要保障经济的恢复与发展。当时并未将欧盟社

政策的联合与发展作为一项重要内容来推进，因此从这一点讲，也造成了欧盟社会政策的附属地位。

正是基于上述几个因素的综合作用，在欧盟社会政策发展之初，虽然三大基础条约都已涉及社会政策的基本内容，如工人自由流动，人身安全和健康，工资、工作环境等，但是从政策内容上看，上述政策都和经济一体化密切相关，都是用于解决经济一体化发展中产生的社会问题，而且主要集中在煤、钢以及核能等具体工业领域，主要作用是保障上述行业一体化的推进。由于经济一体化需要实现工人在共同体内部的自由流动，而跨国流动工人的社会保障问题仅仅依靠单个国家显然是无法解决的，因此需要在共同体层面作出统一的安排，于是有关跨国工人社会保障的条款和规定应运而生。从这个角度来看，社会政策的发展显然被看作经济一体化的结果，而不是前提条件。①另外，共同体社会政策的重要性并未受到重视，许多问题尚未进入共同体的关注范围之内。在这之后的20世纪六七十年代，欧盟社会政策整体上进入缓慢发展阶段，未能摆脱其附属于经济一体化的地位。进入20世纪80年代后，随着1986年《单一欧洲文件》的签订，在德洛尔的积极推动下，欧盟社会政策逐渐走出困境，在部分政策内容的决策上引入了"有效多数"决策程序，但还是未能改变其附属于经济一体化的地位，这种状况一直持续到20世纪90年代，直到《马斯特里赫特条约》签订之后，人们逐渐认可欧盟社会政策的重要价值，它的附属地位才有所改变。

### （二）欧盟社会政策独立于经济一体化

任何事物的发展都会经历一个由小到大、由浅入深的过程。同理，欧盟社会政策在经过之前40多年的依附性发展之后，进入20世纪90年代后逐步实现了独立发展，人们在认识上也开始将社会政策看作与经济一体化并列的一部分，而不再附属于经济一体化。

---

① Linda Hantrais, *Social Policy in the European Union*, London：Macmillan Press Ltd.，2000, p. 5.

1992 年，欧共体各国签订了《马斯特里赫特条约》，同时条约以附件的形式增加了一个《社会协定》，专门对欧盟层面的共同社会政策作具体规定，这标志着欧洲一体化从完全倚重经济一体化开始转向经济、政治、社会一体化全面发展的新阶段，从而赋予社会政策和经济政策同等地位。[1] 1997 年，《阿姆斯特丹条约》又把《社会协定》纳入联盟条约，从根本上赋予其完全的法律地位。这意味着欧盟社会政策最终彻底摆脱了从属于经济一体化的状况，实现了实质意义上的独立，并成为一体化全面发展的基石。在此之后，欧盟社会政策的整合程度明显加快，而且在发展模式上也不断创新，整体发展水平上了一个新台阶。

### （三）欧盟社会政策地位转变的意义

欧盟社会政策从附属性向独立性的转变，不仅是欧洲一体化不断成熟、深化的过程，也对其自身的发展具有非常重要的意义。第一，20 世纪 90 年代后，欧盟社会政策在政策内容上逐步摆脱了过去与经济一体化紧密相关的局限，在范围上扩展了职业培训与教育、青年人就业、公共健康和文化等，并将社会容纳和社会保护等新内容纳入政策体系，从而充实了欧盟社会政策的内容。同时，欧盟社会政策实现独立发展后，其整体的发展空间也在扩大，政策的实施不再完全是应对经济问题的手段，而是将欧盟的社会领域作为其活动的更大空间，方方面面的社会问题都将受到欧盟社会政策的关注。另外，除了社会政策推动经济发展的功能之外，社会政策在维护社会稳定、保持社会协调发展方面的功能和价值也将得到很好的应用，从而提升其整体发展水平。

第二，欧盟社会政策地位的转变有利于其全面健康发展。欧盟社会政策实现地位的转变后，开始从过去主要为经济一体化服务逐渐转变为更加注重自身的全面发展，积极促进各成员国在社会政策领域的更深层合作与协调，并将促进社会领域的发展与进步作为欧

---

[1]　Mark Kleinman, David Piachaud, "European Social Policy: Conceptions and Choices", *Journal of European Social Policy*, Vol. 3, No. 1, 1993, p. 5.

盟的主要任务之一。2000 年 3 月，欧盟在"里斯本战略"中提出要将欧盟建成"世界上最具竞争力与充满活力的知识经济体，实现可持续的经济增长与更多更好的就业，以及更大的社会聚合"，①这被认为是欧盟进入 21 世纪后在社会政策领域提出的第一个宏伟目标。与此同时，"欧洲社会模式"这一理念也被作为欧盟未来的社会发展目标提了出来。这既是欧盟社会政策全面发展的重要组成部分，也是其逐步实现系统化发展的重要标志。

第三，欧盟社会政策地位的转变标志着其在一体化发展中的重要性得以确认。一直以来，欧盟社会政策的附属地位决定了人们对它的发展并未给予足够的重视，但是随着一体化的推进，遇到的问题越来越多，也越来越复杂，单纯依靠经济手段已无法有效地应对，需要从更基础的社会层面去思考问题的解决途径。② 于是，社会政策逐渐从先前的边缘领域走向中心，从学者的视野走进普通的人群，由此欧盟社会政策的重要性渐渐被人们认识，但这种认识的转变也需要在欧盟层面的相应法律或条约中有所体现。因此，进入 20 世纪 90 年代后，随着欧盟社会政策独立地位的确立，欧盟的条约将社会政策作为一个独立的问题予以规定，并在法律上予以确认，因此其重要价值和意义也被欧盟认可。

## 二、欧盟社会政策对经济一体化的积极作用

### （一）有利于促进劳动力自由流动

商品、服务、劳动力和资本的自由流动是经济一体化的基本内容。这些要素跨国流动的日益频繁需要跨越国界的社会政策，因此欧盟社会政策应运而生。当然，欧盟社会政策发展起来后，其主要

---

① European Council, *Lisbon Strategy*, 2000, http：//europa. eu/rapid/pressReleasesAction. do? reference = PRES/00/2000&format = HTML&aged = 0&language = EN&guiLanguage = en.

② Jo Shaw, *Social Law and Policy in an Evolving European Union*, Oxford：Hart Publishing, 2000, p. 56.

的功能也在于保障上述要素的自由流动，从而保障经济一体化的顺利推进。

欧洲一体化发展的基础是经济一体化，而劳动力的自由流动是经济一体化的基本要求，也是经济一体化的重要内容之一。在经济一体化发展过程中，共同体将实现商品、劳动力、服务和资本的自由流动作为建立共同市场的主要内容来推动。1985 年，欧盟委员会提出了关于建立内部统一大市场的白皮书，其中在建立共同体内部统一大市场方面提出了近 300 项具体措施，确保实现商品、人员、资本、服务四大要素的自由流动。①同年 12 月，白皮书得到了部长理事会的批准，从而确认了四大要素的自由流动。

从市场经济的角度讲，生产要素的自由流动是实现资源合理配置的市场要求，也是保证经济正常运行的关键环节。共同体要在各成员国之间实现经济的整合，建立统一的内部市场，就意味着必须要在所有成员国内部取消各种阻碍生产要素自由流动的障碍，保证各要素在市场经济规律支配下自由流动，寻找经济效益最大化的要素组合，并在此基础上逐步实现规模经济效应。②整个过程既需要充分发挥市场规律的作用，同时也需要对规律之外的因素进行干预，而欧盟社会政策正好在保障要素的自由流动尤其是劳动力的自由流动方面，能够发挥非常积极的作用。

具体来讲，第一，保障出入境自由。在欧洲经济一体化发展过程中，共同体逐步取消了对工人自由流动的入境限制。1961 年，共同体在工人自由流动方面作出了规定，要求给予在本国就业的他国公民以国民待遇，相应的，也不得限制本国公民选择到他国工作的自由。1964 年，共同体又将工人自由出入境的范围进一步扩大，包括跨境地区从业的公民、季节性工人等"临时性"工人；同时在该领域的管理程序上作了一些简化。上述这些做法不仅在法律上

---

① 马晓强、雷钰：《欧洲一体化与欧盟国家社会政策》，中国社会科学出版社 2008 年版，第 28 页。

② 高鸿业：《西方经济学（微观部分）》，中国人民大学出版社 2011 年版，第 37 页。

保障了工人出入境的自由，也在程序上方便其流动。

第二，逐步统一职业资格认证。共同体虽然通过发展共同的职业教育和培训政策在职业资格认证方面取得了一定成效，但是整体的发展速度非常缓慢。例如，1989 年共同体发布的关于高等教育与三年以上职业培训资格的互认指令，直到 1996 年仍然不适用于比利时、希腊等国。因此，欧盟又专门发布了《教育、培训、研究：对于跨国流动的障碍》的绿皮书，要求在各成员国之间加强该领域的合作。[1]在此基础之上，成员国在职业资格认证方面终于在 20 世纪 90 年代后期达成一些共识。

第三，为流动工人提供就业服务。制约共同体工人跨国流动的重要因素是缺乏对就业信息的了解。为此，早在 20 世纪 70 年代初，共同体就在提供跨国就业服务方面提出建立欧洲国际就业空缺与申请清算系统（SEDOC），从而为流动工人提供清晰的就业空缺和工作信息，这极大地方便了工人就业。1993 年，欧盟进一步将系统升级为计算机化的"欧洲就业服务"（Eures）。新系统便利了欧洲公民的跨国就业流动，受到了欧洲民众的广泛欢迎。据统计，仅 1997 年一年，该系统就促成了 50 万份就业合同的签订，这其中有很多就属于跨国就业合同。[2]

第四，保障流动工人的社会权利和利益。在《罗马条约》签订之后，共同体成立了一个专门委员会，主要职责是审查制约工人自由流动的法律和行政限制，从而在法律上保障流动自由。随后，委员会在 1958 年发布了两项规定，要求成员国对跨国就业公民及其家属的社会保障问题作出具体的安排。进入 20 世纪 70 年代后，共同体对原有的指令进行了调整，又发布了两项新的管理规定。这两个法规分别按照死亡、疾病、伤残、工伤、失业、年金、家庭补贴和儿童补贴等 7 个社会保障内容，对跨国工人的社会保障作出了

---

① Linda Hantrais, *Social Policy in the European Union*, London：Macmillan, 2000, p. 202.

② Linda Hantrais, *Social Policy in the European Union*, London：Macmillan, 2000, p. 203.

比较全面的安排。①此后，共同体在 20 世纪八九十年代对这两个规定又进行了重新修正。②经过上述一些举措的实施，欧盟在保障流动工人的社会权利方面有了较大的进步。

　　第五，消除国别歧视。为了保障流动工人在跨国就业中免受歧视，共同体也发布了一些相关规定，并在 1968 年就消除对流动工人家属的入境限制及歧视性政策发布了指令。1973 年，又将范围扩大到跨境就业的"自我雇佣工人"。③到 20 世纪 80 年代中期欧洲单一市场建成之时，共同体已基本取消了对工人流动的限制。

　　欧盟社会政策正是通过上述这些具体的指令和措施来保障欧盟内部劳动力的自由流动，进而形成统一的劳动力市场，同时这也是共同体统一内部市场形成的重要组成部分，由此也可以看到欧盟社会政策在经济一体化发展中的积极作用。

### （二）有利于协调经济一体化发展中公平与效率的矛盾

　　公平与效率是社会政策研究及实践中经常遇到的一对概念，对它们及其相互之间关系的不同认识通常会影响到社会政策的目标追求。大体上来讲，一方面，公平意味着一种结果的平等，这是一种平均意义上的平等；另一方面，公平也意味着起点或机会的平等，在此它更强调社会所提供的生产、发展及享受的机会对于每一个公民都是同样的，也就是说，每个公民都拥有同等的机会来参与社会允许的每一件事情，或者说能力相当且意愿相同的人，都应该有权参与与其意愿和能力相匹配的活动。④而效率主要是一个经济学的概念，它最根本是指生产效率，是人们在解决

① EC, Regulation（EEC）No. 1408/71, Regulation（EEC）No. 574/72, Commision of the European Communities, *Social Europe Supplement*, 3/92.

②　田德文：《欧盟社会政策与欧洲一体化》，社会科学文献出版社 2005年版，第 38~39 页。

③　Robert R. Geyer, *Exploring European Social Policy*, Cambridge：Polity Press, 2000, pp. 61-68.

④　Maurice Roche and Rik van Berkel, *European Citizenship and Social Exclusion*, Farnham and Burlington：Ashgate, 1997, p. 119.

人与自然关系过程中所达到的水平，是生产力的外在表现。公平与效率作为两种不同的价值取向，并不存在截然对立的关系，但是在现实生活中，当我们把这两者作为一对事实判断的概念时，两者之间往往会发生矛盾或冲突，但是这两者的矛盾或冲突也是可以调和的，即通过经济政策和社会政策之间的协调来促进两者之间的相对平衡。①

对于欧洲一体化来讲，虽然不完全等同于主权国家内部的情况，但也同样需要协调好公平与效率之间的关系。在欧盟层面，所谓效率，主要强调欧洲经济一体化的发展要在整体上创造出更多更好的价值，包括实际的经济收益，改善民生的物质条件等；所谓公平，即指在创造价值的前提下，要处理好各类价值的分配问题，其中包括两个层面的价值分配：

第一，欧盟层面的公平是指欧盟所创造的价值要在各个主权国家之间尽量达到均衡分配。由于经济一体化主要凭借市场机制在成员国之间进行资源分配，而内部统一市场的分配和收益状况在很大程度上取决于成员国各自拥有的比较优势。由于它们在比较优势方面存在较大差异，因此在缺乏有效的转移支付和再分配机制的情况下，很可能造成内部市场不均衡，② 从而使一些国家在日益深化的经济一体化过程中处于劣势，这种结果显然会挫伤它们在建立内部市场过程中的积极性，影响它们发挥积极的作用。欧盟社会政策就是应对这种问题的有效手段。例如，欧盟通过其设立的区域发展基金、社会基金、结构基金等对在经济一体化发展过程中利益受损或收益较少的成员国给予适度的补偿。另外，欧盟通过社会政策在具体的行业领域进行干预和协调，促使成员国之间在价值分配上实现适度均衡。

第二，欧盟层面的公平是指欧盟所创造的价值要在欧洲公民之

---

① 关信平主编：《社会政策概论》，高等教育出版社 2009 年版，第 167 页。

② 王立伟：《社会政策与欧洲一体化》，山东大学博士学位论文，2010 年，第 26 页。

间尽量达到均衡分配,让欧洲民众共享欧洲一体化发展带来的成果和实惠。市场机制下必然存在贫富分化的现象,因此需要欧盟在超国家层面给予关注,使不同的社会个体获得平等的欧盟关切。应对这些问题正是欧盟社会政策的主要职责和功能所在。欧盟社会政策经过 60 多年的发展演变,使欧洲不同层次、不同行业公民的社会权利都有所扩展,而且在消除社会排斥、增加社会融合方面作出了很多努力,尤其是在就业问题上,欧盟在男女同工同酬、工资平等、消除就业排斥等问题上成效非常明显。另外,在老年人、残疾人、妇女、儿童、青年人等不同领域,欧盟社会政策也作了规定,使不同的社会弱势群体免遭社会的排斥甚至淘汰。例如,欧盟通过提高劳动力市场中弱势群体的收入水平,提高最低工资标准,从而增加处于收入分配底层的人群的收入,改善其家庭收入状况,减少贫困和不平等现象,最终对再生产过程发挥积极的推动作用。①另外,随着时代的发展,知识经济兴起、行业竞争加剧、产业结构调整,这些变化将使大批技术不再合乎新经济需求的劳动者失业(即结构性失业),同时还可能产生新的弱势群体,或者使原有的弱势群体更不易面对充满竞争的社会环境,所有这些人将可能被社会边缘化。②因此,加强欧盟社会政策在促进价值均衡分配方面的作用显得格外重要。

从经济一体化本身来看,无论在内部市场的建设,还是货币联盟的发展中,都要尽量兼顾效率与公平。公平是效率的前提,因为公平的缺失会导致社会的不稳定,而缺乏稳定的单一货币会影响内部市场优势的正常发挥,从而对效率产生消极作用。而事实上,由于货币联盟更强调名义趋同的重要意义,缺少有力的实际趋同措施,因此经济状况的变化很容易影响成员国经济调控成本的变化,

---

① 王立伟:《社会政策与欧洲一体化》,山东大学博士学位论文,2010年,第 27 页。

② Ivor Robert and Beverly Springer, *Social Policy in the European Union: Between Harmonization and National Autonomy*, London: Lynne Rienner Publishers Inc. , 2001, p. 15.

最终影响货币联盟的稳定。① 而内部统一市场本身无法解决效率与平等之间的矛盾，货币联盟本身也无法解决效率与稳定之间的问题，因此欧盟只有通过有效的转移支付机制和现实的趋同措施对内部统一市场和货币联盟加以干预，才能保持经济一体化的顺利推进。②现实中，欧盟社会政策正是从超国家层面对其进行干预的主要手段。欧盟社会政策及时应对发展中出现的不平衡问题，保障其顺利发展。由此可见，欧盟内部市场的顺利发展，经货联盟的稳定，乃至整体的经济一体化的发展都离不开欧盟社会政策。

可以说，经济一体化解决的是欧盟的效率问题，而欧盟社会政策解决的是欧盟内部的公平问题，两者之间是相互矛盾、相互制约的关系。处理好两者之间的关系就是要保持它们之间的动态平衡，即既要效率，让欧盟整体不断壮大；又要公平，让欧盟内部的国家和人民之间平等共享其发展的成果。

### （三）为经济一体化提供良好的发展环境

经济运行总是需要良好的内外环境，而环境的内涵也比较丰富，既包括一些政策、法制上的制度环境，也包括经济整体运行的社会环境。同样，欧洲经济一体化发展也需要在欧盟层面创造良好的内外环境来保障其顺利发展，而欧盟社会政策则能够为经济一体化的运行营造良好的环境。

具体来说，经济一体化的一项重要内容是将各成员国的独立市场逐步发展为统一的共同市场，并通过各种经济因素的整合最终实现经济的超国家规制。③在市场不断整合的过程中，因为健康的经

---

① 王立伟：《社会政策与欧洲一体化》，山东大学博士学位论文，2010年，第30页。

② Diamond Ashiagbor, "EMU and the Shift in the European Labour Law Agenda : From 'Social Policy' to 'Employment Policy' ", *European Law Journal*, Vol. 7, No. 3, 2001, pp. 315-317.

③ Paul Pierson, "The Path to European Integration : A Historical Institutionalist Analysis", *Comparative Political Studies*, Vol. 29, No. 2, 1996, p. 125.

济发展需要良好的市场环境和市场规范，必然要求超国家层面在市场规范和改善经济运行环境方面有所作为。此外，随着共同体的持续扩大，内部市场也相应扩大，市场的差异性也随之增大，因此，通过共同体层面统一的社会政策来维护公平的竞争环境就显得非常必要。

首先，统一的社会政策有利于维护良好的市场竞争环境，促进欧盟内部市场的公平竞争。经济一体化在提升整体区域经济整合发展的同时，也加剧了区域内成员国之间的相互竞争。在内部市场四大基本要素实现自由流动的情况下，成员国的主要竞争优势在于一定程度上较低的劳动力成本，因此，对于那些经济发展水平、社会保障水平较低的国家，意味着拥有较低的劳动力成本优势；但是对于那些社会保障水平较高的国家，劳动力成本偏高，因此在市场竞争中处于劣势。随着一体化的不断深入，成员国政府对国内经济的宏观调控能力有所降低，它们可自主支配的政策手段也逐渐转移到联盟的权限范围内，尤其是在经货联盟建立之后，社会政策成为成员国协调经济与社会发展的唯一手段。因此，为了缓解一体化发展造成的竞争压力，成员国的"理性经济人"特点会使它们很可能通过降低社会保障水平和标准来获得内部市场竞争中的优势。[1]由此可见，在分散的社会政策和标准之下，各地区之间在社会保障水平方面的差异很容易导致"社会倾销"问题。显然，"社会倾销"不仅会降低对劳动者的保护程度，直接损害他们的利益，[2]而且也可能引发各成员国之间无序的经济竞争，从而扰乱市场秩序，最后造成欧盟内部资本流通以及经济发展的不平衡。[3]在这种情况下，为了避免出现上述各种情况，原来分散的社会标准显然难以为继，

---

[1]　Linda Hantrais, *Social Policy in the European Union*, London：Macmillan Press Ltd. , 2000, p. 160.

[2]　[德] 赫尔伯特·奥宾格、[德] 艾迪特·金都里斯、[德] 施特凡·莱布弗里德著，王程乐译，郑春荣校：《德国与欧盟的社会标准：全球化及欧洲一体化的影响》，《德国研究》2010 年第 1 期。

[3]　关信平、黄晓燕：《欧盟社会保障一体化：必要性与条件分析》，《欧洲》1999 年第 4 期。

于是欧盟在协调成员国社会保障问题上建立了统一的制度性框架，这一做法既有利于规范各国的社会保障制度，也有助于消除成员国在社会保障水平和标准方面的差异，从而保障内部统一市场竞争规则的有效实施，在一定程度上降低了发生恶性竞争的可能。由此，我们可以认为，一体化发展解放出的市场力量迫使欧盟出台统一的社会政策来解决恶性的压价竞争，①从而更好地维护劳动者的利益，维护成员国间公平的竞争环境。

其次，统一的社会政策为经济一体化创造良好的社会环境。经济的健康运行离不开稳定的社会环境，同样，欧洲经济一体化的顺利发展更离不开良好的社会环境，而良好的社会环境主要依赖于欧盟社会政策的发展。第一，欧盟社会政策通过解决各种社会问题，协调各种社会矛盾，保持社会稳定，为经济一体化创造良好的社会环境。众所周知，失业问题既是一个经济问题，又是一个事关稳定的社会问题。西方国家经常会因居高不下的失业问题导致民众对政府的不满甚至爆发更为激烈的行动，这种后果显然对经济的发展是非常不利的。从这一点来讲，欧盟社会政策在失业问题上的作为对于保障经济一体化的顺利发展是至关重要的。例如，欧盟社会政策通过各种措施加强对失业问题的干预，为降低失业率，减少失业人口发挥了积极的作用，这不仅能够直接降低经济方面的损失，创造更多额外的收益，而且能够降低欧盟国家因失业问题造成的对于其社会稳定的威胁。第二，欧盟社会政策也非常重视对各行业工人权利的维护和保障，这不仅是对普通工人利益的维护，更重要的是能够减少社会矛盾，从而保持稳定的社会发展环境。第三，欧盟社会政策也通过发展"社会对话"来增强普通工人在社会政策决策中的地位和作用，从而协调工人与雇主之间的矛盾。第四，欧盟社会政策还通过开展职业教育和培训政策，加强对失业工人、岗前工人等的技能训练，并提供一些咨询和信息服务，促进社会人力资本的增加。这不仅对经济一体化的发展发挥了积极的作用，而且也减少

---

① Paul Spicker, "Social Policy in a Federal Europe", *Social Policy and Administration*, Vol. 30, No. 4, 1996, p. 300.

了社会的不稳定因素。第五，欧盟社会政策以公平、公正、平等为价值基础，经过长期的积累，可以营造集体主义的氛围，不仅能够增强成员国之间社会政策的整合程度，而且能够较好地调动普通劳动者的积极性。①这些不同的政策方式都从不同角度协调了社会矛盾，维护了社会稳定，并从更广泛的角度为经济一体化创造稳定和良好的社会环境。

### （四）有利于提高经济一体化的发展质量

如果单独从一体化的角度来看，在过去半个多世纪里，一体化确实取得了非常骄人的成绩，一体化的整合程度稳步提升。21世纪初，以欧元的诞生为标志，经济一体化也达到了空前的发展高度。但是从本质上讲，经济一体化的发展目标归根结底依然是满足欧洲民众的发展利益，提高生活品质，并经由该过程不断提升社会融合。换言之，经济一体化的发展目的不是单纯的 GDP 增长，也不是日益严重的贫富分化，而是改善全欧洲人民的福祉。②所谓提高经济一体化的发展质量，显然不只包含着一体化在发展程度上的提升、广度上的扩大、经济指标的增长，也内在地包含着对普通民众社会生活品质的提升，而将经济一体化与欧洲人民生活联系起来的最直接的途径就是欧盟社会政策。

首先，欧盟社会政策能够将经济一体化所创造的财富或实惠转化为欧洲普通民众的现实利益，从而提高经济一体化的发展质量。从上文对于经济一体化发展目标的论述来看，单纯的经济指标的增加并不能直接反映经济一体化发展质量的高低，而是要同时考量经济一体化对于提高欧洲民众生活指标所作出的贡献。当然，经济一体化在发展过程中所创造的价值和财富不会自然而然地转移到社会领域，而是要通过在欧盟层面有相应的社会政策制度和机制的安排

① Robert R. Geyer, *Exploring European Social Policy*, Cambridge：Polity Press，2000，p.178.

② 潘屹：《金融危机下社会政策的全球性复归》，《红旗文摘》2009 年第 16 期。

和运作，才能将其转化为普通民众的现实利益，从而提高他们的生活品质。从这一点来讲，欧盟社会政策恰恰扮演了这种转换器的角色，从而成为提高经济一体化发展质量的关键因素。

其次，欧盟社会政策在一定程度上能够抑制欧洲民众之间的贫富分化，从而提高经济一体化的发展质量。贫富分化是每个国家和社会都面临的一道社会难题，许多国家甚至存在一方面经济不断发展，另一方面普通民众之间贫富差距日益加大。由此可以看到，经济的增长并不能直接缓解贫富差距，反而有可能造成贫富差距日益加大。这种逻辑也适用于欧洲一体化的发展。随着经济一体化的发展，必然会在一定程度上造成欧盟内部成员国之间和普通民众之间的贫富差距，这是经济规律的自然结果，但是经济一体化发展的目的不是要增大贫富差距，而是要努力缩小差距，因此欧盟社会政策就成为在共同体层面抑制贫富差距加大的重要手段。尽管目前欧盟社会政策的发展水平较低，完全意义的再分配机制尚在建设之中，但是至少在部分政策领域已经具备了再分配性质，能够发挥调节贫富差距的功能。①从这一点来讲，欧盟社会政策有利于提高经济一体化的发展质量。

最后，欧盟社会政策能够促进欧洲经济与社会的协调发展，从而提高经济一体化的发展质量。欧洲一体化的发展长期以来一直存在"重经济一体化，轻社会领域的整合；重经济发展，轻经济与社会协调"的状况。欧盟在认识到原有发展方式存在的问题之后才提出欧盟社会政策的建设，所以欧盟社会政策的提出本身就代表着欧盟对于经济与社会协调发展必要性与重要性的回应，而这两者之间的协调也是经济一体化发展追求的主要价值之一。因此，欧盟社会政策的发展就成为在超国家层面协调经济与社会发展的主要方式，也通过这种途径提高了经济一体化的发展质量。

---

① Robert R. Geyer, *Exploring European Social Policy*, Cambridge：Polity Press，2000，pp. 210-213.

### 三、欧盟社会政策与经济一体化之间的相互制约

上文主要分析了欧盟社会政策在推动经济一体化发展方面的积极作用，也阐释了欧盟社会政策的重要价值，并重点阐释了它们之间的良性互动。但是，这并不意味着它们两者之间完全和谐，没有矛盾。事实上，欧盟社会政策与经济一体化之间也是相互制约、相互限制的关系。

#### （一）经济一体化发展对欧盟社会政策的制约

由于欧盟社会政策长期以来都依附并服务于经济一体化的发展，它们之间相互矛盾的一面暂时被掩盖，但是随着欧盟社会政策独立性的增强，经济一体化制约社会政策发展的一面也逐渐凸显出来。第一，经济一体化逐渐取消了欧洲国家之间的壁垒保护，虽然有利于实现区域内资源的合理配置与重组，但却将成员国拖入竞争更加激烈的市场环境，尤其是对于那些竞争力不强的欧洲小国和相对落后的国家，这无疑使它们陷入更严峻的环境中，竞争的加剧造成更多的工人失业，社会问题也日渐增多，从而影响其国家发展。另外，经济一体化过程对建立内部统一市场的要求也直接导致约815万海关工人失业，一些国家甚至由于此事爆发了大规模的罢工运动，这对于欧盟社会政策来说显然不是什么好消息。第二，《马约》生效之后，曾一度规定在1997年开始实施经货联盟计划，要求成员国在利率、汇率、通货膨胀率、公债率四项指标达标的情况下率先实施单一货币，为此，成员国为了达标，纷纷置失业问题于不顾，采取货币紧缩政策，着力于降低财政预算赤字来达到欧盟的要求。①这些做法最终不仅导致成员国承受高失业压力，而且使经济停滞不前，严重影响了经济的复苏和发展。由此，不难看到经济一体化的发展对于社会政策的消极影响也非常明显。

---

① Peter Taylor-Gooby （ ed. ）, *Making a European Welfare State? Convergences and Conflicts over European Social Policy*, London：Blackwell Publishing, 2004, p. 190.

### （二）欧盟社会政策对经济一体化的制约

欧盟社会政策与经济一体化之间的相互协调是社会政策发挥作用的重要条件，但事实上，社会政策的发展程度远远滞后于经济一体化。这种发展上的不均衡固然在于各个成员国不愿进一步将社会政策权能让渡给欧盟，但是更深层的原因在于欧盟社会政策自身所处的困境，①长此以往，最终将制约经济一体化的发展。另外，从一般意义上来讲，社会政策的发展必然会耗费一定的经济资源，尤其针对欧洲民众的高福利社会政策，这种消耗显然更多，这在一定程度上也会影响经济一体化的发展。此外，欧洲地区普遍偏高的社会福利政策也抬高了欧盟的劳动力成本，降低了欧盟出口贸易的价格优势，直接损害了成员国的经济利益，进而影响它们对于经济一体化的态度，②最终会对经济一体化的发展产生消极影响。

总而言之，欧盟社会政策与经济一体化的互动既包括紧密联系、相互促进的一面，也包括相互制约、相互矛盾的一面。一体化的顺利发展既需要将欧盟社会政策与经济一体化之间相互促进的关系最大限度地予以发挥，也需要将两者之间的矛盾与制约关系控制在比较合理的水平。

## 第二节　欧盟社会政策与欧洲认同

欧洲认同在一体化发展过程中的重要性逐渐显现出来，因此成为欧盟的重要任务之一。而欧盟社会政策在欧洲认同的建构和强化方面发挥着不可忽视的作用，它不仅能够通过增进民众的切身利益、扩展公民的社会权利来强化欧洲认同，也能够通过在欧洲层面推动"欧洲社会模式"的发展及其现代化达到增强欧洲认同的效

---

① Ivor Robert and Beverly Springer, *Social Policy in the European Union*: *Between Harmonization and National Autonomy*, London: Lynne Rienner Publishers Inc., 2001, p. 329.

② 关信平：《社会政策概论》，高等教育出版社 2009 年版，第 201 页。

果，还能够通过树立良好的国际形象增强欧洲人的自豪感和共同体感。因此，着力发展欧盟社会政策势在必行。

## 一、建构欧洲认同的必要性

欧洲认同的本质是指欧洲民众在持续的一体化进程中，逐渐形成的对欧盟的共同体意识，它的核心是所有成员同属于一个共同体，具有共同命运和利益的感知，具体包括共同体感、认同感、归属感、我群意识等。欧洲认同在内容上包括文化认同、政治认同和国际认同三个层面。①总体上看，欧洲认同虽然属于观念意识范畴，但是却能够为欧洲一体化的发展提供深层而持久的动力，因为欧洲认同既是一体化的结果，也是一体化发展的动因之一。欧盟努力建构欧洲认同的目的就是希望能够超越主权国家的民族认同，用一种超国家的集体认同来加强欧洲民众对欧盟的归属感和身份意识，从而为一体化的发展发挥"动力性的作用"。②

欧洲一体化的发展既是欧洲国家出于增进共同利益的考虑而作出的理性选择，也是二战后欧洲所处的国际环境迫使它们作出的必然选择。经过半个多世纪的发展，欧洲联合取得了举世瞩目的成就，也成为超越传统国家间关系的典范。但是，伴随着一体化的扩大和深化，原本在一体化发展初期被掩盖的问题以及发展中出现的新问题困扰着一体化的进一步推进。尤其是近年来"民主赤字"、欧盟的合法性危机等问题日益突显，都对一体化的发展造成难以逾越的障碍，而这些问题归根结底是由于欧盟长期以来忽视了民众的意愿与作用，忽视了建构民众对欧洲认同的重要性。面对日益激烈的国际竞争与欧盟自身发展中的重重困难，欧洲的政治精英和知识精英逐渐认识到一体化的发展最终离不开欧洲认同，离不开普通民众，因此，建构欧洲认同显得必要而紧迫。

---

① 李明明：《超越与同一：欧盟的集体认同研究》，上海人民出版社2009年版，第109页。

② 李明明：《超越与同一：欧盟的集体认同研究》，上海人民出版社2009年版，第106页。

首先，欧洲认同的建构有利于增强欧盟的合法性。合法性是政治学研究的一个关键概念，也是现代民主体制追求的核心价值。它主要是指按照传统或公认的准则，民众对政治权力及其维持的政治秩序的同意和支持。①对于欧盟来说，欧盟的合法性意味着欧洲民众对一体化的同意和支持。一般来说，欧盟的合法性来源于两种形式：第一，源于共同体层面通过政策实施或法律规定等方式对普通民众利益的维护和增进；第二，源于一种长期沉淀下来的心理或情感上的归属或服从。也就是说，欧洲民众的认同心理或情感不只是针对抽象的民族国家这个"想象的共同体"，而且也可能是针对更为抽象的欧洲人的共同体。②

近些年来，一体化的发展频频受挫，究其原因主要在于长期以来共同体的重大决策和举措基本是首先由政治精英和知识精英提出设计理念，然后再付诸实施。从推动决策进程的社会阶层来看，也呈现出一个自上而下，从精英到民众的态势。③这种状况经过长期积累，使得普通民众对欧盟的决策和整体运作变得非常陌生，更不用说参与政策的制定和实施，这逐渐造成了精英与民众的疏离，显然会影响一体化的顺利发展，进而侵蚀欧盟的合法性。从 20 世纪90 年代丹麦民众对《马约》的否决，到 2003 年伊拉克战争爆发后欧盟成员国之间的分裂，再到 2005 年法国、荷兰民众对《欧盟宪法条约》的否决，无不反映出欧洲民众的态度对于一体化发展的重大影响。因此，欧盟目前急需解决的问题是通过教育和媒体的功能，增加民众对欧盟各个方面的认识，提高他们参与欧盟事务的机会和频率，并让那些艰涩难懂的欧盟条款转变为平易近人的平民文

---

① 王浦劬：《政治学基础》，北京大学出版社 2005 年版，第 86 页。

② Joachim Schild, "National v. European Identities? French and Germans in the European Multi-Level System", *Journal of Common Market Studies*, Vol. 39, No. 2, 2001, p. 335.

③ 徐枫：《精英与大众在欧洲认同上的差异》，《云南民族大学学报》（哲学社会科学版）2008 年第 5 期。

本。①这些方法将在一定程度上缓和"民主赤字"的问题，拉近普通民众与欧盟的距离。在此基础上将建构欧洲认同作为一项长期的工作来进行系统的安排，从而逐渐增强人们对欧盟的认同与支持，改善欧盟合法性被侵蚀的现状，并最终将欧盟的合法性建立在欧洲认同的基础之上。只有如此，一体化未来的发展步伐才能更加稳健而持久。

其次，欧洲认同的建构有助于减少民族国家之间的矛盾，增进其相互之间的信任。欧盟经过半个多世纪的扩大与深化，成员国猛增至28国，人口涉及5亿多，包括经济发展水平、政治制度、社会体制、文化、传统、语言等均有很大差别，这使得联盟内部的共性减少，利益诉求趋于多元化，让如此庞大而极富多样性的一体化组织顺利运作绝非易事。②因此，欧盟除了要协调好复杂的利益之外，也需要通过建构欧洲认同，在成员国之间建立一种相对统一的针对欧盟的感情和共同意识，在此基础上减少民族国家之间的排斥和矛盾，增加它们之间的共性。而且欧洲认同的建构还可以将原本相互区别、相互排斥的各民族从群体外关系转变为群体内关系，也就是说，它能够使各成员国人民从心理认知上真正成为一个整体，进而将对民族国家的认同扩展到欧盟层面。在共享欧洲认同的基础上，消除民族国家之间相互歧视的社会心理基础，③从而增进其相互信任，这无疑有利于一体化的顺利发展。

最后，欧洲认同的建构有助于提高欧盟在国际事务中的地位和影响力。在当今国际社会中，欧洲国家只有作为一个整体才能成为国际体系中重要的一极，因为就目前的实力来看，任何一个欧盟国家都无法单独获得这样的国际地位。因此，在国际上，欧盟争取用

---

① Stijn Smismans, "European Civil Society: Shaped by Discourses and Institutional Interests", *European Law Journal*, Vol. 9, No. 4, 2003, pp. 486-490.

② Pizzati, Lodovico, *Labor, Employment, and Social Policies in the EU Enlargement Process: Changing Perspectives and Options*, Washington, D. C. : World Bank, 2002, p. 62.

③ 吴志成、龚苗子：《欧洲一体化进程中的欧洲认同论析》，《南开学报》（哲学社会科学版）2007年第1期。

一个声音说话显得格外重要，这一点也为欧盟所有具有战略眼光的政治精英所看重。对外的统一当然需要欧洲人不断增强他们之间对于欧盟的认同与忠诚，这是他们成为一个整体的重要标志，也是他们把自己和其他群体区别开来的主要特征。欧洲认同一旦建立起来，一方面，能够促使欧盟各成员国乃至欧洲民众认识到它们拥有共同的长远利益和共同的命运，从而使欧盟在国际上的行动更加团结一致，真正做到用一个声音说话，进而欧盟在国际事务中的地位和影响力将会大幅度提升。①另一方面，国际社会也会把欧盟作为一个真正的整体来看待，并承认它的独立性和独特性。这样，欧盟作为世界一极的国际地位才能更加稳固。

## 二、欧盟社会政策的发展有助于增强欧洲认同

### （一）增进欧洲公民切身利益

欧洲一体化的推进始终离不开利益的协调与合作，其中既包括以主权国家为单位的利益协调过程，也包括以欧洲普通民众为单位的利益增进与扩展，可以说，利益问题是解决一体化发展中各类问题的关键和核心。欧洲认同从本质上讲是欧洲民众对欧洲的一种归属感、认同感，在情感上认为欧洲是"我们"的欧洲，区别于"他者"的欧洲，总体上属于感情或意识的范畴。这种感情或意识的形成最初是以浅层的态度和倾向表现出来的，而影响他们态度和倾向最直接的因素就是现实的利益，因此，欧洲认同的建构必须建立在对普通民众利益的满足之上，即需要现实的物质性的手段来操作。而欧盟社会政策是将民众利益满足与欧洲认同建构联系起来的最佳手段，因为它可以通过不断增进公民实实在在的切身利益来逐渐强化公民对欧盟的认同。

具体来讲，首先，欧盟社会政策不仅为工人的跨境流动提供了便利，并对其基本工资问题作出了明确的规定，也对因流动而造成

---

① Hans van Ewijk, *European Social Policy and Social Work：Citizenship Based Social Work*, London：Routledge, 2010, p. 155.

家庭和子女的相关问题作了具体的安排和保障，从而解决了流动工人的后顾之忧。这不仅推动了人力资源的合理流动和配置，同时也是对普通民众切实利益的保障。其次，欧盟鼓励改善流动工人的工作环境，建立保护工人与公众健康的统一安全标准，这是从人身安全和健康的角度对普通民众利益的保障和满足。再次，欧盟社会政策重视保障老年人、残疾人、青年人、妇女、儿童等特殊群体的特殊利益，在这些领域都出台了具体而详细的规定，这使得不同社会群体的利益都能得到保障。另外，欧盟社会政策也非常重视发展欧洲一级的劳资对话，促进男女实现同工同酬，带薪休假等问题，[①]这些规定均是对欧洲民众现实利益的维护，使他们切身感受到一体化发展带来的实惠，有助于引导他们逐渐转变对欧盟的态度和认识。此外，进入 20 世纪 90 年代后，欧盟社会政策在应对失业的问题上，从传统的单纯提高就业率转向加强对失业工人的职业培训、教育等领域，加强对青年人就业指导与培训，同时也重视对消费者权益的保护等，这些内容直接关注共同体公民的利益和感知，有利于激发公民对共同体的忠诚和感情。[②]如果说民众的认同首先是基于最直接的利益满足和自身权益的维护之上，那么就这一点来讲，欧盟社会政策有利于强化欧洲认同。

另外，特别值得一提的是进入 20 世纪 90 年代后，欧盟社会政策将就业政策置于中心位置，将"高度就业"作为重要目标，建立了完整的就业政策框架。由于就业问题关系到每个普通民众的生存和生活质量，也是每个主权国家面临的非常棘手的社会问题之一，加之其与经济问题的直接相关性，从而突显其重要性和复杂性，因此缓解失业压力问题、增加就业是各国政府的主要任务之一。欧盟从超国家层面积极介入该问题，对其进行规范和协调，并在实践中取得了积极的效果，降低了欧盟的失业率，增加了就业机

---

① 戴炳然译：《欧洲共同体条约集》，复旦大学出版社 1993 年版，第 143 页。

② 李明明：《超越与同一——欧盟的集体认同研究》，上海人民出版社 2009 年版，第 123 页。

会，提高了失业工人的再就业率。这些做法对普通民众的影响是最直接、最现实的，也逐渐让普通民众认识欧盟的行为方式，认可它的价值，从而逐步形成对欧盟的认同和归属感，最终形成对民族国家和欧盟两个层面的忠诚。当然，这两个层面的忠诚并不矛盾，而是相互补充、相得益彰的关系。

### （二）扩展欧洲公民社会权利

公民社会权利作为社会发展进步的重要标志，不仅直接关系着普通民众社会利益的实现和满足，也关系着社会整体的发展与稳定。进入工业社会以后，西方国家之所以能够在社会发展程度上始终处于领先地位，不光是因为其率先进入工业社会后所创造的大规模物质财富，更重要的是其在改善民生、增进民权、保障民利方面所进行的制度安排和改革，① 而西欧国家在该领域的表现尤其突出。而且在几百年的社会工业化、现代化进程中，西方国家始终保持着这种优势，从而造就了西方国家重视民权、尊重民权的历史传统。直到今天，欧洲民众所享有的社会权利之广泛、细致仍然是其他国家和地区所无法匹敌的。正是这样一种传统和优势使得欧洲民众对社会权利非常敏感，而且热衷于追求权利的维护和扩展。同样也正是受到欧洲这样一种传统的影响，自欧洲联合启动以来，共同体就非常重视从超国家层面增进欧洲民众的各项权利，其中最主要的手段就是欧盟社会政策。

欧洲公民权是欧洲认同的重要内容和显著标志，② 因此欧洲认同的建构离不开欧盟对公民权的增进和扩展。与此相对，民众只有切实感受到欧盟层面对其社会权利的保障和增进，才会增加对联盟的归属感和认同感，进而支持一体化的发展，而欧盟社会政策恰恰在增进欧洲公民社会权利方面扮演着重要的角色。1961 年颁布的《欧洲社会宪章》，对共同体公民的基本社会权利作了细致的规定，

---

① Robert Geyer, "The State of European Union Social Policy", *Policy Studies*, Vol. 21, No. 3, 2000, p. 248.

② 马胜利：《欧盟公民权与欧洲认同》，《欧洲研究》2008 年第 1 期。

主要包括与工人的工作相关的基本权利，如工作条件权、公平报酬权等；也包括与家庭、妇女和儿童相关的权利，如儿童与青年保护权、就业妇女保护权、母亲和子女的社会与经济权等。① 另外，1989 年，共同体在《欧洲社会宪章》的基础上通过了《欧洲工人基本社会权利宪章》，其中对工人的基本权利作了非常明确而细致的规定。2004 年，《欧盟宪法条约》第 I. 2 条明确规定了欧盟的共同价值观，即"尊重人的尊严、自由、民主、平等、法治和尊重人权，包括少数民族个人的权利，是本联盟赖以建立的价值"，这从总体上保障了欧洲公民的基本人权。另外，《欧盟宪法条约》第 II. 10 条规定了联盟公民身份制度，并明确提出联盟公民享有的权利包括参加欧洲议会和市镇的选举权和被选举权、请愿权、自由流动和居住权、外交和领事保护权。此外，《欧盟宪法条约》专门设立《欧盟基本权利宪章》对欧盟公民的基本权利，如尊严权、平等权、自由权等作了规定。《欧盟宪法条约》第 III. 210 条又详细规定了欧盟社会政策的 11 个具体领域的基本社会权利。②这些条约的规定使欧洲民众的社会权利在欧洲层面得到了确认，同时获得了更多、更广泛的社会权利，从而扩大了他们参与经济、社会发展的范围和空间，而且这些权利是对民族国家所赋予的权利的强化、补充，而不是替代。③ 随着欧盟层面对公民社会权利的保障和维护，欧洲民众对联盟的认可和信任也会越来越强，人们对欧盟的归属感也会逐渐形成，从而有利于欧洲认同的建构的。

## （三）推动"欧洲社会模式"的发展及其现代化

2000 年，作为对"里斯本战略"中提出的将欧盟建设成为

---

① 欧共体官方出版局编，苏明忠译：《欧洲联盟法典》（第三卷），国际文化出版公司 2005 年版，第 35～36 页。

② 《欧盟宪法条约》，新华网，http://news. xinhuanet. com/ziliao/2011-06/21/content_931615. htm.

③ 马胜利：《欧盟公民权与欧洲认同》，《欧洲研究》2008 年第 1 期。

"世界上最具竞争力与充满活力的知识经济，能够实现可持续的经济增长与更多更好的就业，以及更大的社会聚合"的目标的回应，《社会政策议程》首次提出要在共同体层面上促进"欧洲社会模式"的现代化，从而适应激烈的全球竞争，提高企业的国际竞争力，应对新技术革命带来的变化和缓解人口老龄化的压力。①"欧洲社会模式"这一理念是对欧盟及其成员国社会模式"共性"的一种概括与升华。这一理念在社会价值上强调公正、平等和社会聚合，在社会保障制度上则继续强调高水平、广覆盖的原则。②但是在全球化和社会结构大变革的时代背景中，"欧洲社会模式"受到多方面的挑战，因此需要对其进行适时调整，即通过"现代化"的方式来增强其对现代社会生活变迁的"适应性"。可以说，"欧洲社会模式"这一理念不仅内含着明确的价值方向，而且也有相应的制度安排来保障价值的实现，因此是价值与制度的有机结合。③

从欧洲认同建构的角度来看，"欧洲社会模式"这一理念的提出和实践本身就是建构欧洲认同的重要举措，因为"欧洲社会模式"不仅是欧洲认同的核心内容，而且在强化认同的过程中发挥着关键的作用。欧洲在社会价值层面上区别于其他资本主义国家的特征正是"欧洲社会模式"，正如哈贝马斯所言："欧洲福利国家历来就与美国的自由放任资本主义制度存在社会模式上的差异，'欧洲社会模式'甚至比自由、民主等西方政治价值观念更具'欧洲性'"，④因此足以成为欧洲认同的核心内容之一。对于欧盟而

---

① 张伟兵：《发展型社会政策理论与实践——西方社会福利思想的重大转型及其对中国社会政策的启示》，《世界经济与政治论坛》2007年第1期。

② 田德文：《欧盟社会政策与欧洲一体化》，社会科学文献出版社2005年版，第375页。

③ Frits W. Scharpf, "The European Social Model: Coping with the Challenges of Diversity", *Journal of Common Market Studies*, Vol. 40, No. 4, 2002, p. 357.

④ 哈贝马斯：《欧洲是否需要一部宪法》，曹卫东主编：《欧洲为何需要一部宪法?》，中国人民大学出版社2004年版，第43~44页。

言，通过推动"欧洲社会模式"的建立与发展来整合欧洲民众的社会价值认同可以被看作一种"积极的"一体化进程，①并且始终将"保持"和"变革"的思想贯穿其中，以保证社会模式发展的与时俱进。通过这样一种方式促使成员国社会政策体系的"欧洲化"程度逐渐提高，并最终形成一种主权国家和欧盟并存的双层结构。②从社会层面的认同角度来说，这种变化无疑是有利于欧洲认同的建构的。

### （四）　树立良好国际形象

从来源上分，欧洲认同主要包括对内认同和对外认同两个方面：对内认同主要强调在一体化的推动下，欧洲内部成员国之间以及普通民众之间日益频繁的相互交往、利益协调和合作，逐渐加深它们之间的相互了解，并建立相互之间的信任，最终形成统一的对于共同体的认同和归属感。对外认同则是强调在对外关系或国际舞台上，欧盟作为一个整体获得的荣誉，包括国际地位的提高，国际影响力的增强等，或者因其在某些领域的成功而被其他国家作为学习的典范或榜样。由于这些无形的因素具有凝聚欧洲民众的力量，从而也构成了欧洲认同的另一个来源。欧盟社会政策对于欧洲对外认同的作用主要体现在以下两个方面。

首先，欧洲在社会政策整合方面的领先地位有助于增强欧洲认同。欧洲一体化的发展本身是当今世界的一个创举，因为它让几百年战火纷飞的欧洲终于走上了真正的和平之路。直到目前，世界上没有任何一个地区的区域一体化能够与欧洲相媲美，可以说，欧洲在这方面已经走在世界的前列。尽管一体化近年来频频遭遇各种危机，但是这也无法否认一体化带给世界的积极效应，

---

① 鲁兹来：《21世纪的欧盟：走向社会欧洲?》，《第二届社会政策国际论坛文集》，2006年，第55页。

② Stephan Leibfried, "National Welfare States, European Integration and Globalization: A Perspective for the Next Century", *Social Policy and Administration*, Vol. 34, No. 1, 2000, p. 60.

也无法动摇欧洲国家继续推进一体化的决心。虽然一体化最突出的成就在于经济一体化，但是进入 20 世纪 90 年代后，社会领域的一体化也在逐渐加速，从而将欧盟置于一个更加独一无二的世界领跑者的地位。因为社会政策属于传统的主权国家范畴，而欧盟的做法是对传统的突破，也是对现有国家间关系的又一次创新。这种领先于世界的发展模式是欧洲人智慧的体现，也是他们引以为傲的，这种无形的优越感和成就感将在一定程度上强化欧洲人的认同和归属感。

其次，欧盟社会政策的发展模式成为其他地区和国家学习的典范，这种荣誉感有助于增强欧洲认同。在经济全球化的背景下，欧盟通过自身的努力在超国家层面上形成了内容丰富、结构完整的社会政策体系，并在社会政策的发展理念上实现了很多创新，从整体上超越了传统主权国家内部的社会政策。欧盟的工作对全球性的社会政策发展提供了鲜明的导向，① 也成为世界上其他国家和地区学习的范例，因为欧盟的许多发展经验和发展理念不仅适用于欧洲内部，而且适用于全球化背景下许多试图走区域整合道路的区域组织，也为一些国家内部的次区域整合提供了有益的借鉴。所有这些成功的发展模式抑或理念创新都将在一定程度上提升欧盟的国际影响和国际形象，这种对外形象的提升将增强欧洲民众的荣誉感和自豪感，从而强化欧洲民众对欧盟的认同和支持。

欧盟社会政策的作用与价值主要体现在它与经济一体化的互动关系中。在积极的互动方面，欧盟社会政策分别在促进劳动力的自由流动、协调一体化发展中效率与公平问题、提供良好的发展环境、提升经济一体化的发展质量等方面发挥了积极而不可或缺的作用。但是欧盟社会政策与经济一体化之间也存在相互制约的一面。另外，欧盟社会政策对于强化欧洲认同也有非常重要的价值，它通过增加欧洲公民的切身利益，扩展公民的社会权利，推动"欧洲社会模式"的发展等方式来增强民众的欧洲认同。

---

① Catherine Jones, *New Perspectives on the Welfare State in European*, London：Routledge，1993，p. 211.

# 结　语

## 一、欧盟社会政策的发展前景

欧洲一体化进程最初比较严格地遵循了功能主义的发展路径，主要将经济方面的整合置于一体化的核心地位，但是随着欧洲内部联合的推进以及国际形势的演变，单纯的经济一体化已经无法满足整体一体化的需求，也不能适应欧洲联合的步伐。于是，共同体试图在政治联合和社会整合方面开辟新的发展路径，而社会整合集中体现为欧盟社会政策的发展。这些新的尝试或探索既是对功能主义的突破和超越，也是欧洲一体化逐渐走向全面、成熟的标志。直到目前为止，欧盟社会政策历经 60 多年的发展，在欧洲一体化的发展中已经占据了一席之地，成为一体化不可或缺的组成部分。而且从政策本身的发展情况来看，也取得了比较显著的成就，欧盟在社会政策领域已经拥有相当广泛的活动，社会政策一体化已经提上日程，基于此，我们对于其未来发展前景的判断也不宜过于悲观。当然，欧盟社会政策的发展仍然存在很多问题，面临内外诸多挑战。此外，欧盟也需要处理好国家层面与超国家层面之间、市场自由与社会融合之间的矛盾，再加上欧洲一体化当前面临的种种危机，所有这些问题与矛盾将从各个层面影响欧盟社会政策的顺利发展，因此其未来的发展之路并不平坦，一体化程度也将受到一定的限制。

### （一）欧盟社会政策将会继续发展，整合程度会逐渐深化

这是由以下几个因素决定的。

第一，欧洲一体化全面发展的需要。首先，欧盟社会政策的发展丰富了一体化发展的内容。欧洲一体化是包括经济一体化、政治

一体化、社会政策一体化三个方面的全面一体化，也是包括政治、经济、社会、文化等各个领域的全方位整合，更是它们之间相互协调的有机整体，单纯强调某一方面都是不健康的，也是不合理的。目前一体化的发展呈现出经济一体化发展程度最高，政治一体化和社会政策一体化发展滞后的特点，三者之间的关系很不平衡，也不协调。因此，欧盟在未来的发展中，必然要重视并加强社会层面的整合，促进欧盟社会政策的发展，从而推动一体化向全面协调的方向发展。其次，欧盟社会政策的发展将逐步缩小与经济一体化的差距，实现两者的协调发展与良性互动。再次，政治一体化与社会一体化在发展模式上有所不同，政治一体化是自上而下的发展路径，而社会领域的一体化则是自下而上的发展路径，欧盟社会政策的发展从社会层面上也将为政治一体化奠定社会基础，从而增进其政治合法性。随着欧盟社会政策的发展，它与政治一体化的互动也会更加频繁。在此基础上，只有将欧洲一体化的三大主要领域相互联系并整合起来，欧盟才能克服目前的困难，健康顺利地向前发展。

第二，欧洲国家的需要。在欧洲一体化的发展过程中，尽管成员国之间存在各种不同的利益分歧和观念意识上的差异，它们对于一体化的态度也不尽相同，但是，至少在政治和社会层面上，欧盟多数成员国已经意识到：从长远的角度看，社会政策的一体化不会从根本上损害福利国家的价值与制度，它是一种在经济全球化背景下维护战后逐渐形成的欧洲生活方式的积极力量。另外，欧盟多数成员国还是能够接受通过一体化来"拯救欧洲"这一观念，更为重要的是，目前在欧洲占主流地位的社会民主主义意识形态已经在这种观念上达成了共识，欧盟几乎所有坚持"第三条道路"的重要政治家都是坚定的欧洲派。尽管他们对欧洲一体化发展的方式与目标存在不同见解，但在推进一体化进程方面并没有分歧。这种现象至少可以说明这些福利国家的政治精英以及改革者们并没有在价值观念上将一体化的欧洲视为对立物。基于这一点，我们可以相信，至少在成员国层面，对于欧盟社会政策的发展已经基本达成共识，因此未来的发展也就具备了最直接的动力。

第三，欧洲民众的需要。社会政策的对象是欧盟的每一个普通民众，他们是政策实施的直接受益者。随着欧盟社会政策整体发展水平的提高，其内容和领域不断扩展，它所覆盖的人群范围和对象也越来越大，为普通民众带来的实惠也越来越多。作为回应，普通民众也会越来越认可欧盟作为社会政策提供者的身份，也需要欧盟层面来保障其基本的社会权益。随着一体化整体水平的提升，普通民众对于欧盟社会政策的需求也会日益增加。简而言之，欧盟社会政策是欧洲各个层面所需要的，在推动其发展方面也基本达成了共识，因此这就决定了欧盟社会政策在总体上会不断向前发展，其整合的程度也会越来越深。

### （二）欧盟社会政策未来的发展程度将受到限制

第一，欧盟社会政策的现有发展水平仍然很低，虽然已经发展成为一体化的重要基石，与经济一体化、政治一体化共同构成欧洲联合的整体，同时也是反映欧洲一体化的重要侧面，但是就欧盟社会政策目前的发展水平来看，它与一体化的其他方面，尤其是经济一体化的发展存在很大的差距，无论在发展广度抑或发展深度上都不可同日而语。这主要体现在：其一，欧盟社会政策缺乏一个完整的发展蓝图。欧洲经济一体化能够不断进步是因为其在各个阶段都有相应的发展目标，并为这个目标设定一个时间上的期限，这在很大程度上一直指引着经济一体化的推进。但是在欧盟社会政策的发展上，欧盟始终没有提出一个明确的发展蓝图，也没有提出其最终要发展到何种程度。在阶段性的发展中，欧盟也只是含糊其辞，大概提出一些发展目标，也没有为目标设定一个具体的时限。从长远的发展角度来看，这无疑成为欧盟社会政策发展的软肋。其二，缺乏欧盟层面强有力的制度保障。欧盟社会政策发展 60 余年，形成的更多的是法律层面的规定，而没有组织和制度上的建设，在欧盟层面始终缺乏一个强有力的机构来保障其政策的制定和实施，这对于政策的稳定性和持续性都会产生影响。另外，欧盟社会政策仅限于对成员国社会政策的"软"协调，调整性多于强制性。因此，总体来看，其发展水平仍显粗浅。鉴于欧盟社会政策现有的发展水平，以及受到的诸多限制，也很难期待短期内欧盟社会政策能实现跨越式的大发展。

第二，一体化的发展现状。自 20 世纪 90 年代以来，欧盟虽然在一体化发展中频频实现重大突破，将一体化的发展步伐全面推向快车道，但是其整体的经济发展状况却始终不佳，在激烈的国际竞争中并未占到先机。21 世纪以来，在经济方面又遭到 2008 年金融危机的重创，银行系统和金融体系受到严重侵蚀，随后又逐步蔓延到实体经济。此后，欧盟又陷入愈演愈烈的主权债务危机，主权债务危机成为欧盟经济复苏的"拦路虎"。重重危机使本已增长乏力的欧洲经济雪上加霜，也使欧洲一体化陷入困境。在政治领域，欧洲一体化自进入 21 世纪后，经历了从伊拉克战争爆发后的"新""老"欧洲的分化、大批中东欧国家入盟到《欧盟宪法条约》遭到否决，欧盟似乎真的进入了一些学者所说的"中年危机"。此外，近几年发生的乌克兰克里米亚危机、英国试图脱欧、日益升级的难民危机以及中东"伊斯兰国"的恐怖主义袭击等，都对欧洲一体化的发展造成了巨大冲击。在这样的发展状况下，我们很难期待欧盟能够在社会整合方面有太大的作为。原因在于：一方面，在诸多的危机面前，欧盟的主要精力用在危机的应对上，无暇顾及社会一体化的推进，这也是可以理解的。另一方面，由于受到一体化整体发展状况的影响，推进社会政策一体化的各方面条件也不充分。因此，对于欧盟社会政策未来的发展，我们只能抱着谨慎乐观的态度。

综上所述，欧盟社会政策未来的发展方向并非是一个社会政策联盟，"社会欧洲"仍然是一个长期愿景，短期内实现的可能性较小。更加现实的一种发展方向可能倾向于一个在社会领域逐步强化合作与协调的低层次联合机制。当然，这种状态也区别于主权国家的社会政策，是介于民族国家与超国家之间的一种中间状态。另外，欧盟社会政策已经具备了一定的发展基础，并形成了独特的发展路径，因此其未来也会逐渐摆脱过分依赖外在因素的状况，走出一条有自身特色的发展之路，①并对国际上其他国家和地区社会政

---

①　严双伍、石晨霞：《欧盟社会政策发展中的特点、成就与问题》，《武汉大学学报》（哲学社会科学版）2012 年第 1 期。

策的发展提供有益的借鉴。

## 二、欧盟社会政策发展对中国的启示

### （一）促进社会政策与经济政策的协调发展

欧盟社会政策的发展经历了一个从依附于经济政策逐步走向独立发展的过程，从最初只是作为实现经济发展的手段而逐步转变为目的本身。这种发展路径的转变对我国当前的社会政策发展具有一定的参考价值。

第一，经济政策和社会政策是社会发展政策体系中必不可少的组成部分，没有良好的经济政策，整个社会发展将因动力不足而受阻，社会政策也无法得到真正的发展；相反，没有合理的社会政策，社会稳定将受到影响，经济政策也无法正常运行。另外，从本质上来讲，经济政策解决的是效率问题，社会政策解决的是公平问题，两者之间的关系是否和谐关系整个社会的发展与进步。因此，经济政策与社会政策的相互协调是社会发展的题中之意。

改革开放 30 多年来，我国始终坚持以经济建设为中心，强调经济政策的核心作用。在此思想的指导下，我国取得了举世瞩目的发展成就，但是与此同时，社会矛盾不断增多，社会问题逐渐凸显，从而暴露出单纯倚重经济发展的弊端。因此，我们要努力促进社会政策与经济政策的协调发展，更加重视社会政策的完善，并将更多的资源投入社会政策的发展。

第二，重新认识社会政策的价值。传统上普遍认为社会政策是一种消费，巨大的社会支出给国家带来了沉重的负担，但是事实上，社会政策不仅是一种消费，更是一种生产性要素。它在促进生产方面的功能早已被欧盟国家认可，而我国在这方面的认识仍显滞后。例如，在应对失业问题上，我国更倾向于对失业工人的直接补助，而且这种救助的规模小，覆盖率很低。而欧盟除了失业救助之外，非常重视对失业工人的职业教育与培训，以一种积极的态度去解决失业问题，这样的社会政策事实上就是一种对人的投资，是一种生产，而不单纯是消费。而我国在这方面的措施非常缺乏，这是一种制度上的滞后，更是一种认识上的滞后，因此需要在认识上不断创新，以积极的态度看待社会政策的发展。

### （二）进一步完善社会政策体系

目前，我国社会政策体系虽然已经建立，但是整体发展水平仍然很低，与西方发达国家的差距也很大，因此需要在以下几个方面进行改善：

第一，扩展和深化社会政策内容。经过 60 多年的发展，欧盟社会政策在政策内容方面不断丰富和扩展，其政策范围几乎覆盖所有的社会领域。与之相比，我国社会政策的发展仍处于起步阶段，政策内容仍然局限于最基本的生活保障领域，而且政策领域的划分也比较粗犷，因此在政策内容方面还有待细化和拓展。

第二，完善社会政策的立法。社会政策的发展需要有相关法律的规范和保障，从而保证政策的稳定性和规范性，同时可以避免政策在执行过程中的随意性。欧盟在这方面的法律规范已经非常完善，而我国在法治国家的建设过程中，在社会政策方面的法律尚不健全，因此要在政策实践的过程中逐步健全法律规范，保障社会政策的顺利实施。

第三，保障并增进公民社会权利。公民社会权利的增进是社会政策发展的核心内容之一，只有切实增进并维护公民的各项社会权利，才能从根本上推动社会政策的发展，进而实现社会的和谐与进步。我国公民的权利意识目前并未完全形成，占人口多数的农民群体对维护并增进自身权利的意识比较模糊，这是社会政策发展的内生性障碍。当然，改变这种状况并非一朝一夕的事情，这需要公民素质的提高和整个社会的进步，但也需要社会政策将其作为长久的任务。

### （三）加强区域合作发展中的社会政策协调

当今世界，经济全球化与区域一体化的发展趋势相互交错，并行不悖。在国家内部，与这种国际浪潮相伴的是，在地理位置上相近的地区也积极促进合作以实现地区利益的最大化。当前，区域经济的一体化发展，已是我国国民经济和社会发展的一项重大战略，它有利于解决由于区域发展不平衡而导致的地方矛盾、城乡冲突等社会问题。目前已经形成了长三角区域经济合作、泛珠三角区域经济合作以及环渤海湾区域经济合作等，区域经济合作已初具规模。

　　但是，区域合作在发展中也遇到了很多问题。随着区域经济合作的推进，大量工人尤其是农民工实现了跨省市流动，有些工人在外工作多年，对所在城市的建设和发展作出了很大的贡献，但是由于社会保障未能实现跨省市合作，他们在享受社会保障待遇上陷入了困境。在这些问题上，欧盟的做法具有借鉴意义，它在推动社会政策一体化的过程中，非常注重对各国社会政策的协调，缩小彼此之间的差距，努力促进社会的整合。因此，我国区域合作也应该通过建立一些专门的机制来应对这些问题，并加强对流动工人社会问题的管理，从而为合作的进一步推进创造条件。另外，在市场规律的作用下，区域经济合作中的贫富差距也不断加剧，因此，需要区域内相关省市之间在社会政策方面加强协调，努力缩小贫富差距，实现区域内的真正的共同发展与繁荣，这一点可以借鉴欧盟设立专门的社会基金或结构基金的做法。借鉴欧盟的有益经验，可以使我国的社会政策发展少走些弯路。

# 参 考 文 献

## 一、英文文献

### (一) 英文著作

Andrew Moravcsik, *Centralization or Fragmentation?: Europe Facing the Challenge of Deepening, Diversity, and Democracy*, A Council on Foreign Relations Book, 1998.

Barbier Jean-Claude, *The Road to Social Europe: A Contemporary Approach to Political Cultures and Diversity in Europe*, London and New York: Routledge, 2013.

Catherine Jones, *New Perspectives on the Welfare State in European*, London: Routledge, 1993.

Daniel Beland and Klaus Petersen Bristol, *Analysing Social Policy Concepts and Language: Comparative and Transnational Perspectives*, Cambridge: Policy Press, 2014.

Daniel Vaughan-Whitehead, *The European Social Model in Crisis: Is Europe Losing Its Soul?* Cheltenhan: Edward Elgar Publishing, 2015.

David Hine and Hussein Kassim (eds.), *Beyond the Market: The EU and National Social Policy*, London: Routledge, 2005.

David Hine and Hussein Kassim, *Beyond the Market: The EU and National Social Policy*, London: Routledge, 1998.

David Natali and Bart Vanhercke, *Social Policy in the European Union: State of Play* 2015, *European Trade Union Institute (ETUI)*, European Social Observatory (ESO), ETUI aisbl, Brussels, 2015.

Diane Sainsbury, *Welfare States and Immigrant Rights: The Politics of Inclusion and Exclusion*, Oxford: Oxford University Press, 2012.

Egidijus Barcevičius, J. Timo Weishaupt, and Jonathan Zeitlin (eds. ), *Assessing the Open Method of Coordination: Institutional Design and National Influence of EU Social Policy Coordination*, London: Palgrave Macmillan, 2014.

Eric Marlier and David Natali (eds. ), *Europe 2020: Towards a More Social EU?* Brussels: Peter Long, 2010.

Fraser, Derek, *The Evolution of the British Welfare State: A History of Social Policy since the Industrial Revolution*, London: Palgrave Macmillan, 2003.

Gerda Falkner, *EU Social Policy in the 1990s: Towards a Corporatist Policy Community*, London: Routledge, 2003.

Glennerster, Howard, *British Social Policy: 1945 to the Present*, London: Blackwell Publisher, 2007.

Hans van Ewijk, *European Social Policy and Social Work: Citizenship Based Social Work*, London: Routledge, 2010.

Hartley Dean, *Welfare Rights and Social Policy*, New York: Routledge, 2013.

Ivor Robert and Beverly Springer, *Social Policy in the European Union: Between Harmonization and National Autonomy*, London: Lynne Rienner Publishers Inc. , 2001.

Jo Shaw, *Social Law and Policy in an Evolving European Union*, Oxford: Hart Publishing, 2000.

Jochen Clasen (ed. ), *Comparative Social Policy: Concept, Theories, and Methods*, London: Blackwell Publishiers, 1999.

Jürgen Friedrichs, Aoline Dewilde, Aielle Dierckx, and Katrien De Boyser, *Between the Social and the Spatial: Exploring the Multiple Dimensions of Poverty and Social Exclusion*, Farnham and Burlington: Ashgate, 2009.

Karamessini M and Rubery J (eds. ), *Women and Austerity: The*

*Economic Crisis and the Future of Gender Equality*, London and New York: Routledge, 2013.

Linda Hantrais, *Social Policy in the European Union*, London: Macmillan Press Ltd. , 2000.

Maria João Rodrigues and Eleni Xiarchogiannopoulou ( eds. ) , *The Eurozone Crisis and the Transformation of EU Governance: Internal and External Implications Globalization, Europe, Multilateralism Series*, Farnham: Ashgate Publishing Ltd. , 2014.

Mark Kleinman, *A European Welfare State? European Union Social Policy in Context*, New York: Palgrave, 2002.

Marshall, Katherine, *New Social Policy Agendas for Europe and Asia: Challenges, Experiences, and Lessons*, Washington, D. C. : World Bank, 2003.

Massimo Condinanzi, Allessandra Lang, and Bruno Nascimbene, *Citizenship of the Union and Free Movement of Persons*, Leiden: Martinus Nijhoff Publishers, 2008.

Maurice Roche and Rik van Berkel, *European Citizenship and Social Exclusion*, Farnham and Burlington: Ashgate, 1997.

Milena Büchs, *New Governance in European Social Policy : The Open Method of Coordination*, London: Palgrave Macmillan, 2007.

Nathalie Morel, Bruno Palier, and Joakim Palme ( eds. ) , *Towards a Social Investment Welfare State? Ideas, Policies and Challenges*, Bristol: Policy Press at the University of Bristol, 2012.

Nicholas Barr ( ed. ) , *Labor Markets and Social Policy in Central and Eastern Europe: The Transition and Beyond*, Oxford: Oxford University Press, 1994.

Nicholas Barr, *Labor Markets and Social Policy in Central and Eastern Europe: The Accession and Beyond*, Washington, D. C. : World Bank, 2005.

Paolo Graziano, Sophie Jacquot, Bruno Palier ( eds. ) , *The EU and the Domestic Politics of Welfare State Reforms: Europa, Europae,*

Basingstoke: Palgrave Macmillan, 2011.

Paul Teague, *Economic Citizenship in the European Union: Employment Relations in the New Europe*, London: Routledge, 1999.

Peo Hansen and Sandy Brian Hager, *The Politics of European Citizenship: Deepening Contradictions in Social Rights and Migration Policy*, New York and Oxford: Bergbabn Books, 2010.

Peter Taylor-Gooby ( ed. ), *Making a European Welfare State? Convergences and Conflicts over European Social Policy*, London: Blackwell Publishing, 2004.

Pizzati, Lodovico, *Labor, Employment, and Social Policies in the EU Enlargement Process: Changing Perspectives and Options*, Washington, D. C. : World Bank, 2002.

Robert Miles, Dietrich Thränhard ( eds. ), *Migration and European Integration: The Dynamics of Inclusion and Exclusion*, London: Pinter Publishers Ltd. , 1995.

Robert R. Geyer, *Exploring European Social Policy*, Cambridge: Polity Press, 2000.

Świątkowski, Andrzej, *Charter of Social Rights of the Council of Europe* , London and New York: Kluwer Law International, 2007.

Saraceno, Chiara, *Families, Ageing and Social Policy Intergenerational Solidarity in European Welfare States*, Cheltenham: Edward Elgar, 2008.

Silvana Sciarra, Paul Davies, and Mark Freedland, *Employment Policy and the Regulation of Part-Time Work in the European Union: A Comparative Analysis*, Cambridge: Cambridge University Press, 2004.

Steffen Mau, Heike Brabandt, Lena Laube, Christof Roos, *Liberal States and the Freedom of Movement. Selective Borders, Unequal Mobility*, Basingstoke: Palgrave Macmillan, 2012.

Stephan Leibfried and Paul Pierson ( eds. ), *European Social Policy: Between Fragmentation and Integration*, Washington, D. C. : The Brookings Institution, 1995.

Tamara K. Hervey and Jeff Kenner, *Economic and Social Rights under the EU Charter of Fundamental Rights—A Legal Perspective*, Oxford: Hart Publishing, 2003.

Wolf Bloemers and Fritz-Helmut Wisch, *Theories of Intervention and Social Change*, Pieterlen and Bern: Peter Lang, 2003.

Wolfgang Beck, *Social Quality: A Version for European*, London and New York: Kulwer Law International, 2001.

Wolfgang Streeck, *Social Institutions and Economic Performance: Studies of Industrial Relations in Advanced Capitalist Economies*, London: Sage Publications, 1992.

## (二) 英文论文

Alison E. Woodward, "Too Late for Gender Mainstreaming? Taking Stock in Brussels", *Journal of European Social Policy*, Vol. 18, No. 3, 2008, pp. 289-306.

Allison E. Rovny, "The Capacity of Social Policies to Combat Poverty among New Social Risk Groups", *Journal of European Social Policy*, Vol. 24, No. 5, 2014, pp. 405-423.

Ana M. Guillén and Bruno Palier, "Introduction: Does Europe Matter? Accession to EU and Social Policy Developments in Recent and New Member States", *Journal of European Social Policy*, Vol. 14, No. 3, 2004, pp. 203-215.

Andre Sapir, "Globalization and the Reform of European Social Models", *Journal of Common Market Studies*, Vol. 44, No. 2, 2006, pp. 369-390.

Andreas Follesdal, Liana Giorgi, and Richard Heuberger, "Envisioning European Solidarity Between Welfare Ideologies and the European Social Agenda", *Innovation*, Vol. 20, No. 1, 2007, pp. 75-92.

Axel Börsch-Supan, Karsten Hank, Hendrik Jürges, and Mathis Schröder, "Introduction: Empirical Research on Health, Ageing and

Retirement in Europe", *Journal of European Social Policy*, Vol. 19, No. 4, 2009, pp. 293-300.

Becker J and Jäger J, "Integration in Crisis: A Regulationist Perspective on the Interaction of European Varieties of Capitalism", *Competition and Change*, Vol. 16, No. 3, 2012, pp. 169-187.

Bent Greve, "Indications of Social Policy Convergence in the Europe", *Social Policy and Administration*, Vol. 30, No. 4, 1996, pp. 348-367.

Bieling H-J, "EU Facing the Crisis: Social and Employment Policies in Times of Tight Budgets", *Transfer*, Vol. 18, No. 3, 2012, pp. 255-271.

Björn Halleröd, Hans Ekbrand, and Mattias Bengtsson, "In-Work Poverty and Labour Market Trajectories: Poverty Risks among the Working Population in 22 European Countries", *Journal of European Social Policy*, Vol. 25, No. 5, 2015, pp. 473-488.

Bodil Damgaard and Jacob Torfing, "Network Governance of Active Employment Policy: The Danish Experience", *Journal of European Social Policy*, Vol. 20, No. 3, 2010, pp. 248-262.

Brian Burgoon and Fabian Dekker, "Flexible Employment, Economic Insecurity and Social Policy Preferences in Europe", *Journal of European Social Policy*, Vol. 20, No. 2, 2010, pp. 126-151.

Brian Nolan, "What Use Is 'Social Investment'?", *Journal of European Social Policy*, Vol. 23, No. 5, 2013, pp. 459-468.

Caroline de la Porte and Philippe Pochet, "Why and How (Still) Study the Open Method of Coordination (OMC)?", *Journal of European Social Policy*, Vol. 22, No. 3, 2012, pp. 336-349.

Charles Woolfson, "Social Dialogue and Lifelong Learning in New EU Member States: 'Reform Fit' in Latvia", *Journal of European Social Policy*, Vol. 18, No. 1, 2008, pp. 79-93.

Christopher T. Whelan and Bertrand Maître, "Europeanization of Inequality and European Reference Groups", *Journal of European Social*

*Policy*, Vol. 19, No. 2, 2009, pp. 117-128.

Claire Annesley, "Lisbon and Social Europe: Towards a European 'Adult Worker Model' Welfare System", *Journal of European Social Policy*, Vol. 17, No. 3, 2007, pp. 195-210.

Claus Offe, "The European Model of 'Social' Capitalism: Can It Survive European Integration?", *The Journal of Political Philosophy*, Vol. 11, No. 4, 2003, pp. 437-469.

David M. Trubek and Louise G. Trubek, "Hard and Soft Law in the Construction of Social Europe: The Role of the Open Method of Coordination", *European Law Journal*, Vol. 11, No. 3, 2005, pp. 343-364.

De Grauwe P., "From Financial to Social and Political Risks in the Eurozone", in Natali D. and Vanhercke B. (eds.), *Social Developments in the European Union* 2012, Brussels, ETUI and European Social Observatory, 2013, pp. 31-44.

Deborah Mabbett, "The Development of Rights-Based Social Policy in the European Union: The Example of Disability Rights", *Journal of Common Market Studies*, Vol. 43, No. 1, 2005, pp. 97-120.

Diamond Ashiagbor, "EMU and the Shift in the European Labour Law Agenda : From 'Social Policy' to 'Employment Policy' ", *European Law Journal*, Vol. 7, No. 3, 2001, pp. 315-317.

Diamond Ashiagbor, "EMU and the Shift in the European Labour Law Agenda: From 'Social Policy' to 'Employment Policy' ", *European Law Journal*, Vol. 7, No. 3, 2001, pp. 311-330.

Dimitrios Christelis, Tullio Jappelli, Omar Paccagnella, and Guglielmo Weber, "Income, Wealth and Financial Fragility in Europe", *Journal of European Social Policy*, Vol. 19, No. 4, 2009, pp. 359-376.

Dorte Sindbjerg Martinsen and Ayca Uygur Wessel, "On the Path to Differentiation: Upward Transfer, Logic of Variation and Sub-optimality in EU Social Policy", *Journal of European Public Policy*,

Vol. 21, Issue 9, 2014, pp. 1255-1272.

Eilidh MacPhail, "Examining the Impact of the Open Method of Coordination on Sub-State Employment and Social Inclusion Policies: Evidence from the UK", *Journal of European Social Policy*, Vol. 20, No. 4, 2010, pp. 364-378.

Ellen Mastenbroek, Aneta Spendzharova, and Esther Versluis, "Clawing Back Lost Powers? Parliamentary Scrutiny of the Transposition of EU Social Policy Directives in the Netherlands", *West European Politics*, Vol. 37, Issue 4, 2014, pp. 750-768.

Ewan Carr and Heejung Chung, "Employment Insecurity and Life Satisfaction: The Moderating Influence of Labor Market Policies Across Europe", *Journal of European Social Policy*, Vol. 24, No. 4, 2014, pp. 383-399.

Francesco Figari, "Can In-Work Benefits Improve Social Inclusion in the Southern European Countries?", *Journal of European Social Policy*, Vol. 20, No. 4, 2010, pp. 301-315.

Frieder Wolf, Reimut Zohlnhöfer, "Investing in Human Capital? The Determinants of Private Education Expenditure in 26 OECD Countries", *Journal of European Social Policy*, Vol. 19, No. 3, 2009, pp. 230-244.

Frits W. Scharpf, "The European Social Model: Coping with the Challenges of Diversity", *Journal of Common Market Studies*, Vol. 40, No. 4, 2002, pp. 645-670.

Gerda Falkner, "Forms of Governance in European Union Social Policy: Continuity and/or Change?", *International Social Security Review*, Vol. 59, No. 2, 2006, pp. 77-103.

Gert Verschraegen, Bart Vanhercke, and Rika Verpoorten, "The European Social Fund and Domestic Activation Policies: Europeanization Mechanisms", *Journal of European Social Policy*, Vol. 21, No. 1, 2011, pp. 55-72.

Graham Room, "Social Policy in Europe: Paradigms of Change",

*Journal of European Social Policy*, Vol. 18, No. 4, 2008, pp. 345-352.

Hakan Ovunc Ongur, "Towards a Social Identity for Europe? A Social Psychological Approach to European Identity Studies", *Review of European Studies*, Vol. 2, No. 2, 2010, pp. 134-143.

Hendrik P. Van Dalen, Kène Henkens and Joop Schippers, "Dealing with Older Workers in Europe: A Comparative Survey of Employers' Attitudes and Actions", *Journal of European Social Policy*, Vol. 19, No. 1, 2009, pp. 47-60.

Hermann C., "Structural Adjustment and Neoliberal Convergence in Labour Markets and Welfare: The Impact of the Crisis and Austerity Measures on European Economic and Social Models", *Competition and Change*, Vol. 18, No. 2, 2014, pp. 111-130.

Ive Marx, Pieter Vandenbroucke, and Gerlinde Verbist, "Can Higher Employment Levels Bring Down Relative Income Poverty in the EU? Regression-Based Simulations of the Europe 2020 Target", *Journal of European Social Policy*, Vol. 22, No. 5, 2012, pp. 472-486.

James S. Mosher and David M. Trubek, "Alternative Approaches to Governance in the EU: EU Social Policy and the European Employment Strategy", *Journal of Common Market Studies*, Vol. 41, No. 1, 2003, pp. 63-88.

Jane Jenson and Philippe Pochet, "Employment and Social Policy since Maastricht: Standing up to the European Monetary Union", in *The Year of Euro*, Nanovic Institute for European Studies, University of Notre-Dame, December 2002.

Janine Goetschy, "The European Employment Strategy: Genesis and Development", *European Journal of Industrial Relations*, Vol. 5, No. 2, 1999, pp. 117-137.

Janneke Plantenga, Chantal Remery, Hugo Figueiredo, and Mark Smith, "Towards a European Union Gender Equality Index", *Journal of European Social Policy*, Vol. 19, No. 1, 2009, pp. 19-33.

Jelle Visser, "From Keynesianism to the Third Way: Labour

Relations and Social Policy in Postwar Western Europe", *Economic and Industrial Democracy*, Vol. 21, No. 4, 2000, pp. 421-456.

Jens Alber, "The European Social Model and the United States", *European Union Politics*, Vol. 7, No. 3, 2006, pp. 393-419.

John Ermisch, "European Integration and External Constraints on Social Policy: Is a Social Charter Necessary?", *National Institute Economic Review*, Vol. 136, No. 1, 1991, pp. 93-118.

John Hudson and Stefan Kühner, "Towards Productive Welfare? A Comparative Analysis of 23 OECD Countries", *Journal of European Social Policy*, Vol. 19, No. 1, 2009, pp. 34-46.

Julia S. O'Connor, "Policy Coordination, Social Indicators and the Social-Policy Agenda in the European Union", *Journal of European Social Policy*, Vol. 15, No. 4, 2005, pp. 345-361.

Karin Schulze Buschoff and Claudia Schmidt, "Adapting Labour Law and Social Security to the Needs of the 'New Self-Employed' — Comparing the UK, Germany, and the Netherlands", *Journal of European Social Policy*, Vol. 19, No. 2, 2009, pp. 147-159.

Koen Caminada, Kees Goudswaard, Olaf van Vliet, "Patterns of Welfare State Indicators in the EU: Is There Convergence?", *Journal of Common Market Studies*, Vol. 48, No. 3, 2010, pp. 529-556.

Maria Jepsen and Amparo Serrano Pascual, "The European Social Model: An Exercise in Deconstruction", *Journal of European Social Policy*, Vol. 15, No. 3, 2005, pp. 231-245.

Mark Kleinman, David Piachaud, "European Social Policy: Conceptions and Choices", *Journal of European Social Policy*, Vol. 3, No. 1, 1993, pp. 1-19.

Mark Kleinman, "The Future of European Union Social Policy and Its Implications for Housing", *Urban Studies*, Vol. 39, No. 2, 2002, pp. 341-352.

Markus Tepe and Pieter Vanhuysse, "Elderly Bias, New Social Risks and Social Spending: Change and Timing in Eight Programmes

216

Across Four Worlds of Welfare, 1980-2003", *Journal of European Social Policy*, Vol. 20, No. 3, 2010, pp. 217-234.

Martin Heidenreich and Gabriele Bischoff, "The Open Method of Coordination: A Way to the Europeanization of Social and Employment Policies?", *Journal of Common Market Studies*, Vol. 46, No. 3, 2008, pp. 497-532.

Martin Heidenreich, "The End of the Honeymoon: The Increasing Differentiation of ( Long-Term ) Unemployment Risks in Europe", *Journal of European Social Policy*, Vol. 25, No. 4, 2015, pp. 393-413.

Martin Kohli, Karsten Hank, and Harald Künemund, "The Social Connectedness of Older Europeans: Patterns, Dynamics and Contexts", *Journal of European Social Policy*, Vol. 19, No. 4, 2009, pp. 327-340.

Mary Daly, "EU Social Policy after Lisbon", *Journal of Common Market Studies*, Vol. 44, No. 3, 2006, pp. 461-481.

Mikkel Mailand and Jens Arnholtz, "Formulating European Work and Employment Regulation During the Pre-Crisis Years: Coalition Building and Institutional Inertia", *Journal of European Social Policy*, Vol. 25, No. 2, 2015, pp. 194-209.

Mikkel Mailand, "The Uneven Impact of the European Employment Strategy on Member States' Employment Policies: A Comparative Analysis", *Journal of European Social Policy*, Vol. 18, No. 4, 2008, pp. 353-365.

Monica Threlfall, "The Social Dimension of the European Union: Innovative Methods for Advancing Integration", *Global Social Policy*, Vol. 7, No. 3, 2007, pp. 271-293.

Monika Eigmüller, "Europeanization from Below: The Influence of Individual Actors on the EU Integration of Social Policies", *Journal of European Social Policy*, Vol. 23, No. 4, 2013, pp. 363-375.

M. Doherty, "It Must Have Been Love, But It's over Now: The Crisis and Collapse of Social Partnership in Ireland", *Transfer*, Vol. 17, No. 3, 2011, pp. 371-385.

Nick Adnett, "Modernizing the European Social Model: Developing the Guideline", *Journal of Common Market Studies*, Vol. 39, No. 2, 2001, pp. 353-364.

Olaf van Vliet and Michael Kaeding, *Globalisation*, *European Integration and Social Protection—Patterns of Change or Continuity?*, MPRA Paper No. 20808, 2007, pp. 1-27.

Paul Copeland and Beryl ter Haar, "A Toothless Bite? The Effectiveness of the European Employment Strategy as a Governance Tool", *Journal of European Social Policy*, Vol. 23, No. 1, 2013, pp. 21-36.

Paul Marx, "The Effect of Job Insecurity and Employability on Preferences for Redistribution in Western Europe", *Journal of European Social Policy*, Vol. 24, No. 4, 2014, pp. 351-366.

Paul Pierson, "The Path to European Integration : A Historical Institutionalist Analysis", *Comparative Political Studies*, Vol. 29, No. 2, 1996, pp. 123-163.

Paul Spicker, "Social Policy in a Federal Europe", *Social Policy and Administration*, Vol. 30, No. 4, 1996, pp. 293-304.

Paul Spicker, "The Principle of Subsidiarity and the Social Policy of the European Community", *Journal of European Social Policy*, Vol. 1, No. 1, 1991, pp. 3-14.

Petra Böhnke, "Are the Poor Socially Integrated? The Link Between Poverty and Social Support in Different Welfare Regimes", *Journal of European Social Policy*, Vol. 18, No. 2, 2008, pp. 133-150.

P. Copeland, M. Daly, P. Copeland, and M. Daly, "Poverty and Social Policy in Europe 2020: Ungovernable and Ungoverned", *Policy and Politics*, Vol. 42, No. 3, 2014, pp. 351-365.

Rachel A. Cichowski, "Women's Rights, the European Court, and Supranational Constitutionalis", *Law and Society Review*, Vol. 38, No. 3, 2004, pp. 489-512.

Robert Geyer, "The State of European Union Social Policy",

*Policy Studies*, Vol. 21, No. 3, 2000, pp. 245-261.

Soysal, Yasemin Nuhoğlu, "Citizenship, Immigration, and the European Social Project: Rights and Obligations of Individuality", *British Journal of Sociology*, Vol. 63, Issue 1, 2012.

Staffan Kumlin, "Blaming Europe? Exploring the Variable Impact of National Public Service Dissatisfaction on EU Trust", *Journal of European Social Policy*, Vol. 19, No. 5, 2009, pp. 408-420.

Stephan Leibfried, "National Welfare States, European Integration and Globalization: A Perspective for the Next Century", *Social Policy and Administration*, Vol. 34, No. 1, 2000, pp. 44-63.

Stephan Leibfried, "Spins of (Dis) Integration: What Might 'Reformers' in Canada Learn from the 'Social Dimension' of the European Union?", *Social Policy and Administration*, Vol. 32, No. 4, 1998, pp. 365-388.

Stijn Smismans, "European Civil Society: Shaped by Discourses and Institutional Interests", *European Law Journal*, Vol. 9, No. 4, 2003, pp. 482-504.

Thorsten Schulten, "Towards a European Minimum Wage Policy? Fair Wages and Social Europe", *European Journal of Industrial Relations*, Vol. 14, No. 4, 2008, pp. 421-439.

Timothy B. Smith, "The History of European and North American Social Policy", *Radical History Review*, Vol. 69, 1997, pp. 226-242.

Wolfgang Streek, "Neo-Voluntarism: A New European Social Policy Regime?", *European Law Journal*, Vol. 1, No. 1, 1995, pp. 31-59.

## 二、中文文献

### (一) 中文著作

[英] 阿格拉编著，戴炳然、伍贻康、周建平等译：《欧洲共同体经济学》，上海译文出版社 1985 年版。

安东尼·哈尔、詹姆斯·梅志里著，罗敏、范酉庆等译：《发展型社会政策》，社会科学文献出版社 2006 年版。

安东尼·吉登斯著，周红云译：《失控的世界》，江西人民出版社 2001 年版。

陈玉刚：《国家与超国家：欧洲一体化理论比较研究》，上海人民出版社 2001 年版。

陈志强、关信平：《欧洲联盟的政治与社会研究》，天津人民出版社 2002 年版。

戴炳然译：《欧洲共同体条约集》，复旦大学出版社 1993 年版。

胡瑾、宋全成、李巍：《欧洲当代一体化思想与实践研究》，山东人民出版社 2002 年版。

凯瑟琳·巴纳德著，付欣译：《欧盟劳动法》，中国法制出版社 2005 年版。

李琮：《西欧社会保障制度》，中国社会科学出版社 1989 年版。

刘晓平：《欧洲社会一体化——政策、实践与现状研究（1945—2006）》，云南大学博士学位论文，2008 年。

马晓强、雷钰：《欧洲一体化与欧盟国家社会政策》，中国社会科学出版社 2008 年版。

迈克尔·希尔著，刘升华译：《理解社会政策》，商务印书馆 2003 年版。

欧共体官方出版局编，苏明忠译：《欧洲联盟法典》（第二卷），国际文化出版公司 2005 年版。

裴元伦、罗红波：《中国与欧洲联盟就业政策比较》，中国经济出版社 1998 年版。

田德文：《论欧洲联盟的社会政策》，中国社会科学院硕士学位论文，2001 年。

田德文：《欧盟社会政策与欧洲一体化》，社会科学文献出版社 2005 年版。

王立伟：《社会政策与欧洲一体化》，山东大学博士学位论文，2010 年。

杨逢珉、李宗植、张永安编著:《欧洲共同体经济教程》,兰州大学出版社 1993 年版。

杨雪:《欧盟共同就业政策研究》,中国社会科学出版社 2004 年版。

余开祥、洪文达、伍贻康主编:《欧洲共同体:体制·政策·趋势》,复旦大学出版社 1989 年版。

余南平:《欧洲社会模式:以欧洲住房市场和住房政策为视角》,华东师范大学博士学位论文,2008 年。

张荐华:《欧洲一体化与欧盟的经济社会政策》,商务印书馆 2001 年版。

张然:《欧盟灵活保障就业政策研究》,华东师范大学博士学位论文,2008 年。

## (二) 中文论文

楚建忠:《瑞典的失业保障制度及其对我国的启示》,《国际经贸研究》1996 年第 4 期。

公峰涛、王乃会:《德国失业保障及其对我国的借鉴》,《国际经贸研究》1996 年第 4 期。

关信平:《欧洲联盟社会政策的历史发展——兼析欧盟社会政策的目标、性质与原则》,《南开学报》(哲学社会科学版) 2000 年第 2 期。

关信平、郑飞北:《〈社会政策议程〉、欧盟扩大与欧盟社会政策》,《南开学报》(哲学社会科学版) 2005 年第 1 期。

纪光欣、朱德勇:《欧洲社会政策的演进及启示》,《中国石油大学学报》(社会科学版) 2008 年第 2 期。

李明甫:《就业中的男女平等:欧盟的状况和做法》,《劳动保障通讯》2004 年第 3 期。

梁淑玲、胡昭玲:《丹麦、挪威失业保障制度及借鉴意义》,《国际经贸研究》1996 年第 4 期。

林闽钢、董琳:《欧盟反社会排斥政策探讨》,《公共管理高层论坛》2006 年第 1 期。

刘文秀：《欧洲联盟的政策领域分类与政策性质》，《欧洲》2000 年第 6 期。

罗桂芬：《欧盟社会政策与社会保障体系变革趋势》，《社会学研究》2001 年第 3 期。

罗桂芬：《欧盟一体化框架下北欧社会政策及福利模式的重新定向》，《国外社会科学》2001 年第 6 期。

毛禹权：《欧洲社会模式面临严峻挑战》，《国外理论动态》2006 年第 5 期。

彭华民：《社会排斥与社会融合——一个欧盟社会政策的分析路径》，《南开学报》（哲学社会科学版）2005 年第 1 期。

彭华民、黄叶青：《欧盟反社会排斥的社会政策发展研究——以劳动力市场问题为例》，《社会工作》2006 年第 7 期。

盛文沁：《试析欧盟的反社会排斥政策：缘起、措施与绩效》，《社会科学》2009 年第 11 期。

田德文：《论欧洲联盟的社会政策》，《欧洲》2000 年第 4 期。

田德文：《论社会层面上的欧洲认同建构》，《欧洲研究》2008 年第 1 期。

王思斌：《走向发展型社会政策与社会组织建设》，《社会学研究》2007 年第 2 期。

韦尔夫、维尔纳著，吴志成、龚苗子译：《德国视角下的欧洲社会模式》，《经济社会体制比较》2006 年第 3 期。

夏建中：《欧盟社会政策的历史发展及其启示》，《南通师范学院学报》（哲学社会科学版）2002 年第 2 期。

许洁明：《欧洲社会一体化研究》，《云南民族大学学报》（哲学社会科学版）2005 年第 6 期。

宣海林等：《欧元区长期高失业率的症结及出路》，《欧洲一体化研究》2000 年第 5 期。

杨逢珉：《欧盟推行社会政策的实践与障碍》，《世界经济与政治》1997 年第 2 期。

杨雪：《欧盟共同就业策略的基础及发展》，《人口学刊》2003 年第 2 期。

张浚：《开放式协调方法和欧盟推进全球治理的方式》，《欧洲研究》2010 年第 2 期。

张雪峰、焦治平：《西方社会政策的历史及其启示》，《攀登》2004 年第 5 期。

郑春荣：《论欧盟社会政策的困境与出路》，《社会主义研究》2010 年第 3 期。

郑春荣：《欧洲社会一体化进程述评》，《德国研究》2003 年第 2 期。

周弘：《福利国家向何处去》，《中国社会科学》2001 年第 3 期。

周弘：《欧盟社会政策研究之我见》，《欧洲》2003 年第 1 期。

朱其昌：《走向"多层治理"的欧洲与民族国家的未来》，《南开学报》(哲学社会科学版) 2007 年第 1 期。